KB264307

백년의 가게

명가名家의 비결

일러두기
본 도서에서 언급하는 각 가게의 창업년도 및 역사는
KBS 〈백년의 가게〉 방영 당시(2011~2013)의 정보를 기준으로 삼았습니다.

백년의 가게

명가名家의 비결

KBS 백년의 가게 제작팀 지음

샘터

휴먼다큐멘터리 이상의 감동을 전한, KBS 〈백년의 가게〉

'자발적이고 즐거운 219,600시간.'

체코 프라하에 있는 '우 칼리하'라는 식당의 파벨 토프르 사장이 쓴 자서전의 제목이다.

자신이 평생 식당에서 일해온 시간 앞에 '자발적이고 즐거운'이라는 수식어를 선택해 놓을 수 있는 사람을 만났다니 무척 신선했다. 자신에게 주어진 일을 자발적이고 즐겁게 해냈다고 말하는 사람. 이 세상 모든 사람들이 살면서 겪게 되는 숱한 어려움에 헌신적으로 맞서온 사람만이 선택할 수 있는 어휘라고 느꼈다. 자기 일에 최선을 다한 사람만이 가질 수 있는 자부심과 성취감이 느껴지는 장인의 여유가 부러웠다.

KBS에서 방영한 〈백년의 가게〉에는 매회 멋진 장인들을 만날 수 있는 즐거움이 있었다. 2011년 1월 9일 〈백년의 기업〉이라는 타이틀로 시작해 그해 가을 〈백년의 가게〉로 개제, 2013년 1월 20일 99회로 종영되기까지 총 116곳의 가게를 소개했다. 참으로 소중한 경험이었다.

〈백년의 가게〉는 작은 것들의 소중함을 생각하며 기획되었다. 현대사의 굴곡을 거치고 이제야 우리나라에서도 백년의 가게들이 등장하고 있는데, 대다수의 가게들은 규모가 작고 영세하다. 그래도 각 분야에서 독보적인 위상과 자부심을 가지고 있는 곳들이다. 이에 제작진은 방송을 통해 더 많은 백년의 가게가 탄생하길 기대하는 마음으로 국내외에 산재해 있는 백년의 가게들을 살피고자 했다. 우리의 중소기업들이 강소기업으로 발전해가길 바라는 취지였다.

프로그램을 제작하면서 우리 제작진은 몇 가지 주안점을 설정했다.

첫째로 '100년 역사'의 무게를 시청자들께 잘 전달하고자 애썼다. 큰 규모의 기업이건 작은 규모의 가게이건 시대 상황을 초극해 존재하지는 못하는 것이니, 시대 상황과 변화에 어떻게 대응해왔는지를 살펴보고자 했다.

둘째는 무엇을 만드는 회사이든 제품의 제작 과정을 치밀하게 관찰하고자 했다. 원재료의 수급 절차부터 생산 공정의 마지막 단계인 포장과 배송에 이르기까지 구석구석 살피다 보면, 생각하지도 못했던 곳에서 오랜 경험의 축적에서 오는 지혜와 노하우를 찾아낼 수 있으리라 생각했다.

셋째로는 회사 운영의 시스템을 살펴보려 했다. 사내의 소통 과정, 인력에 대한 관리 등 100년의 세월을 이끌어온 데는 그 나름의 방책을 지녀왔을 것이기 때문이다. 물론 취재 대상에 따라 제품의 역사성이 강조되기도 하고, 제작 과정을 중심축으로 삼기도 하는 넘나듦이 있었다.

그리고 마지막으로는 '사람'을 만나보고자 했다. 사람은 휴먼다큐멘터리에서만 만나는 것이 아니라고 생각했다. 인터뷰 한마디에서, 혹은 제품을 다듬어내는 작은 손길 하나에서도 그의 살아온 전 생애를 느끼고 공감할 수 있다고 생각했다. 가게 구성원의 굳은살 박힌 손가락, 닳아버린 손톱 등을 통해 말이 아닌 영상으로 더욱 잘 전해질 수 있는 성실함을 담아보려고 애썼다.

이제 〈백년의 가게〉가 아담한 책으로 엮어져 독자들을 찾게 되어 감회가 새롭다. 한편으로는 방송 당시 아쉽고 미흡했던 부분들이 새삼 떠올라

두려운 마음이 들기도 한다. 그러나 이 프로그램에 참여했던 여러 분야의 제작진 한 사람 한 사람이 주어진 여건 속에서 나름대로 최선을 다했음을 곁에서 지켜보았기에, 방송으로 전해진 감동이 책을 통해 독자들에게 오래도록 기억되길 진심으로 바란다.

KBS 〈백년의 가게〉 책임 프로듀서 이학송

대한민국에서 가게로 성공한다는 것은

하루에도 수많은 가게들이 사라지고 생겨난다. 우리나라 자영업자 비율은 OECD 국가 평균의 두 배가 넘는다고 한다. 너도나도 창업에 뛰어들다 보니 무조건 남는 장사라고 일컫는 '먹는장사'도 장밋빛 희망과는 거리가 멀어지고 있다. 얼마 전 신문에서 20년 넘게 장사를 하고 있는 음식점은 극소수에 불과하다는 기사를 보았다. 과연 무엇이 문제인 걸까?

물론 외적인 요인높은 임대료·상권 중복 등으로 문을 닫는 경우도 있겠지만, 그 가게만이 지니고 있는 차별성을 살리지 못한다는 이유가 크다고 본다.

'총각네 야채가게'는 어땠을까? 많은 사람들이 우리의 성공 비결을 물어오면 언제나 반드시 지키는 원칙과 잃지 않으려는 가치가 있었다고 말한다.

그것은 바로 "총각네에서는 품질은 고르지 않는다"라는 최고의 품질을 위한 노력, 모두가 주인이나 다름없이 가족 같은 직원 간의 유대관계이다.

트럭행상으로 번 돈을 모아 '총각네 야채가게'를 연 지도 벌써 15년이 넘었다. 이 책《백년의 가게 : 명가의 비결》에 등장하는 가게들을 따라가려면 아직 한참이나 멀었다. 그리고 정말 그렇게 될 수 있을지도 확신이 서질 않는다. 하지만 나는 이 책을 읽으면서 다시금 힘을 얻었고, 할 수 있다는 자신감이 들었다. 그리고 새로운 목표까지.

100년이라는 기간은 상징적이기도 하지만, 장사와 사업을 하는 사람에게라면 물질적 성공을 뛰어넘어 최고의 자부심과 명예가 되는 척도라고도 할 수 있다. 그야말로 베스트셀러가 아닌 고전이 된다는 것. 이는 사업에서 세대를 뛰어넘는 가치를 실현한다는 것이기 때문이다.

우리가 꿈꾸는 백년 가게의 조건은 진심을 담는 것!

《백년의 가게 : 명가의 비결》은 전 세계 장수 가게들이 지니고 있는 경영 비법을 흥미롭게 보여준다. 유명한 관광지의 음식점부터 그 나라 그 도시의 상징으로서 가족 대대로 물려 내려오는 장수 가게, 장인의 손길에 깃든 문화 이상의 가치를 선보이는 장수 가게 등…….

그 가게들은 저마다 다양한 음식, 물건, 서비스를 팔지만 신기하리만치 비슷한 덕목과 가치를 따르고 있다. 그리고 이는 그동안 '총각네 야채가게'가 추구해왔고 앞으로도 이어가려는 미덕들과 크게 다르지 않다. 그것은 바로 가게 경영에 '진심을 담는 것'이다. 조금씩 다르기는 하지만, 백년의 가게들은 가장 기본이 되는 품질에 충실하며, 사람이 곧 가게이자 기업이라 생각한다. 실제로 '총각네 야채가게'를 성장시키면서 깨달은 가게 경영의 핵심을 너무나도 잘 알기에, 누구보다《백년의 가게 : 명가의 비결》에서 다루는 장수 가게들의 경영 비법이 와 닿을 수밖에 없었다. '진심'은 언젠가는 전해지기 마련이다.

흔히 '노포老鋪'라고 일컫는 장수 가게들은 대한민국에서는 무척이나 드물다. 한국전쟁으로 그 명맥이 끊기거나 급격한 산업화로 사라진 오랜 가게들이 많기 때문이다. 차츰 사회가 안정되고 선진화되면서 우리나라에서도 장수 가게가 무궁무진하게 탄생할 것이라 믿어 의심치 않는다.

독자들에게도 이 책이 '총각네 야채가게'를 뛰어넘는 자신만의 가게를 꿈꾸게 하는 멋진 기회가 될 것이다. 어차피 한국이라는 땅에서 거기까지 가본 사람들은 극소수이기도 하다. 그러니 이 책을 읽은 당신과 나 사이의 간격은 생각보다 크지 않다. 나 또한 이제야 백년의 가게를 꿈꾸고 있다.

그러나 확실한 것은 우리 모두 백년의 가게를 꿈꿔볼 수 있다는 것이다.

그리고 꼭 장사에 뜻이 있는 독자가 아니더라도, 이 책은 각국의 다양하고도 진기한 문화를 체험하는 값진 경험까지 선사한다는 것을 꼭 밝혀 두고 싶다. 세상에서 가장 멋진 가게들을 모아둔 책이다. 그러니 그 재미도 꼭 놓치지 않기를 바란다.

이영석 (총각네 야채가게 대표)

1부 변하지 않는 맛을 고수하는 백년의 가게

2부 장인의 손길이 깃든 백년의 가게

백년의 가게, 성공의 조건

짧게는 100년, 길게는 1000년의 세월 동안 이어온 '백년의 가게'들. 나라와 업종, 역사는 모두 달라도 그들 모두에게는 무리한 사업 확장보다는 본업에 충실하며 지역 사회와 공존한다는 공통적인 경쟁력이 있다. 그러나 가장 큰 원동력은 전통을 지키면서 동시에 혁신을 거듭한다는 것이다.

장수 가게들은 한자리에서 대를 이어 전통기술을 보존하며, 지속적인 발전을 통해 가게를 유지한다. 후대의 노력이 있어야 가게의 미래가 있다. 6대를 넘어 20대까지, '백년의 가게' 후대들은 역사를 이어간다는 자부심으로 어려운 상황에서도 가업을 이으려 노력하고 있다. 또한 오래된 가게의 뒤에는 평생을 걸고 묵묵히 자신의 길을 걸어온 장인들이 있었다. 멈추지 않는 이들의 손을 통해 가게의 역사가 굳건히 다져지는 것이다.

오래된 제작 방식을 고집하고 옛것을 지키려 하지만 결코 전통에 함몰되지 않는다. 시대의 변화를 외면하지 않고 변화하는 소비자의 요구를 만족시키기 위해 새로운 제품을 끊임없이 개발하고 도전한다. 지킬 것과 바꿀 것을 아는 것 또한 오랜 세월을 거치며 얻은 노하우일 것이다. 외줄타

기처럼 아슬아슬한 전통과 혁신 사이에서 훌륭히 균형을 잡아왔기에 추락하지 않았다.

일본 교토는 세계에서도 오래된 가게가 많기로 유명한 도시다. 무려 천 년 이상 된 노포가 다섯 곳이나 있다. 일본 교토부청의 기획이사 야마시타 아키마사 씨의 말에서 그 비밀을 엿볼 수 있다.

"1조 엔의 매출을 올리는 기업과 천 년을 이어온 기업이 있다면 천 년을 이어온 기업이 더 가치 있습니다. 그런 마음을 가지고 경영하지 않으면 오래된 가게가 될 수 없습니다."

장수 가게의 후계자들은 이익만을 추구했다면 지금의 역사는 없었을 것이라 말한다. 앞만 보고 달려가는 세상 속에서도 전통을 지키며 한길을 걷는 노력 그리고 옛것의 가치를 헤아려 지속적으로 보전하려는 지역 사회와 국가의 노력이 있어야 백년의 역사는 이루어진다. 역사의 깊이를 간직하고 사람의 온기를 품은 백년의 가게는 어느 한 조각이라도 빠지면 결코 완성할 수 없는 퍼즐과 같다. 가업을 지키는 가족과 회사를 지키는 구성원, 그 가치를 알아주는 고객과 지역사회, 국가, 이 모든 요소들이 소중한 조각이 되어 비로소 백년의 가게를 완성한다.

산업의 변화가 빨라지고 고도화되면서 기업이 영속성을 갖추기가 더욱 어려워지고 있다. 100년의 가업을 잇기가 그만큼 쉽지 않을 과제로 다가오고 있는 것이다. 그래서 금전적 성공을 위한 비즈니스에는 한계가 있다. 단순한 사업 성공이 아니라 철학을 가지고 함께 어우러지는 경영을 해야 한다. 장수 가게를 경영하는 이들은 혼자 이루는 성공은 없다는 것을 누구보다 잘 알고 있었다.

그동안 〈백년의 가게〉를 통해 방송된 해외의 가게는 약 100여 곳에 이른다. 전 세계 100년 가게의 비밀을 추적하며, 각 기업의 성장과 위기의 순간, 또한 이를 극복한 감동적인 순간을 눈에 보이는 것처럼 그렸다. 전통의 맛으로 세계인의 입맛을 사로잡은 가게, 장인의 손끝에서 예술 같은 작품을 탄생시키는 가게, 고객만족의 철학으로 100년 이상을 이어온 가게 등 그 역사뿐 아니라 규모와 업종도 다양한 그들이 저마다의 가치를 지켜가고 있다.

책으로 다시 태어난 《백년의 가게 : 명가의 비결》에서는 '법고창신'의 정신으로 정진하고 있는 11개국 20곳의 명가를 소개한다. 방송 내용 중, 변하지 않는 맛과 장인의 기술이 대대로 전해 내려오는 특출한 명가를 엄선했으며, 그들이 전하는 실질적인 성공 비결을 담고자 했다.

- 스타리타
- 유바키치
- 긴자 스시코 혼텐
- 헤이하치자야
- 솔로부예
- 나카무라 토키치

1부

변하지 않는
맛을 고수하는
백년의 가게

이탈리아 피자 명가
스타리타

나폴리 마테르데이 거리의 한적한 골목에 위치한 '스타리타'

이탈리아 남부 캄파니아 주의 중심 도시 나폴리는 지금도 그 아름다운 풍광과 유서 깊은 역사의 흔적을 고스란히 품고 있다. 고대 그리스의 식민지를 거쳐 로마제국 시대부터 항구 도시로 번영했던 이곳은 오래된 도시의 향기가 묻어난다.

누구나 피자 하면 이탈리아를 떠올린다. 그런 이탈리아에서도 피자의 원조는 역시 나폴리 피자다. 복잡할 것 없는 단순한 재료로 단 5분 만에 완성되는 피자는 이탈리아 나폴리 사람들의 자부심을 대변한다. 화덕에 구워 바삭바삭한 나폴리 피자는 그 뛰어난 맛에 비해 재료는 단순하다. 흔히 먹는 미국식 피자나 인스턴트 피자와는 다르게 담백하며, 건강한 재료의 풍미까지 느껴진다.

나폴리의 마테르데이 거리는 유명한 건물 하나 없이 그저 변함없이 제자리를 지켜온 수수한 골목이지만, 이 도시를 살아온 사람들의 삶을 만날 수 있는 곳이다. 미로처럼 이어진 주택가 한편에서는 여전히 나폴리 서민들의 삶이 이어지고 있다.

스타리타Starita는 지난 111년 동안 이 골목에서 한자리를 지켜온 나폴리 전통 피자 전문점이다. 최상의 품질과 맛 그리고 저렴한 가격으로 현지인이 즐겨 찾는 나폴리 고유의 피자 가게로, 진짜 '나폴리의 맛'을 뽐내는 곳이다.

나폴리 지역 주민들이 가장 사랑하는 피자

스타리타는 지역 주민이라면 누구나 이름만 들어도 알 만큼 높은 명성을 지닌 곳이다. 그래서 관광객들이 주를 이루는 도심의 가게들과는 달리 이곳의 손님은 70퍼센트 이상이 지역 주민이다. 물론 다른 지역 사람들도 정통 나폴리 피자를 맛보기 위해 찾아오며, 스타리타는 이 동네 사람들의 자부심이 되어 그 위상이 높다.

매일 저녁 7시가 되면 한적했던 골목이 활기로 넘친다. 스타리타의 피자를 맛보기 위해 몰려든 사람들 때문이다. 한 시간 이상 기다려야 하는 것은 기본이다. 저녁 식사 때를 넘기고도 가게 앞은 여전히 손님들로 북적인다.

기분 좋은 기다림 끝에 가게에 들어서면 입구 맞은편의 주방에서 흘러나오는 진한 피자 향이 손님을 맞이한다. 가게 안의 스무 개 남짓한 테이블은 영업이 끝나는 밤 11시까지 쉴 틈 없이 손님들로 채워진다. 사람들이 이곳을 찾는 이유는 단순하다. '나폴리 전통 피자'를 맛보기 위해서다. 나폴리 사람이라면 누구나 사랑해 마지않는 전통 피자의 맛, 그것이 바로 지난 111년 동안 스타리타가 추구해온 맛이다. 나폴리 피자를 모르는 사람도 처음 맛을 보면 감탄한다. 그런 모습을 보며 가게의 3대 사장 안토니오 씨는 항상 맛있는 피자를 만들기 위한 힘을 얻는다. 그리고 누구보다

3대 사장, 안토니오 스타리타

이 맛을 지키는 일에 자부심을 느낀다.

45년 된 단골 고객 카푸토 씨는 대를 이어 스타리타를 찾는 손님이다. 얼마 전에 그는 안토니오 사장에게 파티에 사용할 피자를 주문했다. 따로 특별한 요구는 없었고, 스타리타에서 만든 전통 피자를 가져다 달라고만 했다. 이 파티는 사실 1년 만에 고향 나폴리로 돌아온 친구를 위해 준비한 것이었다. 고향 나폴리를 되새기는 데 스타리타 피자만 한 것이 없기 때문이다. 나폴리를 아는 사람들에게 스타리타 피자는 그만큼 특별하다. 전통의 맛을 따르지만 현대의 나폴리 또한 경험하게 하는 맛을 담고 있다.

나폴리 피자를 대표하는 메뉴는 '마르게리타'다. 밀가루 반죽 위에 토마토소스를 바르고 모차렐라치즈와 박하향 짙은 바질을 올려 만드는 피자다. 이는 1889년, 이탈리아 여왕 마르게리타를 기쁘게 하고자 한 피자 장인이 만들면서 탄생했다. 마르게리타 여왕이 그 맛을 보고 반해 여왕의 이름을 따 불리기 시작한 후, 나폴리를 상징하는 피자가 되었다.

나폴리를 대표하는 전통 피자 '마르게리타'

붉은 토마토소스와 흰색의 치즈, 녹색의 바질, 이 세 가지 색깔은 이탈리아 국기를 상징한다. 나폴리 전통 피자는 이처럼 최소한의 재료로 만든다. 치즈를 빼고 토마토소스와 마늘, 쓴맛 나는 허브만을 얹어 만드는 '마리나라' 역시 나폴리를 대표하는 전통 피자다. 모양은 모두 단순하지만 그 맛은 피자의 풍미를 느끼기에 충분하다.

지난 111년 동안 변함없이 전통을 따라 피자를 만들어온 스타리타는 이제 가게도 확장하고 많은 부분이 바뀌었다. 그렇지만 좋은 반죽과 좋은 재료를 변함없이 사용해왔기 때문에 맛만은 항상 그대로다. 수십 년째 가게를 찾은 단골손님들이 이들이 걸어온 길을 증명한다.

전통의 맛을 만드는 재료

안토니오 사장은 스타리타 피자가 사랑받는 이유로 맛은 물론이고 전통을 잘 지켜왔기 때문이라고 말한다. 특별한 비법을 기대한 사람은 실망할 법한 대답이지만 나폴리 피자에 비밀은 없다. "단지 피자일 뿐이죠. 저희는 그저 피자를 만들 뿐이에요"라고 말한다. 그러나 그가 말하는 '그냥 피자'에는 결국 기본에 충실하며 전통의 맛을 지키는 진정한 피자라는 깊은 의미가 담겨 있다. 그저 전통을 지켜 맛있는 피자를 만드는 것. 특별한 비밀은 없다지만 그 뒤에는 특별한 노력이 숨어 있다.

스타리타의 피자에는 껍질을 벗긴 토마토를 쓴다. 이는 잘 익은 토마토를 으깨고 농축해 만든 토마토페이스트로 캔을 따면 안에 통째로 들어 있는 토마토를 볼 수 있다. 이 토마토의 장점은 설탕으로 단맛을 낼 필요가 없다는 점이다. 그냥 먹

나폴리 피자 협회로부터 '전통 피자 전문점'으로 인증받은 스타리타

어도 맛 자체가 달다. 그러나 피자를 만들 때 그대로 쓸 수는 없고, 여기에 소금을 섞어 소스를 만든다. 그런데 스타리타가 사용하는 재료에는 한 가지 공통점이 있다. 생산지가 모두 나폴리가 속한 이탈리아 남부 지역이라는 것이다.

1984년 나폴리 피자 협회는 나폴리 전통 피자를 보호하고 다른 패스트푸드 피자와 차별화하기 위해 정해진 재료를 사용해야 한다는 지침을 마련했다. 이 지침을 따르는 가게는 협회의 피자 성분 분석을 통과하면 전통 피자 전문점 인증을 받을 수 있다. '특산물 전통 보증'이라는 뜻의 약자인 STG 등급으로 스타리타 역시 이 보증을 받았다. 그 때문에 토마토와 모차렐라치즈, 바질, 올리브유까지 정해진 것들을 사용한다. 손님들은 가게 앞의 STG 인증 간판을 보고 이 가게가 STG 등급의 피자를 만들기 위한 재료들을 다 갖추었다는 사실을 알 수 있다.

이탈리아에는 무려 2만여 개의 피자 가게가 있는데 그중 단 1퍼센트만이 이 규칙을 따른다. 스타리타는 그 1퍼센트 안에서도 제대로 된 전통의 맛을 선보이는 최고 중의 최고가 되기 위해 긴장을 늦추지 않는다. 이를

깐깐한 검수 과정을 통과한 모차렐라치즈

위해 정해진 재료와 그 신선도에 최선을 다한다.

토마토페이스트나 밀가루처럼 저장해두고 사용할 수 있는 재료와 달리 늘 신선한 상태를 유지해야 하는 모차렐라치즈는 매일 아침에 공급받는 것을 원칙으로 한다. 그리고 치즈는 전날 밤 12시에서 새벽 1시 사이에 만든 것이다. 스타리타는 눈에 보이는 것만으로 치즈의 신선도를 판단하지 않는다. 반드시 먹어보고 판단한다. 안토니오 사장이 가장 먼저 맛을 봐야만 한다.

이처럼 모든 재료 거래는 안토니오 사장의 깐깐한 검수를 통과한 후에야 성사된다. 29년째 거래해온 치즈 업체는 현 사장의 아버지 때부터 스타리타와 거래했던 곳이다. 29년이나 되었으면 좀 쉽게 넘어가줄 만도 한데 안토니오 사장은 날을 무디게 할 생각이 결코 없다. 업체 역시 최고의 제품을 이곳으로 가져와야만 통과된다는 것을 잘 안다.

이렇게 철저하게 재료를 선택하는 이유는 재료가 피자의 맛을 결정하기 때문이다. 별다른 조미료나 자극적인 양념을 넣지 않고 재료 본연의 맛을 느끼는 건강한 음식이 전통 나폴리 피자다. 따라서 이탈리아 땅에서 나는 좋은 토마토와 치즈가 어우러졌을 때 피자의 신선도와 맛은 최고가 된다.

선조의 특별한 노하우로 만드는 피자

스타리타의 창업자는 3대 안토니오 사장의 할아버지와 할머니다. 1901년, 스타리타가 창업할 당시만 해도 피자는 서민들의 허기를 채워주는 저렴한 음식에 불과했다. 그러나 1920년대 이민자들에 의해 나폴리 피자는 세계시장으로 진출한다. 이후 전통 피자를 만들던 많은 가게들이 늘어나는 관광객들의 수요에 맞춰 조리 방식을 변경했고 더 쉽고 빠르게 만들기 시작했다. 그러나 스타리타는 초심을 저버리지 않았다.

밀가루 반죽은 피자의 맛을 결정짓는 핵심 기술이다. 스타리타는 반죽에 반드시 네 가지의 재료를 배합해 사용한다. 물, 소금, 밀가루, 발효를 위해 넣는 효모다. 이 네 가지 재료만 사용해 반죽하는 방식 역시 나폴리 피자 협회가 규정한 전통 피자 가게의 조건이다. 사용하는 재료는 정해져 있지만 반죽의 맛을 위한 비율의 조절은 가게의 몫이다.

스타리타는 기후와 온도에 따라 반죽 재료의 비율을 수시로 달리한다. 겨울에는 밀가루와 효모를 조금 덜 넣고 여름에는 더 넣는다. 경험이 없다면 비율 조절은 불가능하다. 여기에는 실수 또한 없어야 한다. 기계적인 수치에 따라 할 수 있는 것도 아니며 일종의 수공업인 셈이다.

창업 당시부터 아버지에게서 아들로 전해 내려온 노하우인 밀가루 반죽의 재료 배합은 안토니오 사장과 아들만이 아는 기술이다. 30분간 발효한 반죽은 다시 동그란 형태의 덩어리로 만든다.

동그란 형태의 덩어리로 만든 반죽(상)
피자 맛의 비밀이 담긴 화덕(하)

반죽을 덩어리로 만드는 과정은 경력 47년의 반죽 담당 직원 코치로 카카쉐 씨가 맡는다. 지난 세월 속에서 익힌 손의 감각으로만 할 수 있다. 여기서 중요한 것은 반드시 일정한 크기를 유지해야 한다는 점이다. 260~270그램을 유지해야 하는데 코치로 씨는 오랫동안 작업을 해오다 보니 저울을 사용하지 않고도 손으로만 양을 알 수 있다.

반죽 덩어리 하나는 피자 한 판에 사용되는 분량이다. 양이 넘치거나 모자랄 경우 토마토소스와 치즈 등 다른 재료와의 조화를 해친다. 완성된 반죽은 상온에서 열 시간 동안 자연 숙성시킨다. 이 과정을 거친 반죽은 쫄깃하면서도 부드러운 성질을 갖게 된다.

이처럼 매일 아침에 다음 날 사용할 피자 1000판 분량의 밀가루 반죽을 만든다. 냉장고는 필요하지 않다. 반죽이 남으면 냉장고에 넣어서 보관해야 하겠지만, 항상 손님이 많아서 영업이 끝날 때쯤이면 반죽이 남지 않는다.

밀가루 반죽과 더불어 나폴리 전통 피자의 맛을 완성하는 또 다른 비밀은 반원형 모양의 화덕 안에 있다. 화덕의 입구는 크기가 정해져 있다. 가로 42센티미터, 세로 25센티미터다. 안쪽은 열을 잘 유지하기 위해 내화 벽돌로 채워져 있다. 화덕에 쓰이는 장작은 너도밤나무다.

장작화덕을 사용하는 것 역시 나폴리 피자 협회가 인정하는 전통 피자가게의 조건이다. 스타리타는 창업 당시부터 이 원칙을 변함없이 지켜 왔다.

하나의 몸처럼 일하는 직원들

스타리타의 직원들은 재료 준비, 반죽, 서빙 등 각 분야에서 팀을 이뤄 일한다. 그래서 25명의 직원들은 스스로를 하나의 몸이라 칭한다. 서로의 손과 발 그리고 머리가 되어 함께 일하는 이들은 이 오래된 피자 가게가 지닌 가장 큰 경쟁력이다. 스타리타는 가족 채용을 경영 방침 중 하나로 꼽는다. 직원의 가족을 채용해 서로 믿고 아끼는 관계를 자연스럽게 만들어가는 것이다. 아버지와 아들이 함께 일하며 일을 가르치고 그러면서 전통 기술 역시 더욱 단단히 다져진다.

안토니오 사장의 역할도 4대 후계자인 아들 쥬세페 씨에게 곧 넘겨줄 것이다. 그래서 그 역시 올해로 15년째 아들에게 일을 가르치고 있다. 아들은 이제 안토니오 사장과 함께 재료 관리 업무를 맡을 만큼 많이 성장했다.

매일 오전 8시부터 11시까지 테이블을 정리하는 직원과 스타리타에서 근무하는 25명의 직원 모두가 각자 맡은 자리에서 점심 영업을 준비한다. 낮 12시는 스타리타의 하루가 본격적으로 시작되는 시간이다. 평일 낮인데도 불구하고, 가게 문을 열기 전부터 대기하던 손님들이 줄지어 입장한다. 직원들도 덩달아 분주해진다.

화덕에서 피자를 옮기는 도구

　　그런데 25명의 직원들 중 유일하게 홀로 작업하는 이가 있다. 화덕을 지키며 피자를 굽는 파스쿠알레 씨다. 그와 짝을 이룬 팀원은 두 개의 도구뿐이다. 하나는 피자를 운반할 때 쓰는 도구로, 삽처럼 생겨서 피자를 얹어 나를 수 있다. 알루미늄으로 만들었으며 작은 구멍들이 많이 뚫려 있다. 피자를 옮길 때 달라붙지 않게 하기 위해서다. 다른 하나는 피자를 화덕 안에서 돌릴 때 쓰는 도구로 역시 삽처럼 생겼지만 더 작고 동그란 형태를 띠고 있다. 이 역시 구멍이 많이 뚫려 있다. 이를 사용해 매우 빠르게 피자를 돌려야 한다. 빨리 돌리지 않으면 철판이 뜨거워서 피자가 달라붙는다.

　　피자는 섭씨 485도의 뜨거운 화덕 안에서 단 3분만 굽는다. 지체되면 반죽이 질겨지고 토핑 재료가 타버린다. 그러니 수시로 피자의 자리를 이동시키고 골고루 익도록 돌려주어야 한다. 이것이 파스쿠알레 씨가 지난 30년 동안 맡아온 업무다. 그는 이 도구들을 이용해 화덕에 피자를 굽는

게 좋다고 말한다. 도구들은 그의 동료이자 든든한 조력자다.

이곳의 직원 모두가 한목소리로 자신의 일이 좋다고 말한다. 자신이 좋아하는 일이기에 가족에게 권하며 열정을 가지고 일할 수 있다. 이렇게 만드는 이의 기쁨과 에너지가 들어간 피자는 먹는 이들도 즐겁게 한다.

끊임없는 변화로 새 역사를 써 내려간다

영업을 시작한 지 한 시간 남짓, 가게 안은 이미 손님들로 만 석이다. 저녁에는 직장인, 낮에는 주로 아이를 동반한 가족 단위의 손님들이 스타리타를 찾는다. 그런데 가족 손님들이 선호하는 메뉴는 조금 특별하다. 전통 피자보다 더 다채로운 재료로 만든 피자를 주문하는 경우가 많다.

호두크림 소시지 피자부터 탁구채 모양의 피자까지, 스타리타는 지난 13년 전부터 70여 가지의 새로운 메뉴를 개발해 판매해왔다. 1990년대에 들어 나폴리 지역에 햄버거 매장이 늘면서 감소한 어린 고객을 다시 끌어오기 위해서였다.

200년이 넘는 전통을 자랑하는 나폴리의 피자 가게지만 패스트푸드 매장에 점점 밀리기 시작했다. 뭔가를 해야 했고 지금까지의 피자와는 다른 개선이 필요했다. 대표 메뉴인 마르게리타와 마리나라만 있다면 손님들이 피자를 보름에 한 번쯤 먹겠지만, 메뉴가 다양하다면 일주일에 네다섯 번도 먹을 수 있을 것이라 생각했다. 그리하여 시작된 메뉴 개발이 다양한 연령을 끌어오기 시작했다.

물론 새로운 메뉴를 만들어도 자연 숙성된 밀가루 반죽을 사용하고 장작화덕에 굽는 조리 방식에는 변함이 없다. 가격 역시 5유로 안팎으로 우리 돈으로 평균 7천 원이면 맛볼 수 있도록 판매가를 저렴하게 책정했다. 높은 수익보다 중요한 것은 끊이지 않는 고객의 발길이라는 신조 때문이다.

스타리타는 전통 안에서 끊임없이 변화를 시도했다. 22년 전부터 시작한 배달서비스 역시 마찬가지다. 배달 문화가 발달하지 않았던 상황에서 스타리타가 가장 처음으로 시작했다. 요즘 사람들은 주말에 축구 경기를 보면서 집에서 먹기를 좋아한다. 주문을 해도 똑같이 따뜻하고 맛있는 피자가 배달되니 많은 사람들이 이용하게 되었다. 이를 통해 스타리타는 가게가 자리한 주택가를 넘어, 나폴리 내 다양한 지역의 손님들을 단골 고객으로 맞이할 수 있었다. 이 서비스는 동종 업체들 사이에서도 큰 반향을 일으켰다.

지난 111년 동안 나폴리의 오래된 골목을 지켜온 피자 가게 스타리타는 또다시 새로운 도전을 시작했다. 4개월 전에 미국 뉴욕에 문을 연 것이다. 첫 분점을 타국에서 연 이유는 단 하나의 목적 때문이다. 시대가 변하면서 많은 것들이 제 모습을 잃어가고 있지만, 그럴수록 나폴리 전통 피자를 세계 속에 확고히 뿌리내리려는 것이다. 안토니오 사장은, 시작은 뉴욕이지만 그다음은 도쿄, 호주, 서울로도 이어갈 수 있다며 포부를 밝힌다.

"저는 이제 나이가 많아서 힘들겠지만 제 뒤를 잇는 젊은 사람들이 가게를 더욱 발전시켜 다른 여러 나라에서 나폴리 피자를 만들 수 있으리라 생각합니다."

엄선된 재료와 전통 조리 방식으로 변함없이 나폴리의 맛을 계승하는 스타리타는 세기를 넘어 이어온 전통을 바탕으로, 오늘도 나폴리의 좁은 골목 안에서 새로운 역사를 쓰고 있다.

1. 전통을 따르는 신선한 재료 사용

스타리타 피자 맛의 비결 중 하나는 매일 오전 11시에 배달되는 신선한 재료다. 인스턴트 피자와 차별화하기 위해 나폴리 피자 협회에서 지정한 재료만을 사용해 정통 나폴리 피자의 맛을 살린다. 신선함을 유지해야 하는 모차렐라치즈는 전날 밤에 만든 것을 아침에 받아서 쓴다. 안토니오 사장이 직접 맛을 보고 검수를 해야만 통과되는 엄격한 과정을 유지한다.

2. 대대로 내려온 도우 반죽 비법과 자연 숙성

도우 반죽은 피자의 맛을 좌우하는 가장 큰 요인으로 그 재료 배합의 비법은 선조 때부터 내려와 안토니오 사장과 아들만이 안다. 반죽을 아침에 만들어 10시간 동안 자연 숙성시키는 것이 스타리타만의 비결이다. 남은 반죽을 냉장고에 보관해 다시 사용하는 다른 가게들과 달리 판매율이 높은 스타리타는 아침에 만든 반죽을 저녁에 모두 판매하기 때문에 늘 신선한 피자를 공급할 수 있다.

3. 한 몸처럼 움직이는 직원들

현재 스타리타는 3대 사장 안토니오 스타리타와 그의 아들을 비롯한 25명의 직원들이 함께 가게를 꾸려나가고 있다. 재료준비, 반죽, 화덕, 손님맞이 등 각자의 자리에서 제몫을 다하는 25명의 직원들은 스스로를 '강한 팀'이라 자부한다.

4. 변화와 새로운 시도로 미래를 다진다

나폴리에도 인스턴트 매장이 늘어나면서 스타리타의 매출이 감소하자, 현대인의 입맛에 맞춘 메뉴를 13년간 총 70여 가지나 개발했다. 그 결과 매일 700~800개의 피자를 판매하는 성과를 거뒀다. 또한 배달을 시작했고 미국 뉴욕에 첫 분점을 내는 등 새로운 도전을 이어가며 미래를 꿈꾸고 준비한다.

INFORMATION

주 소	Via Materdei 27~28, Naples, Italy
홈페이지	www.pizzeriastarita.it
전 화	+39-81-5573682
영업시간	매일 11:00~23:00

222년을 지켜온 교토의 맛

일본 두부피 명가
유바키치

"손이 닿는 범위 안에서 새로운 도전을 하는 것이
우리 가게의 역사를 지키는 방법이다."
– 유바키치 9대 사장, 오치 겐조

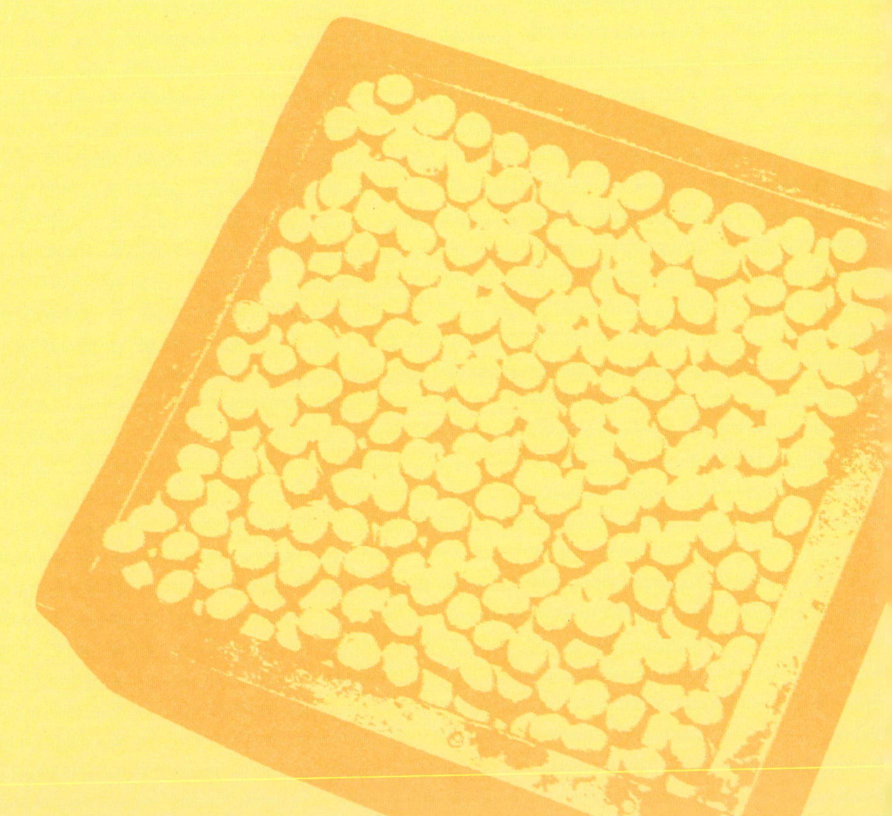

일본 교토의 '니시키 시장'

1200여 년의 역사가 흐르는 일본 교토에는 시대의 변화에도 변치 않는 모습으로 도시를 지키고 있는 곳이 있다. 니시키 시장이다. 400여 미터의 좁은 골목을 따라 생선과 채소, 밑반찬을 파는 점포가 늘어서 있는 이곳은 1615년 에도 시대에 문을 연 재래시장으로 교토의 부엌이라 일컬어진다. 대형 마트에서 쉽게 구할 수 있는 식자재 정도는 대부분 갖추고 있다. 물론 편리하기로는 대형 마트가 좋겠지만 교토 사람들은 좀 더 특별한 식자재를 구하기 위해 니시키 시장을 찾는다.

복잡한 시장 골목 중심에 자리한 가게 유바키치湯波吉는 지난 222년 동안 니시키 시장에서 유바를 만들어 판매해온 유서 깊은 유바 전문점이다. 400여 년 전 에도 시대부터 교토의 요리 재료로 사랑받아온 유바는, 콩물을 끓이고 걸러 만든 얇은 막으로 우리말로는 '두부피' 정도 된다. 천년고도, 일본 교토를 상징하는 향토 음식으로 콩 자체가 지닌 담백한 맛을 더하지도 빼지도 않고 그대로 살려 만든다.

마치 얇게 부친 달걀을 말아놓은 듯 연한 노란빛이 도는 유바는 우리에게는 생소하지만 교토 사람들에게는 친숙한 음식이다. 나물을 잘게 썰어서 넣고 유자즙을 짜 넣어서 먹는 담백한 음식으로 교토 요리에서 빼놓을 수 없다. 자연에서 건강하게 자란 콩과 깨끗한 물 그리고 9대를 이어온 전통 방식으로 교토의 맛을 만드는 222년 전통의 유바 가게가 유바키치다.

최고 품질의 유바를 만드는 일

가게 뒤편에 자리한 작업장에서 유바키치의 신선한 유바가 만들어진다. 가게가 문을 여는 새벽 5시부터 영업이 끝나는 저녁 6시까지 작업장은 쉬지 않고 돌아간다.

유바키치에는 총 12명의 직원들이 있다. 이들은 경력에 따라 재료 준비, 배달, 제조 등의 업무를 나누어 맡는다. 올해로 10년차에 접어든 모리타 아키후미 씨는 건유바 제조를 책임지고 있다. 그는 10년 정도 유바를 만들었다. 물론 처음 이 일을 시작했을 때는 힘들었지만 점점 익숙해졌다. 처음 이곳에 들어온 신입 직원은 용기 세척부터 시작해서 서서히 유바를 만질 수 있게 된다. 그다음에는 건유바를 말아 올리는 일을 맡으면서 스스로의 성장에 보람을 느끼게 된다.

생유바를 만들고 남은 진한 두유에서 건져 올리는 건유바는 모양에 제약이 없기 때문에 2~3개월 정도 매일 하다 보면 익숙해진다. 비교적 쉬운 작업이라지만 건유바를 뜨는 일 역시 두께와 농도를 살피는 감각이 필수다. 그래서 2년 이상의 경력을 쌓은 직원만이 이 일에 참여할 수 있다.

작업은 콩을 준비하는 것으로 시작한다. 유바의 맛은 콩이 가진 고유의 맛을 담아내는 기술에 달려 있다. 각기 다른 종류의 콩 배합은 유바키치가

유바키치 맛의 비밀 '콩'

지닌 첫 번째 기술이다.

니가타 현의 '엔레이' 품종은 비교적 담백한 맛이 나서 두부나 유바를 만들기에 적합한 대두다. 또한 '고토유타카'라는 품종은 최근에 품질 개량된 시가 현산 콩으로 약간 단맛이 난다. 이 두 가지 콩의 장점을 끌어내서 맛있는 유바를 만든다.

이곳에서는 여전히 예전부터 사용하던 되를 사용해 계량한다. 정사각형 모양의 되는 나무로 만들어졌으며 옛부터 콩의 양을 재는 도구였다. 산지와 작황에 따라 달라지는 콩의 특성에 맞춰 배합 비율을 달리하는 것 역시 유바의 맛을 좌우하는 비법 중 하나다. 이 배합 비율에 따라 가게들은 독자적인 맛을 낸다.

불린 콩을 곱게 갈아 만든 '생콩 반죽'

배합이 끝나면 콩을 물에 불려 부드럽게 만든다. 불리는 시간만 평균 8시간이고 기후와 온도에 따라 길게는 24시간이 걸리기도 한다. 계절에 따라 콩 불리는 시간을 달리 조절하는데 너무 많이 불리면 점성이 떨어져 막이 형성되지 않고 덜 불리면 딱딱한 심이 남기 때문이다. 그래서 여름에는 보통 8시간, 겨울에는 20시간 정도 불린다. 콩을 불리는 시간에 따라 유바의 색과 당도가 달라진다.

이렇게 불려 만든 부드러운 콩을 분쇄기에 넣고 곱게 갈아 걸쭉한 반죽 상태로 만든다. 반죽은 푹신해야 하는데 이것을 '생콩 반죽'이라고 한다. 완성된 콩 반죽은 자동으로 압력솥에 옮겨진다. 그러면 이제 물과 섞어 뜨겁게 끓인다. 콩 반죽이 점점 끓어오르면서 거품이 많이 생기는데, 거품이 나면 콩물이 제대로 끓지 않고 넘치기 때문에 물을 붓고 저어가며 서서히 온도를 높여야 한다. 이 과정을 거치면 콩의 비린내가 사라진다.

그런 다음에는 망으로 거른다. 처음에는 성근 망으로 거르고 그다음에는 중간 정도의 망으로 거른 후 마지막에는 촘촘한 망으로 한 번 더 깨끗이 거른다. 이런 과정을 거쳐 얇고 매끄러운 유바가 탄생한다. 짜임이 다른 세 개의 망을 이용해 콩물을 거르는 작업 역시 지난 222년 동안 유바키치가 경험을 통해 쌓아온 제조 기술이다. 이렇게 세 번의 여과 작업을 거쳐 콩물에서 비지를 분리하면 콩의 담백하고 고소한 맛이 살아 있는 두

두유의 표면 위에 생긴 얇은 막을 '유바'라고 한다.

유가 완성된다. 두유가 완성되면 이제 본격적인 유바 제조가 시작된다.

유바키치는 60여 년 전부터 증기의 열로 두유를 데우는 중탕 방식을 사용했다. 두유를 안정적으로 가열해 일정한 두께의 유바를 만들기 위해서다. 거대한 동판 아래에 물이 채워져 있고 그 속을 통과하는 증기 파이프의 열로 동판을 데운다. 증기의 열로 간접적으로 두유를 데워 유바를 건져내는 방식인 것이다.

가열된 두유에서는 다시 거품이 일어나는데 이때 재빨리 거품을 제거하지 않으면 단백질이 응고되어 유바의 표면이 거칠어진다. 이렇게 동판에서 섭씨 80도로 두유를 데운다. 그리고 10분 정도 지나면 두유 표면 위에 얇은 막이 생긴다. 이것이 유바다. 처음 만들어진 유바는 젓가락으로 건져 올린다. 맨 처음에 만들어진 것이 가장 맛이 깔끔한 최고 품질의 유바가 된다.

가장 먼저 건져 올린 '츠마미 유바'는 고급 음식점의 재료로 쓰인다.

현대인을 사로잡은 전통의 맛

부드럽고 말랑말랑한 상태의 생生유바는 주로 쌈 요리에 쓰이고 유바를 말려 만든 건乾유바는 장국이나 전골의 재료로 쓰인다. 잘 건조된 건유바는 2개월 동안 보관이 가능하다.

현재 유바키치는 건조 상태와 크기 그리고 용도에 따라 총 7가지의 유바를 만들어 판매하고 있다. 제품은 판매되는 즉시 바로 만들어 진열대를 다시 채운다. 그래서 이곳의 유바는 신선한 맛으로도 명성이 높다.

긴 막대를 이용해 종이를 떼어내듯 한 장 한 장 건져 올리는 유바는 그 순서에 따라 다른 제품이 된다. 가장 먼저 건져 올리는 '츠마미 유바'는 유바 중에서도 가장 흰 빛깔과 부드러운 맛을 자랑해 고급 음식점의 전채요리 재료로 쓰인다. 가격은 한 판 분량약 350그램에 1,800엔인데 요리점에서는 작은 그릇에 조금씩 담은 후 성게 알을 올리고 간장과 고추냉이를 곁들여 내놓는다.

그다음으로 떠 올리는 노란 빛깔이 감도는 생유바는 가정에서 쌈이나 튀김옷 등으로 쓰이는 유바키치의 대표 상품이다. 반투명한 두께에 사각 형태를 유지해야 하는 이 생유바를 뜨는 작업은 오치 사장이 전적으로 맡고 있다. 그는 눈에 보이는 것과 손으로 만졌을 때의 감촉으로 두께를 측정해 젓가락으로 떠 올린다. 이렇게 숙달되기까지는 몇 년씩 걸린다. 더구나 두께를 항상 균일하게 떠야 하며, 형태와 두께를 눈으로 보면서 판단해야 하기 때문에 이론이 아니라 경험을 쌓아나가야만 균일한 유바를 만들 수 있다.

유바키치의 대표상품 '생유바'

지난 32년 동안 오치 사장이 경험으로 쌓은 기술에는 선대부터 이어진 전통이 깃들어 있다. 생유바는 마르지 않도록 젖은 천으로 덮어둔다. 덮는 천에도 역사가 새겨져 있다. 창업 200주년 기념으로 만든 수건으로, 옛날의 유바 제조 풍경을 그려놓았다.

전통을 담아 만든 유바키치의 유바는 단순한 음식을 넘어 교토를 대표하는 명물로 인정받고 있다. 사전에 주문하지 않으면 구입이 쉽지 않을 만큼 판매량 또한 교토 내에서 최고로 손꼽힌다. 가게에 걸려 있는 교토 토산품 조합의 인증서는 이곳의 유바가 교토의 우수 관광 상품이라는 것을 말해준다. 시대의 변화 속에서도 전통 기술을 지키려는 고집이 가져다준 결실이다.

매일 아침 10시면 완성된 생유바가 신선한 상태 그대로 거래처로 배달된다. 주 거래처는 교토의 향토 요리 전문점들이다. 유바키치가 고정으로 납품하는 곳만 서른 군데가 넘는다. 유바키치의 유바는 아침에 갓 만든 신선함과 유바의 야들야들한 촉감, 담백한 맛과 깊은 풍미가 있어 요리의 품격을 높여준다.

그중 한 음식점은 올해로 50년째 유바키치의 제품으로 유바 요리를 만들고 있다. 유바에 생선 살을 말아 만드는 생유바 회부터 채소와 고기를 넣고 튀기는 유바 튀김까지, 곁들이는 재료와 조리 방법에 따라 만들 수 있는 유바 요리는 참으로 무궁무진하다. 콩 비린내가 별로 없고 두유에 가까운 요리라 두부를 싫어하는 사람도 유바는 맛있게 먹을 수 있다.

유바 요리는 약 800여 년 전, 승려들을 위한 사찰음식으로 시작됐다. 그 후 기후가 온난해지면서 좋은 콩이 생산되던 교토를 중심으로 일반 가정에 뿌리내렸다. 수세기를 이어온 전통 음식이지만 유바는 여전히 교토의 향토 요리를 추억하는 지긋한 나이의 사람들부터 현대식 식단에 익숙해진 젊은 층의 입맛까지 사로잡고 있다.

욕심내지 않고 내실을 다진다

유바키치의 역사는 1175년 일본 정토종의 총괄기관으로 창건된 사찰 '지은원'에 뿌리를 두고 있다. 창업자의 부친인 이오야 마사키치 씨는 교토의 대가람인 지은원에서 요리사로 일했다. 그 당시 지은원에서 만들던

9대 사장, 오치 겐조

사찰요리에 유바가 많이 사용되었는데 아버지의 기술을 전수받은 1대 사장은 1790년, 당시 최대의 장터였던 니시키 시장에 터를 잡았다. 그렇게 시작된 전통 유바 제조업은 대를 물려 계승되어 9대에 이르는 오늘날까지 오치 가문의 업으로 이어지고 있다.

6대 사장이 운영하던 1960년대에 유바키치는 작업장에 기계화를 도입했다. 그러나 생산량을 무리하게 늘리거나 사업을 확장하지는 않았다. 그런 정신은 현재의 오치 사장에게까지 이어졌다. 오치 사장의 아버지이자 8대 사장은 "소의 군침처럼 가늘고 길고 건실하게 장사하라"고 가르쳤다. 오치 사장은 그 가르침을 늘 가슴에 지니고 있다.

큰 변화나 사리사욕 없이 늘 같은 모습으로 가게를 지키길 바랐던 8대 사장은 32년 전 경영권을 오치 사장에게 물려줬다. 그러나 세대가 바뀌어도 그가 가르친 가게의 신조는 흔들리지 않았다. 어떠한 위기가 닥쳐도 오치 사장은 중심을 잡고 우직하게 걸어왔다.

10년 전에는 태풍으로 작황이 나빠져서 대두 가격이 지금의 두세 배로 뛰었다. 하지만 유바키치는 원래 가격대로 제품을 판매했다. 당연히 큰 적자를 봤지만 좀 더 길게 보고 눈앞의 이익보다 원래의 가격을 유지하는 쪽을 택했다.

그때 찾아온 재료비 폭등뿐 아니라 곧이어 닥친 국가 경제 위기에도 오치 사장은 제품의 가격을 올리지 않았다. 그렇다고 값싼 재료를 사용하지도 않았다. 변치 않는 모습으로 변치 않는 맛의 유바를 만드는 것만이 가게를 지키는 유일한 방법이라고 믿었다.

인사관리에 있어서도 철칙이 있다. 유바키치는 직원 수를 12명 안으로 유지한다. 적정 인원이 유지될 때, 직원 각자에게도 책임감이 생기고 제품의 완성도 또한 높아지기 때문이다.

오치 사장은 선대에게서 배운 경영철학을 이어갈 것이며 갑자기 규모를 크게 늘리는 일도 없을 것이라고 말한다. 이제껏 계승해온 것을 지키는 것이 가장 중요하다고 생각한다. 무리하게 규모를 늘리면 그만큼 제대로 살필 수가 없다. 그래서 손이 닿는 범위 내에서 건실하게 해나갈 생각이다. 가게 운영의 구석구석에 사장의 손이 닿지 않으면 제품의 품질은 떨어지게 된다. 언제나 변하지 않는 맛을 이어가는 것, 오치 사장은 그 목표를 향해 노력을 거듭한다.

자연이 선물한 재료

오치 사장은 차로 30분을 가면 닿을 수 있는 교토 외곽에 자리한 콩밭을 매년 찾는다. 유바키치에 콩을 공급하는 거래처의 농지로 콩 수확이 시작되기 한 달 전에는 꼭 콩의 품질을 확인하러 간다. 콩의 작황 상태를 직접 확인해 이듬해에 사용할 재료를 미리 계획하는 것이다.

이 콩밭에는 '무엇과도 바꿀 수 없는 농지를 지킨다'는 팻말이 꽂혀 있다. 콩을 소중히 길러 가게에 납품하기까지의 정성을 피부로 직접 느끼는 오치 사장은 그 마음을 온전히 유바 제조로 옮겨 간다.

시대가 변하면 자연환경 역시 변하고 콩의 맛도 달라진다. 수시로 변하는 콩의 맛을 파악해 유바키치 고유의 맛을 유지하는 것이 관건이다. 이를 위해 오치 사장은 5년 전부터 콩 배합 비율을 연구하고 있다. 두 종류의 콩을 배합함으로써 각 콩의 장점을 끌어낼 수 있기 때문이다.

지난 222년 동안 유바키치가 늘 같은 모습으로 가게를 지킬 수 있었던 배경에는 또 다른 이유가 있다. 시장 골목 끝에는 '니시키 텐만궁'이라는 신사가 있다. 400여 년 전 시장이 형성되며 함께 지어진 곳이다. 니시키 시장의 상인들은 이곳에서 가게의 번성을 기원하고 때때로 찾아오는 위기 속에서 흔들리는 마음을 다잡는다고 한다.

신사 앞마당 우물에서는 시장 아래를 흐르는 지하수가 솟아난다. 교토는 사방이 산으로 둘러싸인 분지로 시내 곳곳에서 지하수가 흐른다. 그중에서도 니시키 시장은 맑은 물 항아리를 품고 있다고 할 만큼 깨끗한 물이 솟기로 유명하다.

우물에는 "교토의 명수 니시키의 물로 지하 30여 미터에서 솟아난다"는 설명이 적혀 있다. 유바키치가 사용하는 지하수도 같은 수원의 물이다. 지난 세월 단 한 번도 마르지 않았던 물이다. 니시키 시장에 자리한 130여 개의 점포들은 모두 이 물과 함께 삶을 이어가고 있다. 사실 유바키치가 니시키 시장에 터를 잡은 이유는 이 물 때문이다. 유바키치 안에는 니시키 시장의 지하수를 끌어올리는 우물이 있다. 옛날부터 사용해온 우물이다.

유바를 만들 때 사용하는 니시키 시장의 지하수

연중 섭씨 17도에서 18도의 수온을 유지하는 무취 무미의 깨끗한 이 물을 유바키치는 창업 당시부터 사용해왔다.

선조에게서 잠시 빌렸을 뿐

매주 토요일이 되면 오치 사장은 특별한 유바를 만든다. 녹색 콩으로 만드는 녹색의 유바다. 4년 전 잡곡 상인에게 아이디어를 얻어 제조를 시작한 제품으로 쑥처럼 은은한 향이 난다. 지난 세월 동안 노란색의 전통 유바만을 만들어온 유바키치에 있어 녹색 유바는 무모한 도전일 수도 있었다. 녹색 콩은 일반 콩보다 원가가 네 배나 비싸지만 이윤은 최대한 적게 책정했다.

이윤을 줄이면서까지 새로운 시도를 하는 목적은 유바는 진부한 전통 음식이 아닌 변신이 가능한 음식임을 보여주기 위해서다. 전통을 지키는 동시에 그 전통이라는 알을 깨지 않으면 안 되는 어려운 길을 유바키치는

이윤보다는 고객을 위한 도전의 산물, '녹색 유바'

잘 헤쳐나가고 있다. 자신의 것에 자부심을 품고 단단히 지키되 미래의 새로운 고객을 향해 문을 활짝 열고 있다.

결과는 예상보다 좋았다. 기존과는 다른 색의 유바가 있다고 하면 손님들도 좋아한다. 생소한 녹색 유바가 알려지며 전통 유바에 대한 관심도 늘었고 어린 세대부터 고령층까지 고객층 역시 두터워졌다. 기뻐하는 손님들이 있기에 독특한 제품을 제공하고자 일주일에 한 번은 녹색 유바를 만든다. 그 덕에 현재 유바키치의 제품은 일본 전 지역으로 판매되고 있다.

유바키치는 분명 변화하고 있다. 그러나 변화 속에서도 근본은 흔들리지 않는다.

"이 가게를 선조에게 잠시 빌렸다는 마음을 가지고 온전히 다음 대에 물려주는 것이 저의 사명입니다."

오치 사장의 말에서 묵묵히 그리고 겸손히 교토의 맛과 가문의 역사를 이어가려는 의지를 엿볼 수 있다. 9대를 이어온 전통 기술, 그 뿌리 깊은 기술로 교토의 맛을 지켜가는 유바키치는 오늘도 한 장의 얇고 부드러운 유바를 만들기 위해 최선을 다한다. 종잇장보다 얇은 유바에는 그 무엇보다 두터운 이들의 노력이 담겨 있다.

1. 담백한 두부피의 맛을 좌우하는 콩과 물

오치 사장은 시가 현과 니가타 현의 질 좋은 콩을 구하기 위해 재배 현장을 찾는 수고를 마다하지 않는다. 유바키치는 각기 다른 맛과 색을 가진 두 가지 콩의 비율을 달리해 달고도 고운 빛깔의 유바를 만든다. 또한 유바키치가 자리 잡은 니시키 시장은 물이 좋기로 유명한데 이곳의 맑은 지하수를 사용해 담백한 유바를 만든다.

2. 222년간 터득한 제조 방식과 전통 수작업

두부피를 만들기 위해서는 우선 두유를 만들어야 한다. 이때 쓰일 콩은 전날 미리 불려서 부드럽게 만들어둔다. 계절에 따라 콩 불리는 시간을 달리하는데 이 시간은 오랜 기간 두부피를 만들면서 찾아낸 유바키치만의 비법이다. 콩을 불리는 것부터 젓가락으로 한 장씩 떠서 자연 건조하는 것까지 일일이 손으로 하는 전통 제조법에서 교토의 맛이 결정된다.

3. 가게를 확장하지 않고 견실한 수준을 유지

유바키치에는 직원 채용의 철칙이 있다. 12명 이상의 직원을 두지 않는다는 것이다. 적정 인원이 유지되어야 직원들도 책임감을 갖고 제품의 완성도가 높아지기 때문이다. 또한 이는 사장의 손이 닿는 범위 내에서 충실히 꾸려간다는 선조들의 경영철학에서 비롯된 것이기도 하다.

4. 함부로 가격을 올리지 않는다

10년 전, 태풍으로 인해 콩의 가격이 두세 배로 뛰었지만 유바키치는 원래 가격을 유지했다. 큰 적자를 봤지만 눈앞의 이익보다 좀 더 길게 보고 가격을 유지한 것이다. 뒤이어 닥친 국가 경제 위기에도 오치 사장은 제품 가격을 올리지 않았고 값싼 재료를 사용하지도 않았다.

5. 유바의 새로운 가능성을 실험한다

유바키치는 기존의 노란색 유바와 달리 녹색 콩으로 만드는 녹색 유바를 만들기 시작했다. 4년 전 잡곡 상인에게 아이디어를 얻어 제조를 시작한 제품으로 손님들에게 좋은 반응을 얻고 있다. 녹색 콩은 일반 콩보다 원가가 비싸지만 이윤을 줄이면서까지 새로운 시도를 한 것이다. 유바는 진부한 전통 음식이 아니라 무한히 변신 가능한 음식이라는 것을 보여주기 위해서다.

I N F O R M A T I O N

주　소　　京都市中京区錦小路通御幸町西入ル 鍛冶屋町 213
홈페이지　yubakichi.jp
전　화　　+81-75-221-1372
영업시간　9:00~18:00(일요일 · 넷째 주 수요일 휴무)

일본 초밥 명가
긴자 스시코 혼텐

"시대의 변화를 읽고 참신한 시도를 거듭해야
전통을 지켜갈 수 있습니다."

— 긴자 스시코 혼텐 4대 사장, 스기야마 마모루

도쿄 최대 번화가 긴자에 위치한 '긴자 스시코 혼텐'

　　즐비한 고층 빌딩 사이로 명품 거리가 늘어선 도쿄 최대 번화가 긴자, 미식가들이 즐겨 찾는다는 이곳의 음식점들은 단골을 확보하지 못하면 살아남을 수 없다고 한다.

여기 화려한 긴자의 뒷골목에 일류 음식점으로 손꼽히는 초밥 가게 긴자 스시코 혼텐이 있다. 외관은 소박한 듯하면서도 오랜 세월을 지나온 무게감과 침착함이 깃들어 있다. 이곳을 찾는 손님들 역시 대부분 선대부터 이어져온 단골이다. 127년, 4대에 걸쳐 초밥만을 만들어온 명가지만 가게 안은 그 명성이 무색할 만큼 소박하다. 역사를 자랑하는 사진 한 장, 값비싼 장식품 하나 보이지 않는다.

　　숙련된 장인의 기술로 세상의 변화를 품은 맛을 창조하는 일본 초밥의

가게를 지키는 수문장 거북이

자부심, 127년 전통의 초밥 명가, 긴자 스시코 혼텐은 시대가 원하는 맛을 빚는다.

위기를 이겨내며 견고해지다

평소와 달리 사람들로 북적이는 평일 오후의 긴자 거리에서 국산 채소를 홍보하기 위해 긴자의 음식점 조합이 개최한 자선 바자회가 열렸다. 혼잡한 거리 한복판에서 중년의 남성이 "안심하고 드실 수 있는 맛있는 국산 채소를 나눠 드립니다!"라고 외치고 있다.

스기야마 마모루, 긴자를 대표하는 초밥 가게 긴자 스시코 혼텐의 4대 사장이다. 대학에서 경제학을 전공한 그는 삼형제 중 막내로 가게를 이어받았다. 그의 이름 '마모루衛'에는 '지키다'라는 뜻이 있다.

복잡한 중심가의 뒷골목에 있는 가게 입구의 귀퉁이, 동글동글 예쁜 돌들을 깔아둔 바닥에는 금속으로 만든 작은 거북이 한 마리가 있다. 가게를 지키는 작은 수문장이라고 할 수 있다. 일본에서 거북이는 장수를 상징하는 동물이다. 학은 천 년을 살지만 거북이는 만 년을 산다고 한다. 스기야마 사장은 매일 아침 출근할 때마다 이 거북이를 바지춤에 대고 문질러 깨끗이 닦은 다음 제자리에 놓는다. 백 년을 넘어 천 년, 만 년 동안 가게를 지킨다는 염원을 담아 매일 하루 장사를 시작한다.

긴자 스시코 혼텐은 1885년, 1대 사장 스기야마 코지로의 창업으로 첫발을 내딛었다. 한 세기를 지나 4대에 이른 가장 큰 경쟁력은 위기를 극복

하는 힘이다. 오랜 세월 동안 선
대들이 위기를 극복한 경험과
노하우를 전해왔고, 현재의 사
장 스기야마 씨 역시 그 혜택을
입었다. 지금까지 몇 번의 위기
가 찾아왔고 2011년의 대지진
도 그중 하나였다. 지진에 직접
피해를 입지는 않았으나 그날

2대 운영자 스기야마 소우키가 집필한 도서

이후 3주간 손님이 없었다. 예약은 전부 취소되었다.

스기야마 사장은 그런 고비를 만날 때마다 낡은 책 한 권에서 해결의
답을 얻었다. 가게의 2대 운영자인 스기야마 소우키가 집필한 책으로 일
본의 초밥 역사와 더불어 초밥을 만드는 전통 방법이 기록된 기본 지침서
라 할 수 있다. 그에게는 성서와 같은 책이다. 그는 책을 여러 번 읽으면서
위기를 이겨내는 해법을 찾았다.

"기본과 원칙 그리고 지금까지 해왔던 전통을 기반으로 새로운 것에 도
전해야 합니다."

최고의 재료를 찾아서

하늘의 별만큼이나 많다는 일본의 초밥 가게. 그중에서도 긴자 스시코
혼텐은 열 손가락 안에 드는 최고급 요리점이다. 그 비결은 다름 아닌 재
료에 있다. 긴자 스시코 혼텐은 보편적으로 쓰이는 것에 비해 가격이 두
배 이상 높은 최고급 재료만을 사용한다. 경력 26년의 직원 히라노 마나
부 씨는 재료에 대한 고집에는 그만한 이유가 있다고 말한다.

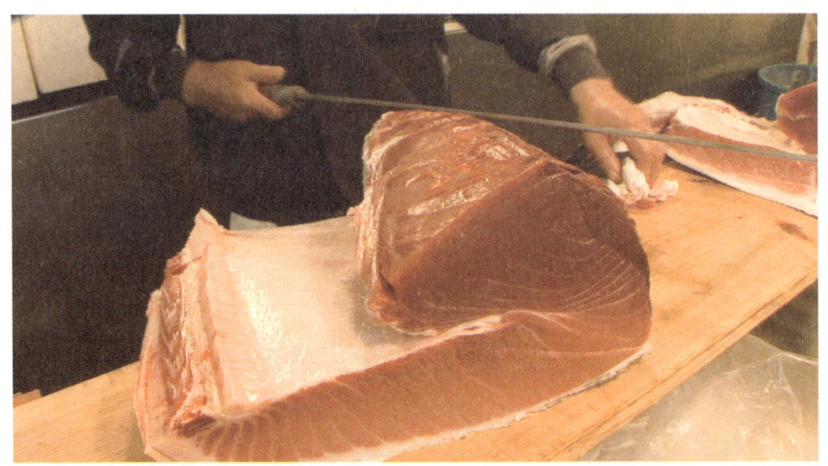

세계 최대의 수산시장 츠키지 시장에서 직접 구입한 최상의 참치

　손님들에게 기쁨을 주기 위해서 좋은 음식을 만들어야 하고 좋은 음식을 위해서는 좋은 재료가 있어야 한다. 최고급 재료로 최상의 초밥을 완성하는 것, 이것이 긴자 스시코 혼텐이 고수하는 첫 번째 원칙이다. 한 번 오고 마는 게 아니라 또다시 와보고 싶어지는 음식을 내놓아야 한다는 것이다.

　손님의 발길이 이어지게 하는 첫 번째 조건은 좋은 재료다. 제철 채소를 제외하고 가게에서 쓰는 재료의 4분의 3은 일본은 물론 세계 최대 규모의 수산시장인 츠키지 시장에서 들여온다. 생선 구입은 전적으로 스기야마 사장의 몫이다.

　"이곳에서 가장 좋은 재료를 구하는 것은 우리의 사명과도 같습니다."

　참치는 긴자 스시코 혼텐에서 가장 중요하게 쓰이는 재료다. 그래서 2, 3일에 한 번 경매를 통해 최고 품질의 참치를 구입한다. 그가 찾은 참치 도매상에서 주인 가라키 마사유키와 두 명의 장정이 길고 빛나는 칼로 거대한 참치를 해체하기 시작했다. 마치 톱질을 하듯 여러 번 칼날이 왔다간 뒤에야 참치는 부위에 따라 큰 덩어리로 갈라진다. 오늘 아침에 들어왔다는 참치를 살피는 사장의 눈빛은 마치 다이아몬드를 감정하는 사람처럼 날카롭다. 2톤에 달하는 참치 살 중, 스기야마 사장은 단 5킬로그램만 택했다.

백발의 주인장 가라키 마사유키는 스기야마 사장이 탁월한 선택을 했다고 말한다. 기름기가 풍부한 뱃살과 담백한 붉은 속살이 겹쳐진 부위로, 참치 살 중 최고의 맛을 자랑하는 부위다. 그만큼 가장 비싼 부위이기도 해서 우리 돈으로 자그마치 450만 원에 달한다. 가라키 사장은 스기야마 사장에 대해 생선을 보는 눈이 높고 다루는 솜씨가 좋다고 칭찬하며 "공부를 그만큼 많이 하시겠죠. 그러지 않으면 긴자에서 그런 초일류 식당을 유지해나갈 수 없죠"라고 덧붙인다.

질 좋은 생선을 구하는 것만큼, 신선도를 유지하는 것 또한 중요하다. 생선은 당장 사용할 양을 제외하고는 얼음 냉장고에 넣어 보관한다. 냉장고에 그대로 넣으면 색이 변하거나 표면이 마르기 때문에 얼음 위에 올려 재워둔다.

초밥에서 생선만큼 중요한 것이 밥이다. 스기야마 사장은 각 지역에서 생산된 쌀의 품질을 수시로 감별한다. 먼저 손에 닿는 감촉을 본 다음 쌀을 뿌려본다. 흰 부분이 많으면 좋지 않다고 한다. 또한 쌀알의 형태를 확인하는데 그중 깨지지 않고 원형 그대로를 유지하고 있는 쌀을 선별해 밥을 짓는다. 스기야마 사장은 매일 갓 지은 밥 냄새를 맡기 때문에, 냄새만 맡아도 밥이 맛있을지 혹은 썩 좋지 않을지를 쉽게 구분한다. 다 된 밥을 맛볼 때는 바로 씹지 않고 혀로 쌀알의 표면을 훑는다. 이어서 밥알을 천천히 씹으며 단맛을 느낀다.

"목으로 넘긴 후의 맛이 중요합니다. 여운이라고 할까요. 밥을 넘길 때 향이 콧등 안쪽을 통과하는데 그걸 바탕으로 맛을 평가합니다."

이렇듯 신중하게 쌀을 선별하는 이유는 생선초밥의 맛은 '샤리', 즉 간이 적절히 배인 밥이 좌우하기 때문이다. 갓 지은 밥에는 홍초를 뿌리는데 이를 두고 '초밥을 자른다'고 말한다. 뜨거울 때 홍초를 넣어야 잘 스며들기 때문에 밥을 짓자마자 재빨리 해야 한다. 쌀의 품질, 짓는 방식과 더불어 식초 양념의 비율에 따라 맛이 달라진다. 그리고 마지막으로 부채질을 해서 남아 있는 수분을 날리면 생선 살의 풍미를 더해주는 완벽한 샤리가 완성된다.

한 알의 쌀이 수분을 잘 흡수해서 부드럽게 부푼 상태가 가장 좋다. 한 알 한 알의 모양이 잘 잡힌 쌀들이 모여 있어야 한다. 이를 일본에서는 '한 알 한 알이 서 있다'고도 표현한다. 이처럼 밥을 짓는 데에도 고유의 기술과 정성이 들어간다. 스기야마 사장은 쌀이 좋아야 밥이 맛있다는 진리를 잘 알고 있을 뿐 아니라 성실히 실천하고 있다.

초밥 장인의 품격은 기본에서 온다

본격적으로 손님을 맞이하기 전, 스기야마 사장이 빼놓지 않고 하는 일은 바로 칼을 가는 일이다. 아랫사람에게 시킬 법도 한데 스기야마 사장은 절대 다른 사람에게 맡기지 않고 반드시 직접 칼을 간다.

초밥 장인들은 세 가지의 칼을 사용한다. 참치를 써는 '다코히키', 회를 뜨는 '야나기바', 뼈와 가시를 발라내는 '데바보쵸'다. 무사가 자신의 검을 남에게 맡기지 않듯 요리사는 칼을 중시한다.

"이 일을 하는 사람들은 좋은 칼을 능숙하게 다룬다는 것을 자랑스럽게 생각합니다. 저 또한 마찬가지고요."

사뭇 결연하게 말하는 스기야마 사장이 사용하는 칼은 검을 만들 때 쓰이는 강철로 제작되었으며 100년 전, 1대 선조가 사용하던 것이다. 그에게는 분신과 다름없다. 33년째 이 일을 해온 히야마 히로유키 씨의 지난 세월을 증명하는 것 또한 그가 사용하는 칼이다.

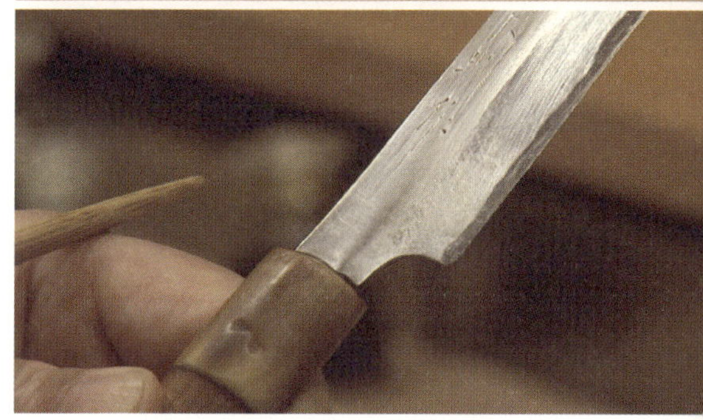

초밥 장인들이 사용하는 세 가지의 칼(상)
스기야마 사장의 분신이나 다름없는
1대 선조가 사용하던 칼(하)

그의 칼은 원래 크기에서 거의 반으로 줄어들었다. 사흘에 두 번 정도 가는데 점점 닳아서 작아진 것이다. 여전히 같은 칼집에 칼을 꽂지만 너무 헐렁해 보일 정도다. 그렇게 칼의 몸이 깎일수록 그의 실력과 경험은 늘어갔다. 긴 세월에 닳고 닳았지만, 결코 무뎌지지 않은 칼날은 가게가 지나온 127년의 역사를 고스란히 담고 있다. 요리인의 기본인 칼을 가는 일은 자신을 갈고닦는 일이기도 하다.

칼을 가는 행위뿐 아니라 가게에서 이뤄지는 모든 작업에도 정성이 담긴다. 아무리 단순하고 하찮아 보이는 일일지라도, 아니 그런 일일수록 엄격하다. 기본에 충실하려는 마음이다.

전통 방식으로 만드는 '다마고야키'

　어느 초밥 가게에서든 맛볼 수 있는 기본 메뉴인 다마고야키를 만드는 것에서도 그런 마음을 엿볼 수 있다. 다마고야키는 새우와 달걀 그리고 으깬 어묵을 반죽해 만드는 일종의 달걀부침이다. 이제 손님 앞에 서게 될 경력 6년의 쿠스노 키타다키 씨가 담당한다. 절대로 실수하면 안 되기 때문에 책임을 질 수 있을 만큼 숙련된 사람이 만든다.

　이 가게의 다마고야키가 더욱 특별한 것은 전통 방식을 그대로 따르기 때문이다. 먼저 샛노란 달걀 반죽을 네모난 팬에 붓고 나무젓가락으로 표면 전체를 가볍게 치면서 평평하게 만든다. 그런 뒤에는 숯불의 열로 굽는다. 그런데 우리가 흔히 하듯 숯불 위에 팬을 놓고 굽는 방식이 아니다. 철망 위에 숯불을 올린 뒤 그 철망을 팬 위의 일정한 높이에서 사람이 직접 들고 있어야 한다.

　반죽의 밑부분은 약한 가스불로 천천히 익힌다. 또한 열이 골고루 전달되어야 잘 구워질 것이라고 생각하지만 처음에는 반죽의 가장자리만 먼저 익힌다. 처음부터 가운데에 열이 닿으면 수분이 제대로 날아가지 않기 때문이다. 그래서 가운데로 수분을 몰아서 마지막에 수분을 날린다.

쿠스노 씨는 무거운 철망을 들고 있느라 어느새 이마에 땀이 송글송글 맺혔다. 금세 비 오듯 땀이 쏟아내리지만 숯불을 내려놓을 수는 없다. 그렇게 꼬박 50분이 지나면 일본 전통 달걀부침, 다마고야키가 탄생한다. 현재 도쿄에서는 긴자 스시코 혼텐만이 이러한 재래 방식으로 달걀부침을 만들고 있다. 잘 구워진 다마고야키는 연한 두부에 가까울 만큼 부드럽다. 식감과 향이 좋아 디저트는 물론 초밥의 재료로도 사용된다. 우리가 흔히 보는 계란말이 초밥과는 다른 이 음식은 100년 전부터 전해 내려온 일본의 전통 초밥이다.

주방의 하루는 길다

긴자 스시코 혼텐에는 서른 명의 직원이 있다. 이들 사이에는 나름의 서열과 규칙이 존재한다. 처음 1년간은 심부름과 청소만 해야 해서 칼은 만질 수도 없다. 청소 1년, 채소를 다듬는 일로 또 1년을 보내고 나서야 생선 손질을 할 수 있다. 본격적으로 초밥을 만드는 7년차가 되기 전까지, 직원들은 요리 재료를 준비하며 실력을 쌓아간다.

자정을 훌쩍 넘기고 나서야 퇴근을 준비하는 직원들. 주방 한구석에서는 늦은 저녁식사가 한창이다. 뒷정리를 하면서 선 채로 허기진 배를 채운다. 장사 준비에 들어가는 오전 9시부터, 가게가 문을 닫는 밤 11시까지 직원들은 정해진 자리에서 정해진 일을 끊임없이 반복한다.

그래서 이 시간이 아니면 딱히 끼니를 챙길 여유가 없다. 밤늦게까지 식사할 시간도 없이 힘들지 않느냐는 질문에 경력 2년차인 다카하시 쇼헤이 씨는 "익숙해지니 배고픈 시간도 저절로 바뀌었다"고 예상과는 달리 밝은 얼굴로 말한다. 아침 먹을 시간이 없어서 출근할 때 편의점에서 먹고

그럴 시간조차 없을 때는 아침은 거른 채 점심을 든든히 먹어서 밤까지 견
딘다.

긴 하루를 끝내고 고단할 법도 한데 귀가하는 어린 청년들의 발걸음은
경쾌하기만 하다. 이들은 가게에서 5분 거리에 있는 기숙사로 향한다. 밤
늦게 일을 마치는 직원들을 위해 스기야마 사장이 마련한 공간이다. 이곳
에서 생활하는 직원들은 모두 1년에서 2년차에 접어든 신입들이다. 경력
별로 맡은 일은 다르지만, 대부분 조리학교 출신의 준전문가급 조리사들
이다. 그러나 이들 중 생선을 만져본 사람은 아직 단 한 명도 없다. 생선을
만져볼 날이 기다려지고 조바심이 날 만도 한데, 일에는 단계가 있고 그
단계를 성실히 밟아야 다음 단계도 잘해낼 수 있다는 것을 이들은 잘 알고
있다.

세월의 노하우로 더 단단히 다져질 것을 알기 때문에 바닥부터 혹독한
수련 과정을 묵묵히 따른다. 고생이라고 생각하지도 않는다. 다음 단계로
올라가기 위해서는 맡은 일을 완벽하게 익혀야 하기 때문이다. 빨리 승진
하면 문제가 생기게 마련이고 후배들을 제대로 가르칠 수도 없다는 생각
이다.

그 시각, 스기야마 사장과 두 명의 직원이 주방의 불을 밝히고 서 있다.
무슨 일인지, 긴장감마저 감돈다. 분주하게 조리대를 정돈하는 두 명의 직
원을 지켜보던 사장이 "자, 시작!"이라고 나지막이 외치자 두 직원은 재빠
른 손놀림으로 초밥을 만든다. 이제 막 재료 준비 업무에서 벗어나, 초밥
만들기 연습을 시작한 7년차 직원들이다. 스기야마 사장은 언제나 불시에
직원들의 능력을 평가한다. 과제는 5분 안에 스무 개의 초밥을 완벽하게
만들어내는 것. 스기야마 사장의 눈이 바쁘게 움직이는 직원들의 손을 쫓

4대 사장, 스기야마 마모루

는다. 그러면서 "정갈하게 만드는 것도 중요하지만 속도도 중요해. 빠르면서 예쁘게 만들어야지"라고 일침을 가한다.

초밥의 대가 앞에서 치르는 시험인 만큼 당사자는 물론 지켜보는 동료도 조마조마해 보인다. 그런데 안타깝게도 두 사람 모두 주어진 과제를 수행하지 못했다. "95점이야. 400점 만점에"라고 농담처럼 말하는 스기야마 사장의 평가는 냉혹하다. 우선 밥이 생선의 중앙에 딱 들어맞는지 확인한다. 그러고는 어깨의 힘을 빼고 흐르듯이 만들어야 한다는 점을 강조하면서 직원의 팔을 꾹꾹 누르며 "풍선에 바람을 넣을 때 단순히 힘만 세서는 안 되잖아? 부드럽게 눌러야 해"라고 조언한다.

곧이어 손을 좌우로 바꿔가며 초밥의 형태를 잡는 기술인 '데가에시'를 직접 시범 보인다. 초밥을 만드는 데 있어 가장 기본이 되는 기법이다. 아직 부족한 것이 많은 후배들이지만 스기야마 사장은 언젠가 이들도 실력으로 인정받는 초밥 장인이 될 것이라 확신한다.

"한번 실패해봐야 해요. 그런 후에 고쳐나가도록 주의 깊게 가르치고 있죠."

스시코에서는 사장도 직원도 요행을 바라지 않는다. 한꺼번에 몇 계단을 뛰어오르려는 섣부른 기세나 자만은 없다.

손님이 싫어하는 것을 기억하라

늦은 저녁, 요기를 하러 온 손님들을 위해 사장은 특별한 요리를 준비한다. 파와 참치를 따뜻하게 끓여내는 '네기마지루'다. 400여 년 전, 에도 시대 사람들이 즐겼던 전통 음식이다. 손님에게 네기마지루를 건네며 "뜨거우니 조심하라"는 배려의 한마디도 잊지 않는다. 네기마지루를 맛본 손님은 "이렇게 맛있는 걸 에도 시대 사람들은 먹었구나 하는 생각이 들어요"라며 감탄한다. 요리는 시대를 넘어 이렇게 전해진다.

가게의 역사만큼 이곳을 찾는 손님의 역사 또한 깊다. 고객의 70퍼센트는 선대부터 이어진 단골이다. 스기야마 사장은 선대로부터 배운 손님을 대하는 자세를 한시도 잊지 않는다.

"제가 늘 들어온 말은 손님이 좋아하는 것보다 손님이 싫어하는 것을 먼저 기억하라는 것이에요."

이는 곧 스시코의 경영철학이기도 하다. 스기야마 사장은 손님 대부분의 취향을 꿰뚫고 있다. 세대와 성별에 따라 밥의 양도 달리한다. 이를테면 20대 여성이 왔다면 50대 남성에게 내는 밥의 양에서 3분의 2로 줄이고, 할머니에게는 그보다 더 적게 만들어 준다. 손님에 따라 고추냉이의 양, 밥의 양, 생선 크기도 다 달라진다. 또 서양인들은 젓가락질이 서툴러 초밥이 부스러지기 쉬우므로 밥을 좀 더 딱딱하게 지어 생선과 떨어지지

손님 개개인의 취향에 맞추어 제공되는 초밥

않도록 신경 쓴다.

이처럼 손님 개개인의 취향에 맞추어 내기 때문에 정해진 가격표도, 이렇다 할 메뉴판도 따로 없다. 초밥 한 점에 평균 2,500엔, 우리 돈 3만 원을 웃도는 높은 가격이다. 하지만 진짜 값어치는 돈으로 환산할 수 없다. 그들이 먹는 것은 그 속에 쏟은 장인의 정성이기 때문이다. 전문가가 만들어주는 초밥은 단순히 맛있기만 한 것이 아니라 그가 쌓아온 수련의 깊이를 맛과 함께 전해준다는 것을 손님 역시 인지하기에 기꺼이 돈을 지불한다.

조리장은 손님의 입맛을 기억하고 손님은 조리장의 손맛을 신뢰한다. 이것이 긴자 스시코 혼텐을 지탱하는 힘이다.

100년의 무게에 짓눌리지 않는 법

이른 아침, 스기야마 사장이 서둘러 집을 나선다. 그가 외출할 때마다 이용하는 지하철은 생각을 정리하기에 가장 좋은 공간이다. 오늘도 그는 펜과 수첩을 꺼내 뭔가를 열심히 적고 있다.

도쿄의 경제 중심가, 마루노우치. 이곳에는 긴자 스시코 혼텐의 유일한 분점이 있다. 본점보다는 대중적인 초밥을 선보이는 곳이다. 스기야마 사장은 일주일에 한 번 이곳을 찾는다. 이날은 연어로 새로운 초밥을 만들기로 했다. 3개월 전부터 준비해온 신메뉴다. 연어만으로는 재미가 없으니 무엇을 더 추가해볼까 하고 궁리하는 과정에서 탄생했다.

주황빛 연어 위에 절인 양파와 포도 알을 올리고, 가늘게 채 썬 파로 장식한 신메뉴에는 초밥과 어울릴 것이라고 상상조차 못했던 재료들이 거침없이 사용된다. 가장 중요한 것은 맛의 밸런스다.

하나의 메뉴는 평균 여섯 번의 자체 테스트를 거친다. 이후 기존 초밥과의 경쟁에서 살아남아야 비로소 정식 메뉴가 될 수 있다. 긴자 스시코 혼텐에서 선보이는 초밥은 대략 400여 가지다. 100년 이상 이어져온 것은 백 개의 신메뉴 중 한 개에 불과하다.

스기야마 사장이 "이것이 긴자 스시코의 맛"이라고 자랑하는 초밥 중 하나인 간장에 절인 붉은 참치살은 200년 전부터 변함없이 이어져온 초밥이다. 그래도 끊임없이 신메뉴를 개발한다. 단기간에 사라지는 것이 있는가 하면 살아남는 것도 있다. 열 개의 메뉴를 개발하면 남는 것은 한두 개 정도다.

이런 노력이 무모하다 말하는 사람도 있다. 그럼에도 스기야마 사장이 도전을 멈추지 않는 이유는 하나다. 현재에 머무르면 변화하는 사람들의 입맛을 만족시킬 수 없기 때문이다. 시대의 흐름을 읽고 그 안에 옛 노하우를 담아 전통과 현대가 어우러진 맛을 창조해야 한다.

초밥은 손으로 만들지만 그 맛은 장인이 쏟은 마음의 깊이만큼 나온다. 긴자 스시코 혼텐의 모든 초밥에는 기술 이상의 정성이 담겨 있다. "기본도 중요하지만 그것만으로는 부족하니 늘 새로운 것들을 수용해야 해요"라고 스기야마 사장은 말한다. 급격히 변하는 세상에서 변화를 뒤따라가기보다는 조금 앞서야 손님들이 따라온다는 것이 그의 철학이다.

또다시 아침이 밝았다. 영업을 준비하는 시간, 모두가 자신의 자리에서 자신의 일에 매진하고 있다. 경력 1년차 쿠스노 씨는 가게 앞마당을 청소한다. 올해 2년차인 다카하시 씨는 채소를 준비한다. 모든 직원이 각자의 자리에서 제 몫을 한다. 스기야마 사장도 마찬가지다. 새하얀 앞치마를 두르고 각이 선 모자를 쓰는 그의 동작 하나하나가 성스러운 의식과 같다. 앞치마를 단단히 묶는 사장의 손에서 긴 세월의 무게를 지고서도 힘차게 나아가는 강인하고 절도 있는 힘이 느껴진다. 긴자 스시코 혼텐은 오늘도 127년 전과 같은 마음으로 손님을 맞이한다.

"우리 가게의 사명은 규모를 키워 매출을 늘리고 많은 이익을 남기는 것이 아닙니다. 그보다는 지금의 질을 떨어뜨리지 않도록 최선을 다하면서 조금이나마 더 올리기 위해 머리를 짜내는 것이 우리 가게의 사명입니다."

시대는 흐른다. 흐르는 물결에 휩쓸리지 않고 단단히 서 있기 위해서는 많은 힘과 노력이 필요하다. 그러나 그 흐름을 타고 함께 자연스럽게 흘러가기 위해서는 그 이상이 필요하다. 전통의 맛이라는 자부심을 지키기보다 변해가는 사람들의 입맛을 만족시키려는 겸허한 자세를 갖기가 더 힘들다.

긴자 스시코 혼텐은 100년이라는 역사의 무게를 지고도 멈춰 서는 법이 없다. 그런 정신은 장인의 온기를 품은 초밥으로 전해지고 사람들의 배속뿐 아니라 마음속까지 채운다. 지켜야 할 것은 지키며, 끊임없이 변화를 시도하는 127년의 초밥 명가. 옛것 안에서 새로움을 찾는 긴자 스시코 혼텐의 장인들이 손에 쥔 것은 초밥이 아니라 사람의 마음이다.

1. 최고의 재료를 구한다

초밥의 핵심 재료인 쌀과 생선을 선택하는 일은 스기야마 사장이 직접 신중하게 한다. 전국에서 재배되는 쌀을 선별하고 일본 최대의 수산시장에 나가 갓 잡은 생선을 구입한다.

2. 기본에 충실하며 지킬 것은 지킨다

칼을 가는 일, 밥을 짓는 일 등 가장 기본적인 일에 많은 공을 들인다. 기본 요리인 다마고야키는 전통 방식을 고수해 만들고 위기가 닥칠 때는 선대가 남긴 책에서 해답을 구한다.

3. 직원 교육을 철저히 한다

직원들은 경력에 따라 단계적으로 일을 배운다. 처음 1년 동안은 칼을 잡아보지도 못할 정도로 일의 각 단계를 철저히 가르쳐서 스스로 책임질 수 있도록 한다.

4. 손님의 취향을 파악한다

손님들의 취향을 꿰뚫어 밥의 양, 고추냉이의 양, 생선의 크기 등을 세심하게 조정한다. 그래서 가격을 정해놓지 않고 손님에게 맞춤 메뉴를 제공한다. 선대부터 내려온 단골손님들을 끊임없이 감동시키는 비결이다.

5. 항상 연구하고 변화한다

이미 최고의 가게로 명성을 떨치지만 여전히 새로운 메뉴를 연구하고 끊임없는 테스트를 통해 메뉴를 선정한다. 사람들의 변화하는 입맛에 대응하고 교감하면서 앞으로 나아간다.

INFORMATION

주　소　東京都中央区銀座 6-3-8

전　화　+81-3-3571-1968

영업시간　11:30~22:00(LO) (월요일 휴무)

일본 가이세키 요리 전문점
헤이하치자야

"오늘의 변화가 내일의 전통을 만든다."
– 헤이하치자야 21대 사장, 소노베 신고

오랜 역사를 가진 가이세키 요릿집 '헤이하치자야'

일본의 천년고도 교토는 일본 미식 문화의 정수를 느낄 수 있는 오래된 도시다. 지금도 일본의 역사와 문화의 중심지로 손꼽히며 옛것을 간직한 정취 덕분에 관광지로 사랑받고 있다. 교토의 봄은 매화 향기로 먼저 찾아온다.

일본에는 노포老鋪가 많다. 노포란 전통과 격식이 있는 오래된 가게로, 대대로 물려 내려오는 점포를 말한다. 짧게는 100년, 길게는 수백 년 이상 장수하는 가게이다. 일본에는 100년이 넘는 노포가 무려 1만 5000개가 넘는다고 한다. 또한 200년 이상 된 곳도 2500여 개로 무려 전 세계의 40퍼센트에 달한다.

특히 교토에는 대를 이어 운영하는 오래된 가게들이 많다. 교토의 북동쪽에 위치한 헤이하치자야平八茶屋는 436년의 긴 역사를 가진 가이세키 요릿집이다. 가이세키 요리란 에도 시대부터 연회 요리에 오른 정식 요리를 뜻한다.

많은 명사들의 단골 모임 장소인 '연회실'

　　대문으로 들어가 나무가 무성한 정원을 가로질러 가는 사이, 손님들은 과거로 초대된다. 400년을 훌쩍 넘는 전통을 자랑하는 유서 깊은 헤이하치자야는 16세기에 창업한 이래 교토뿐 아니라 일본의 역사와 함께 걸어왔다.

역사와 변화의 갈림길에서

　　헤이하치자야의 건물은 전통 가옥으로 쇼와 시대^{1926~1989} 초기, 약 80년 전에 지은 오래된 건물이다. 옛것을 지키려는 노력도 변화만큼 중요하다. 헤이하치자야는 이제 머지않아 500년의 역사를 바라보고 있다. 그때를 위해 낡은 부분을 찾아내 틈틈이 수리하고 보수하는 작업이 필요하다. 200년 전 지은 건물이 지금껏 이렇게 별 탈 없이 튼튼할 수 있었던 것은 이런 노력과 관심 때문이다. 건물 자체는 200년 전 그대로 두고 낡은 부분만 수리하고 있다. 부분적으로 수리함으로써 앞으로 50년, 100년을 이 형태 그대로 유지하고자 한다.

1900년대 초 홍수가 난 이후 다시 지은 연회실은 기둥의 혹이나 원형의 나무 장식 등으로 한껏 멋을 낸 건물이다. 기둥이며 처마까지 일본식 전통 공법으로 지은 건물이라 아직도 옛 정취가 그대로 남아 있다. 게다가 주변 풍광이 아름다워 옛 부터 문인과 미식가 등 명사들의 단골 모임 장소이기도 했다. 역사적인 만남의 장면들은 사진으로 남아 있다. 18대 사장과 기타오지로 산진이라는 일본의 유명 도예가이자 미식가와 함께 찍은 사진이다. 그들이 앉았던 자리가 지금도 그대로 있다.

에도 시대의 관광 안내책자라고 할 수 있는《주유미야코 명소》화집의 '야마바나'라는 부분에도 이 가게가 실려 있다. 이미 에도 시대에 유명 찻집으로 소개될 만큼 헤이하치자야의 역사는 길고도 깊다. 1576년 큰 도로 옆 찻집으로 시작했는데, 초기에는 잡화점을 겸한 형태였다. 가게는 길가에 있었고 교토에서 후쿠이 현까지 이어지는 그 앞 와카사 도로가 점점 활성화되면서 여기에 들르는 이들이 많아졌다. 결국 이곳을 지나는 행상들에게 간단한 식사와 차를 팔기 시작했다.

가게는 상인들에게 팔던 보리밥이 인기를 끌면서 전성기를 맞았다. 보리밥 찻집으로 유명세를 탔고 15대 사장까지 번성이 이어졌다. 그러나 1800년대 후반, 교토에 철로가 놓이면서 자연히 가도의 통행량이 줄었고 오가는 상인도 손님도 점차 뜸해졌다. 시대의 변화 속에서 가게 문을 닫아야 할 위기가 찾아온 것이다.

가도가 쇠퇴했지만 선조는 가게를 폐쇄하기보다 살려나갈 방법을 생각했다. 고심 끝에 내린 결단은 민물고기 요리라는 새로운 분야를 개척하는 것이었다. 찻집에서 요릿집으로 전환하는 새로운 길이었다. 변화를 향한 의지와 주변 환경을 활용한 지혜가 헤이하치자야의 436년을 있게 한 힘이다.

수백 년을 지켜온 요리

시대의 흐름에 따라 요리도 변했지만 창업 당시의 명물로 400년을 지켜온 메뉴가 있다. 바로 보리밥에 마즙을 끼얹어 만든 '보리밥 도로로'라는 요리로, 가도를 오가던 상인들이 간편하게 먹을 수 있게 만든 메뉴다. '도로로'는 일본어로 마를 뜻하는데, 마를 직접 갈아낸 마즙을 밥 위에 올려 내는 요리다. 마즙에 있는 소화효소 때문에 급하게 먹어도 체할 염려가 없어 행상들에게 인기였다.

마즙의 맛을 내는 비법은 선대를 통해 꾸준히 전수되어왔다. 1대에서 21대까지 이어온 헤이하치자야의 맛을 대표하는 보리밥 도로로는 변화 속에서도 기본을 잃지 않았던 선대의 정신, 그 자체다.

보리밥 도로로와 함께 300년을 이어온 또 하나의 요리는 장어구이다. 기름이 적당히 빠지고 탈 듯 말 듯 구워졌을 때가 맛을 내는 중요한 시점이다. 장어구이에 끼얹는 간장소스는 헤이하치자야만의 비법이다. 대대로 요리장을 통해서만 전해지는 특별하고 역사 깊은 소스다. 소스를 끼얹고 다시 노릇노릇하게 구워주면 마침내 장어구이의 풍미가 완성된다.

장어에 소스를 뿌릴 때 장어의 기름과 맛이 소스 속으로 배어든다. 이 소스 안에는 300년이 넘는 세월이 쌓이고 또 쌓여왔다. 아주 오래전부터 줄어들면 채우고 또 줄어들면 채워왔다. 소스 그릇은 한 번도 비워진 적 없이, 300년의 진한 맛에 새로운 맛이 계속 어우러진다.

먼저 사케와 맛술을 넣고 불을 붙이는데, 이는 알코올 성분을 날려 보내

기 위해서다. 그다음 설탕과 간
장을 넣고 끓이는데, 두 재료의
균형을 맞추는 것이 맛의 비법
이다. 계절에 따라 단맛과 짠맛
을 조절하고, 소스의 농도에 맞
춰 배합 비율을 달리하는 것이
노하우다. 소스를 충분히 식혀
옛 소스에 더해 채우면 오래된
맛의 역사가 또 이어진다.

수십, 수백 년 전의 맛이 이
속에 조금이라도 남게 된다. 이
렇게 해두면 "제가 죽고 난 후
에도 똑같은 소스가 계속 남아
대를 이어나갈 것이다"라고 요

마즙을 올려 맛을 내는 '보리밥 도로로'(상)
300년의 진한 소스 맛이 담긴 '장어구이'(하)

리장은 말한다. 과거의 맛이 끊어지지 않고 후대로 이어지길 바라는 요리
장의 정신이 소스의 맛에 녹아 있다.

인내의 과정을 거쳐

헤이하치자야가 맛을 지켜올 수 있었던 또 다른 비결은 주방의 엄격한
체계에 있다. 모든 요리의 기본이 되는 국물과 소스 담당이자 맛을 총괄하
는 35년 경력의 요리장 야마모토 쇼오지 씨는 30년의 요리사 과정을 거
쳐 5년 전 이곳의 요리장이 되었다. 모든 요리는 나가기 전에 반드시 그의
손을 거쳐야 한다. 완성된 요리의 맛이나 모양새가 완벽해야만 손님 앞에

21대 사장, 소노베 신고

내놓을 수 있다는 게 요리장의 신념이다. 그런 신념으로 그는 19대부터 21대까지 3대 사장과 함께해왔다. 20대 사장과는 나이가 비슷해 형제처럼 지내며 술을 마시러 다니곤 했을 정도로 사장들과 친밀한 관계를 유지해왔다.

이곳은 우리가 흔히 생각하듯 사장이 요리사를 부리는 구조가 아니다. 가업을 이을 후계자는 반드시 요리사여야 한다는 원칙 아래 사장은 주방에서 일을 배워야 한다. 그래서 사장은 요리장 아래에서 일한다. 요리사의 엄격한 상하관계에서 사장이라고 예외일 수는 없다.

요리장 아래서 생선 손질과 회 뜨는 업무를 맡고 있는 21대 소노베 사장은 다른 음식점에서 잔심부름, 재료 손질 등 3년의 요리사 입문 과정을 거쳐 이곳 주방에 들어올 수 있었다. 회 뜨는 단계로 올라서기까지 무려 15년이 걸렸다. 하지만 소노베 사장은 그 점에 대해 한 번도 불만을 가진 적이 없다. 이곳처럼 규모가 크지 않은 가게에서는 사장이 전반적인 일을 모두 할 수 있어야 하며 특히 요리점에서 주인이 요리를 제대로 못한다면 곤란하다고 생각한다.

요리사가 밟아야 하는 과정은 대체로 8가지 단계로 이루어진다. 주방의 모든 잔심부름은 3년차 막내 요리사의 몫이다. 이곳에서 가장 낮은 단계를 밟고 있는 그는 쓰레기를 버리거나 설거지를 한다. 요리도 하지만 주로 밑반찬을 만든다. 이 과정을 적어도 2, 3년 이상 경험한 뒤에는 그릇에

요리를 담는 일을 한다. 그다음 단계는 생선의 내장과 비늘을 제거하고 다듬는 일이다. 그리고 소노베 사장처럼 15년 정도의 경력이 쌓이면 비로소 생선회를 뜨는 일을 할 수 있다.

요리사가 되어가는 과정은 인내의 과정이기도 하지만 가치 있는 준비의 과정이기도 하다. 바닥부터 일해보지 않은 사람은 진정한 전문가가 될 수 없음을 사장을 비롯한 모든 직원이 알고 있다. 끊임없는 노력과 배움으로 정진하는 과정을 거치면서 자신의 일을 확신하고 자신감을 갖게 된다.

다른 오래된 가게들과 마찬가지로 헤이하치자야는 직원들에게 단순히 기술만 가르치지 않는다. 신입 때는 요리에 대한 교육 이전에 먼저 사회인으로서 갖춰야 할 기본자세에 대해 철저히 교육한다. 그러고는 일을 통해 자신의 삶을 구현할 수 있도록 이끈다. 그런 엄격한 인재 육성 과정을 통해 직원들이 얻는 가장 큰 가치는 자신의 일에 대한 자부심과 긍지이고 그것이 요리의 질로 나타난다.

요리의 완성은 서비스

헤이하치자야에서 식사는 맛 이전에 정성스러운 서비스로 시작된다. 일본 전통 복장인 기모노 차림으로 손님을 응대하는 '나카이'들은 음식을 먹는 처음부터 음식점 문을 나설 때까지 최상의 편안함을 느낄 수 있도록 접대하는 역할을 한다.

음식을 서빙하는 것만이 아니라 차례차례 음식을 내올 때마다 요리에 대한 설명과 함께 제대로 먹는 법을 성심성의껏 설명한다.

"몰개구이입니다. 몰개구이는 '백 번을 뒤집으며 굽는다'는 말이 있는 만큼 잘 뒤집어가면서 구워 드시기 바랍니다."

서비스의 상징 '나카이', 일본 전통 복장인 기모노 차림으로 손님을 응대한다.

직원은 식사를 마치고 돌아가는 손님을 정원까지 배웅한다. 손님들에게 마음의 여유를 선사하는 헤이하치자야의 정원에서는 자연을 축소해놓은 일본식 정원의 아름다움이 그대로 느껴진다. 잉어가 노니는 연못과 아담한 폭포는 여름에 더욱 청량감을 주고, 흰 눈 덮인 가운데 붉게 핀 동백은 겨울의 고즈넉함을 자아낸다. 이곳에서의 식사는 곧 여유를 뜻한다.

가이세키 요리의 완성은 서비스에 있다. 고객이 가장 편안한 상태에서 요리를 맛볼 수 있도록 눈높이에 맞춘 서비스는 기본이다. 친절한 태도는 물론 손님의 취향, 요리에 대한 이해까지 두루 갖춰야 한다. 그러기 위해서 신입 여직원들은 수습 교육을 거쳐야 한다. 하루 업무가 시작되기 전, 고참에게서 간단한 예절 교육과 자세 교육을 받는데, 가장 중요한 것은 정좌 자세다. 정좌로 앉아 자기 자신을 낮추고 상대방에게 예를 나타내는 행동은 교토 요리 문화의 기본이다.

교토에서 가이세키 요리를 하는 대부분의 가게는 나카이가 방에 출입

할 때 정좌를 해야 한다. 하지만 하루에 수십 번 꿇어앉았다 일어나기를 반복하는 것은 결코 쉬운 일이 아니다. 그렇지만 일이기 때문에 참을 수 있다고 한다. 고객 만족을 위한 서비스는 요리의 맛만큼 중요한 경영철학이다.

사장이 요리와 경영 전반을 담당한다면 손님과 관련된 모든 사항은 '오카미'의 몫이다. 오카미는 헤이하치자야의 안주인을 말하는데 역대 사장들의 아내가 대를 이어 자리를 물려받는다.

오카미는 가게의 세세한 부분에 신경을 쓴다. 계절이 바뀌면 족자를 바꿔 걸고 화병에 꽃도 새롭게 바꾼다. 고객의 섬세한 취향까지 헤아려 맞춤 서비스를 제공하려면 선대의 지혜와 노하우가 필요하다. 20대 오카미인 소노베 미치요 씨도 시어머니께서 일하는 걸 보면서 많이 배웠고, 이제 21대인 며느리에게 일을 물려주고 있다. 그래서 현재는 20대와 21대 오카미가 함께 일하며 대물림을 진행 중이다. 소노베 미치요 씨는 역사적인 가게의 안주인이 되는 일이 결코 간단하지는 않다고 말한다.

"역사의 무게는 자기가 책임자가 되었을 때야 비로소 알게 되는 것 같습니다."

직원들끼리의 화합을 이끌어내고 요리의 맛과 서비스를 돋보이게 하는 데 있어 안주인의 역할은 매우 중요하다. 그리고 이 또한 지금껏 가게를 지탱해온 힘일 것이다.

가업의 기본은 가족 단위로 모든 일을 할 수 있어야만 한다는 것이다. 남편이 요리를 하고 아내가 손님맞이를 담당하는 것은 가족이라는 최소 단위로 언제든지 영업을 할 수 있게 하기 위해서다. 실제로 일본의 장수 가게 중 상당수는 가업 경영 가게다.

신선한 재료 구입은 사장의 몫

소노베 사장이 가게를 물려받은 후 가장 신경 쓰는 부분은 신선한 재료를 찾는 일이다. 주 메뉴인 민물고기 가이세키 요리에 들어갈 재료는 직접 보고 고르는 것을 원칙으로 하기 때문에 한 시간 거리의 민물고기 양식장을 찾는다.

가장 먼저 확인하는 것은 잉어다. 잉어는 회를 떠야 하기 때문에 신선도가 생명이다. 미끈하게 잘생기고 힘이 넘쳐서 잘 잡히지 않는 것이 좋다.

이 양식장과는 30년을 거래해왔지만 아직도 사장의 기준은 까다롭다. 민물고기 판매업자인 아오키 기요하루 씨는 헤이하치자야가 최고의 품질만을 고집하기 때문에 수온과 수질 유지에 엄격하게 신경 쓴다고 한다.

양식장에 들른 후에는 수산시장에 간다. 이틀에 한 번, 직접 시장을 보는 일도 사장의 주업무다. 재료의 수요를 파악해야 경영 전반에 대해 잘 알게 되고 재료를 보는 안목 역시 높아지기 때문이다.

계절감이 중요한 가이세키 요리에서 기본은 제철에 가장 맛있는 재료를 쓴다는 점이다. 소노베 사장은 처음에는 꼼꼼하게 살펴보지만 한번 마음에 들면 상인에게 믿고 맡긴다. 신선한 재료를 구한다고 해도 대량으로 사들일 수는 없다. 재료의 신선도를 위해 당일과 다음 날 쓸 분량만 구입한다.

신선한 재료만큼 그 신선함을 유지하려는 노력도 특별하다. 헤이하치자야에서 요리 맛을 지키기 위해 가장 기본으로 삼는 것은 물이다. 수돗물에서는 생선이 오래 살지 못하기 때문에 일부러 지하수를 끌어올려서 위에 매달린 파이프를 통해 흘러내리게 하는 장치를 사용한다.

신선한 재료와 그 신선함을 보존해 손님의 밥상에 그대로 올리려는 노

미적 요소를 극대화한 가이세키 요리

력 덕분에 이곳을 찾는 손님들은 식사를 하면서 계절을 느끼고 자연과 교감할 수 있다.

미각과 시각을 일치시킨다

봄이면 예약 손님이 부쩍 많아지는 시기라 재료도 그만큼 확보해둬야 한다. 메뉴도 봄철 가이세키 요리로 바뀐다. 접시 위에 꽃이 피어난다. 요리사의 상상력과 오랜 시간의 힘으로 피워낸 요리의 꽃이다.

소노베 사장이 재료 못지않게 중점을 두는 것이 요리의 아름다움이다. 마치 접시 위에 꽃이 핀 듯 화려한 색의 조화 속에 계절 장식을 더한 가이세키 요리는 미적 요소가 극대화된 요리다. 소노베 사장은 맛을 우선하지도 않고 요리의 겉모습에만 중점을 두지도 않는다. 보기에도 맛있어 보이면서 실제로 맛있는 요리를 만드는 것이 가장 중요하다. 맛이 없어 보이면 젓가락이 잘 가지 않기 마련이다. 계절감을 표현하려면 그릇도 중요하다.

요리 이름 아래에는 그릇의 종류가 적혀 있다. 이 그릇에는 이런 요리를 담는다는 것이다.

가게 2층에는 외부에 쉽게 공개하지 않는 헤이하치자야의 보물창고가 있다. 계절감을 고려해 그릇의 디자인과 문양을 맞추는 것은 가이세키 요리의 기본이다. 그래서 계절이 바뀔 때마다 이곳에 들고 나는 그릇도 바뀐다. 동백꽃이 그려진 밥그릇은 손님이 뚜껑을 열면 꽃을 감상할 수 있도록 되어 있다.

100년 전 선조들이 쓰던 그릇까지 소중하게 보관하고 있는 소노베 사장은 시각과 미각을 일치시키는 것을 무엇보다 중요시한다. 또한 자연을 요리에 곁들이고자 하는 것은 그의 핵심적인 요리 철학이다.

계절이 바뀔 때면 헤이하치자야에 들른다는 노부부가 있다. 매화꽃으로 장식한 아름다운 요리, 자라의 알로 만든 요리, 잉어를 재료로 한 초밥 등 제철 재료에 계절을 살려 장식한 가이세키 요리가 이어진다. 배를 채우기 위한 단순한 요리가 아니다. 한 계절의 풍미가 입 속에 퍼진다. 3시간에 걸친 여유로운 식사는 이 부부가 누리는 유일한 사치다. 이곳의 민물고기 요리는 아주 깔끔하고 신선한 맛이 난다며 유독 좋아하는 부부는 1년에 대여섯 번 이곳을 찾는다.

소노베 사장은 고객이 진정한 행복을 느끼길 원한다. 그것이 가게의 중요한 사명이라 생각한다.

또 다른 백 년을 위해

헤이하치자야의 주메뉴인 가이세키 요리는 연회 요리를 간소화한 코스 요리다. 소노베 사장의 부친인 20대 사장은 와카사 가이세키 요리를 개

발하고 혼젠 요리를 재현해왔
다. 혼젠 요리는 연회 요리의 원
형으로 에도 시대의 교토 정신
이다. 음식을 베풀어 축하를 하
거나 의식을 행할 때 차려 내던
1800년대의 상차림을 재현한
것이다.

다섯 개의 상으로 구성되는 '혼젠 가이세키' 요리

한 사람당 다섯 개의 상으로
구성되는 혼젠 가이세키 요리는 전채요리부터 디저트까지 23가지의 요리
가 나온다. 가짓수가 많아도 재료나 맛이 겹치지 않도록 하는 것이 가이세
키 요리의 기본 원칙이다.

미래를 위해 가장 중요한 것은 새로운 요리의 개발이다. 초창기의 보리
밥 도로로에서 시작해 바다 생선을 재료로 한 와카사 가이세키 요리, 그
후 민물 가이세키 요리까지 시대가 원하는 맛을 개발해 끊임없이 변화해
온 선대들의 노력이 오늘을 있게 한 힘이다.

선대 사장들이 그랬듯이 자신만의 요리를 만들고 싶다는 소노베 사장
은 다음 세대에 남길 요리를 위해 연구를 계속하고 있다. 오늘도 그는 후
대에 남을 수 있는 요리를 개발하고자 늘 고민한다.

"그때그때 변화하고 새로운 것을 더해 현대인의 입맛에 맞는 요리를 개
발해야만 합니다."

아름답되 거만하지 않고 오래됐지만 고루하지 않은 요리, 400년의 맛
은 변화를 통해 완성되었다. 지키는 것만으로는 충분치 않다는 것을 몇 세
기를 거친 헤이하치자야가 그 존재로서 입증하고 있다.

　헤이하치자야의 사장은 과거를 이고 현재를 살며 미래를 생각한다. 후계자를 잘 육성하여 나쁜 것은 물려주지 않고 좋은 것만을 물려주고자 하는 것이 다음 세대를 위한 그의 마음이다.

　400년의 시간을 뛰어넘어 과거에서 현재로 이어지는 맛, 변화를 미리 읽고 시대의 맛을 만들어온 지혜가 헤이하치자야의 맛있는 전통을 계속 이어갈 것이다.

1. 정성스러운 서비스

요리에 앞서 만나게 되는 것이 기모노를 차려입은 '나카이'들의 정성스런 서비스다. 손님이 가게에 들어설 때부터 나갈 때까지 편안함을 느낄 수 있도록 몸을 낮추고 접대한다.

2. 신선한 제철 재료

소노베 사장은 요리에 들어갈 재료를 직접 보고 고르는 것을 원칙으로 한다. 신선도를 유지하기 위해 당일과 다음 날 쓸 요리만을 까다롭게 골라 구입한다. 또한 가장 맛있는 제철 재료를 사용해 계절감과 자연을 느끼게 한다.

3. 미각만큼 시각도 중요하다

헤이하치자야의 요리는 아름다움을 전한다. 맛뿐 아니라 보기에도 훌륭해야 한다는 원칙 때문이다. 요리뿐 아니라 그릇과 요리를 담는 방식까지 마치 하나의 예술 작품 같은 모습으로 손님의 시각을 충족시킨다.

4. 진정한 전문가를 육성하는 체계

이곳의 주방은 체계가 확실하다. 요리사가 되기 위해서는 잔심부름부터 시작해 여덟 가지 단계를 밟아야 하며 15년 이상 경력을 쌓아야 회를 뜨는 요리사가 된다. 사장이 요리사여야 한다는 원칙에 따라 후계자 역시 밑바닥부터 시작한다.

5. 새로운 요리 개발

시대와 주변 환경의 변화에도 헤이하치자야는 새로운 요리를 개발하면서 위기를 이겨내고 발전해왔다. 끊임없는 연구를 거듭한 선대의 노력이 이토록 긴 역사를 만들었으며 새로운 맛을 만들어내고 물려주면서 맛있는 전통이 지속되어왔다.

I N F O R M A T I O N

주　소　京都府京都市左京区山端川岸町 8-1
홈페이지　www.heihachi.co.jp
전　화　+81-75-781-5008
영업시간　11:30 ~ 21:30(매주 수요일 휴무)

스페인 정육점
솔로부예

"내가 먹을 수 없는 것은 남에게 팔지 않는다.
사람들이 좋은 고기에 감동할 때,
그때가 가장 즐겁기 때문이다."

– 솔로부예 3대 사장, 루이스 데 블라스

유럽 최대 농수산물 도매시장 메르카 마드리드에 위치한 '솔로부예'

열정의 나라 스페인의 수도 마드리드는 높이 635미터의 고원에 위치한 도시다. 마드리드 구 시가지의 중심가에 있는 '솔sol' 광장은 '태양의 문'을 뜻하는 이름처럼 마드리드의 심장과 같은 곳으로, 도시의 모든 길이 이곳으로 통한다. 눈을 즐겁게 하는 볼거리와 수많은 인파로 넘쳐나는 광장에는 스페인의 열정이 가득하다.

스페인의 어느 도시에 가도 도심에서 가장 자주 눈에 띄는 것 중 하나가 정육점이다. 하루에 다섯 끼를 먹는다는 미식 천국 스페인은 세계적으로 손꼽히는 육류 소비국이다. 그만큼 육류 요리를 즐기고 맛있는 고기를 먹기 위해서라면 늦은 밤의 기다림도 기꺼이 감수한다.

고기 사랑이 남다른 나라, 스페인 마드리드에는 4대째 전통을 이어 소고기 전문 정육점을 운영하는 솔로부예Solobuey가 있다. 유럽 최대의 도매시장인 '메르카 마드리드'에 위치한 솔로부예는 소고기 외에도 돼지, 악어, 캥거루 등 60종 이상의 육류와 하몬, 세시나, 치즈 등의 가공 제품을 취급한다. 마드리드를 비롯해 스페인 전 지역의 레스토랑, 호텔, 식당 등 거래처만 천여 군데에 이를 만큼 명성을 얻고 있는 정육점이다.

육류 소비량 세계 5위, 스페인 최고의 정육점

마드리드 남쪽에 위치한 메르카 마드리드 농수산물 도매시장은 스페인의 모든 식재료가 모이는 곳이다. 스페인에서 가장 큰 시장이고 유럽에서도 두 번째로 큰 시장이다. 과일, 생선, 육류 등 스페인 사람들의 모든 먹을거리가 여기로 모이고 나가는 40년 전통의 시장에는 지중해에서 갓 잡아 올린 싱싱하고 질 좋은 생선들이 넘쳐난다.

생선, 육류, 과일 등 없는 게 없는 이 식재료의 천국에서도 대부분의 가게들은 전통적으로 아버지가 자식들에게 물려준다. 오래된 시장, 오래된 가게들 가운데 올해로 100년이 된 정육점 솔로부예가 있다.

1999년에 형성된 메르카 마드리드의 육류 시장에는 24개의 정육점이 입점해 있다. 대부분 대기업 산하의 대형 정육점들이며, 소고기·돼지고기·양고기·오리고기·꿩고기까지 60여 종의 육류와 훈제햄·소시지 등 다양한 가공육을 판매한다.

그중에서 가장 오랜 역사를 자랑하는 솔로부예는 고기의 품질을 항상 일정하게 유지해 고객들의 신뢰를 한 몸에 받고 있다. 식당, 호텔 등 요식업체들이 주로 찾는 솔로부예는 가격이 높고 낮음을 떠나서 최고의 품질을 자랑한다.

스페인 사람들이 즐기는 고기 요리 중 하나는 '필레테'라 불리는 스테이크다. 어떤 요리든 재료가 맛의 8할은 차지한다고 한다. 그중에서도 두툼하고 육즙이 꽉 찬 스페인의 전통 스테이크는 소스를 뿌리지 않기 때문에

오로지 고기 맛이 요리의 품질을 결정한다. 마찬가지로 좋은 스테이크를 위해서는 무엇보다도 좋은 품질의 고기를 공급받는 것이 가장 중요하다.

스페인 사람들이 즐기는 고기 요리는 필레테뿐 아니라 그 종류가 매우 다양하다. 하몬소시지의 한 종류, 코치니요새끼돼지고기, 레차또송아지고기 등이 있고 우리나라의 곱창전골과 비슷한 '까요스'나 순대와 비슷한 '엠부티도'도 즐긴다. '헤멜로'라고 불리는 넓적다리 부분을 비롯해, 소의 뼈인 사골은 물론이고 소의 간이며, 위, 혀까지 소의 모든 부위를 다 먹는다고 할 수 있다.

이처럼 고기를 즐기는 스페인 어디서든 솔로부예의 고기를 맛볼 수 있다. 오래된 역사 속에서 갈고닦은 노하우와 이곳만의 경영철학 때문이다.

맛있는 요리를 위한 최고의 소

솔로부예가 정육점으로서는 쉽지 않았던 100년이라는 긴 세월을 버텨올 수 있었던 것은 오로지 질 좋은 고기를 찾는 고집이 있었기 때문이다.

체격이 크고 품질이 우수한 갈리시아 지방의 소

최고의 품질로 인정받기 위해서라면 몸을 아끼지 않고 좋은 소를 찾아다닌 노력이 있었다.

솔로부예는 마드리드에서 무려 800킬로미터 거리에 있는 농장과 소를 거래한다. 스페인 북서부에 있는 갈리시아에 있는 농장으로 솔로부예와 30년간 거래해왔다. 평소 루이스 사장이 소를 보러 오지만 그의 아들 라울 데 블라스 씨가 사업을 배우기 시작하면서 이곳을 대신 찾곤 한다. 앞으로는 아버지를 대신해야 하기 때문이다.

이곳은 갈리시아에서도 가장 전통적인 방법으로 소를 사육하는 몇 안 되는 농장이다. 1970년대 후반, 체격이 크고 품질이 우수한 소를 얻기 위해 기른 갈리시아의 소는 스페인에서 최상급에 속한다.

이곳에서는 소를 목초와 옥수수 가루를 먹여 키운다. 그래서 소들의 지방이 흰색인 것과 달리 노란색을 띠고 있어 이곳만의 독특하고 훌륭한 맛을 낸다. 이 노란 지방이 고기 맛을 조화롭게 해 다른 품종의 고기 맛을 뛰어넘는다. 솔로부예에서 먼 길을 마다않고 매번 달려오는 이유다.

특히 갈리시아 지방은 1년 사계절 내내 비가 잦고 습한 지역이라 목초가 자라는 데 안성맞춤이다. 소들이 풍족하게 풀을 먹고 기름기가 적당히 끼어서 고기 맛이 좋다. 솔로부예는 이 중에서도 가장 우수한 소를 골라낸다.

라울 씨는 좋은 소를 고르는 데는 아직 숙련된 전문가가 아니기 때문에 휴대전화로 사진을 찍어서 아버지에게 보낸다. 오랜 세월 동안 소들을 봐 온 아버지는 사진 한 장으로도 어떤 소가 좋고 그렇지 않은지를 알 수 있 다. 아들 라울 씨 역시 그런 날이 오기를 기대하며 일을 배우고 있다.

이곳에서는 평균 8년이나 되는 긴 시간 동안 소를 기른다. 사육하는 데 손이 많이 가기 때문에 소를 키우겠다는 이들이 점점 줄어들고 있다. 그 래서 갈리시아 지방의 황색 소 역시 갈수록 감소하고 있다. 이런 상황에서 솔로부예는 우수한 품질의 고기를 지속적으로 얻기 위해 갈리시아 지방 에서 사육을 계속하는 농장을 찾는 데 열심이다.

이곳의 황색 소들은 귀한 품종이기 때문에 식별번호를 붙여 이력을 관 리한다. '소를 낳을 수 있는 암소', '판매 전 위생 점검 여부' 등 사육 용도 부터 위생검사 여부까지 꼼꼼히 기록한다. 좋은 먹을거리를 위한 철저한 품질 관리는 이곳의 고기를 받아 가는 솔로부예의 존속에 핵심적인 역할 을 해왔다. 좋은 거래처와 거래하고 엄격하게 품질관리를 한다는, 아주 당 연하지만 어려운 비결이 100년의 역사를 만들었다.

항상 좋은 품질을 유지하고 공급한다는 것이 쉽지는 않다고 루이스 사 장은 토로한다. 그렇다 해도 그 품질을 이어오고 있는 것에 감사하며 늘 정진한다. 사람들이 솔로부예 하면 품질부터 떠올리게 하는 것이 그의 목 표다.

고객에게 도달할 때까지

수시로 거래처를 방문해 소를 확인하지만 그렇다고 안심할 수는 없다. 거래처를 신뢰하되 방치하지 않는 것이다.

솔로부예는 매일 고기를 들여올 때 조금이라도 질이 떨어지는 고기는

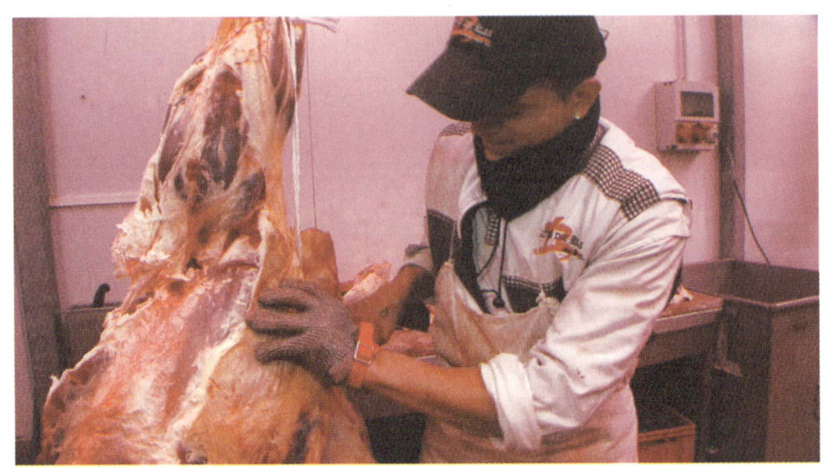

냉장 시설에서 최소 20일간 숙성 후 이뤄지는 해체 작업

바로 돌려보낸다. 오직 품질만이 경영철학이자 거래 원칙이다. 대대로 솔로부예의 사장이 직접 품질을 확인하는 이유이기도 하다.

엄격한 품질 검수를 통과한 것들만이 매장 안쪽에 있는 냉장 숙성실에서 숙성된다. 이제부터는 질긴 육질을 부드럽게 하는 숙성이 중요하다. 고기의 품질에 따라 숙성 시간을 최소 20일 정도 온도를 유지하면서 냉장 시설에 보관해 숙성시킨다. 그 과정에서 근육질에 있는 성분이 녹으면서 고기를 더욱 부드럽게 한다. 식감을 좀 더 부드럽게 만들기 때문에 꼭 필요한 과정이다.

숙성을 끝낸 고기는 해체 작업에 들어간다. 솔로부예에서는 주로 소의 다리와 등심 부분을 많이 쓴다. 솔로부예의 대표 상품이 스테이크나 구이용 고기이기 때문이다. 생후 2년 안에 거세한 것으로 8, 9살 된 갈리시아 지방의 루비아 종이다. 이것을 숯불에 구운 다음 먹기 좋게 1센티미터씩 썰어서 접시에 올려 낸다.

고기는 마블링의 상태에 따라 품질이 좌우된다. 이곳에서는 눈꽃처럼 내려앉은 마블링이 고기의 풍미와 품질을 높인다. 열다섯 살 때부터 아버지에게 혼나가면서 칼질을 배웠다는 루이스 사장은 고기를 써는 데 있어서는 최고의 기술자다.

부위별로 분류 작업이 끝나면 배달 준비가 시작된다. 마드리드 지역뿐만 아니라 스페인 전역에 고기를 배달한다. 최고의 품질만을 고집한 결과, 엄청난 거래처를 보유하게 되어 대략 1000곳과 거래하고 있으며, 하루 평균 100군데에 납품한다.

품질만큼 중요한 가치는 고객의 요구다. 어떠한 종류, 어떠한 부위라도 안 되는 주문이 없다. 좋은 서비스와 좋은 품질의 고기를 제공하려고 노력한다. 심지어 이곳에 없는 품목을 요구해도 어떻게든 찾아서 납품한다. 손님이 일요일에 고기를 가져다 달라고 요구해도 맞춰서 가져다준다.

작은 가게를 크게 일군 솔로부예의 성공은 결코 신화가 아니다. 좋은 고기를 위해 험한 일, 궂은일도 마다하지 않았기 때문이다. 그래서 사람들은 오늘도 최고의 맛을 찾아 솔로부예로 향한다.

애정을 갖고 열심히 일한 사람들이 이룬 역사

힘든 정육점 일은 젊은이들이 꺼리는 직업이다. 그래서 이 일을 하겠다는 젊은이를 찾기가 힘들었다. 그런데 경기가 어려워지면서 다행인지 불행인지 이 일을 하겠다는 사람이 많아졌다. 지금은 솔로부예에서 일하는 젊은 직원들이 많다. 15년 경력의 앙헬 씨도 덩달아 바빠졌다. 신입 직원들에게 고기 해체 작업을 가르치며 일해야 하기 때문이다.

힘든 일이지만 그 쉽지 않은 길을 함께 걷는 동료는 그래서 더 소중하

광우병 파동 이후부터 판매를 시작한 가공육의 모습

다. 이곳에서 36년 동안 고기 해체 장인으로 일하다 퇴직한 후안 씨는 루이스 사장과 좋은 친구, 가족 같은 관계가 되어 지금도 솔로부예에 들르곤 한다. 형제와 같은 루이스 사장과 후안 씨는 2대 사장 밑에서 함께 일을 배웠다. 매일 12시간씩 함께 일하며 서로에게 의지했던 두 사람은 좋은 시절도 어려운 시절도 늘 함께했다. 솔로부예 최고의 장인이던 그의 칼질은 여전히 녹슬지 않았다. '고기는 항상 애정을 가지고 다뤄야 한다. 그 순간만큼은 좋아하는 마음을 가져야 한다'는 그의 직업관은 후배들에게 큰 힘이 된다.

솔로부예는 1900년대 초 마드리드 정육점에서 일하던 1대 산티아고 데 블라스 사장이 1912년 5월에 자신의 첫 정육점을 열면서 시작됐다. 그 후 2대, 3대로 내려오면서 이윤이 적고 일이 고된 정육점을 이어가기 위해 밤낮없이 가게에 매달려야 했다.

루이스 사장은 "이 사업에서 100만 페세타약 800만 원를 벌려면 100만 킬로그램의 고기를 팔아야 한다"는 아버지의 말씀을 아직도 기억한다. 계산해보면 1킬로그램에 1페세타약 8원도 안 되는 마진이 남는다는 뜻이다. 그러나 그는 그 사실에 절망하거나 도망가려 하기보다는 그럴수록 손님들에게 최고의 서비스를 보여주기 위해 애정을 갖고 열심히 일해야 했다. 그 방법밖에 없다고 생각했다. 그렇게 노력한 결과 고기의 품질을 인정받았고, 작은 소매상이던 가게는 수많은 요식 업체들에게 납품을 시작했다. 자신이 하는 일을 사랑했고, 사랑했기에 열심히 일했고 그래서 결국 큰 성장을 이뤄냈다.

광우병 파동이 가져온 변화

솔로부예는 동물 윤리에 입각해 도축한 고기를 사용한다. 무조건 이윤을 추구하기보다는 좋은 먹을거리에 대한 신념으로 고객과 소비자들의 신뢰를 얻을 수 있었다. 하지만 위기의 순간도 있었다.

스페인이 경제 위기에 처했을 때도 괜찮았던 사업이 2002년 광우병 파동 때 위기를 맞았다. 이때 사업 규모의 90퍼센트를 줄였다. 루이스 사장의 머릿속에는 오직 가게 월세는 어떻게 낼지, 월급은 어떻게 지급할지에 대한 고민밖에 없었다.

그러나 그러한 고민의 시간은 길지 않았다. 그는 어떻게든 다시 일어서겠다고 다짐했다. 시민에게 건강을 해치지 않는 고기라는 사실을 알리기 위해 광고를 시작했다. 그것이 큰 파장을 일으키며 엄청난 효과를 거뒀고, 그 후에도 잡지사와 텔레비전을 통해 가게를 홍보하게 된 계기가 됐다.

광우병 파동은 정육점에 변화를 가져왔다. 소고기가 아닌 다양한 대체 육류를 들여왔고 이전에는 팔지 않았던 가공육도 주요 제품으로 판매하기 시작했다. 시장의 요구에 맞추기 위해 변화를 시도했고, 지금도 계속해서 우수한 협력 업체들을 찾고 있다

도매시장 안에 있는 한 제조 업체 역시 솔로부예가 찾아낸 훌륭한 거래처다. 선대 때부터 협력 관계를 이어왔고 지금까지 긴밀하게 협조하고 있다. 대를 물려 이어온 관계는 쉽게 깨지지 않는다. 이곳은 소 넓적다리를 솔로부예에서 사들여 '세시나'라는 스페인 전통 음식을 만든다. 그리고 가

소 뒷다리로 만든 육포 '세시나'

공된 세시나를 다시 솔로부예에 판다.

최고의 세시나를 만드는 곳으로 정평이 나 있는 이곳은 고객의 입맛에 맞추기 위해 전통 방식을 고집한다. 세시나는 소 뒷다리로 만든 육포로 소금에 절인 고기를 건조시킨 뒤 훈제해 만드는 음식인데, 이곳에서는 건조와 훈제는 물론 상하지 않도록 소금으로 절이는 염장까지 천연 방식을 고수한다. 꼬박 1년을 건조시켜야 표면과 안쪽에 많은 양의 지방을 포함한 고품질의 세시나를 만들 수 있다. 지방의 양이 맛의 품질을 높여주고 값어치를 더 높여준다.

이 업체가 솔로부예와 대를 이은 협력관계를 유지할 수 있었던 것은 품질이 신뢰의 바탕이라는 철학을 가졌기 때문이다. 이는 솔로부예를 지탱하는 핵심이다. 어떤 위기가 닥쳐도 그 정신을 잃지 않으면 언제든 다시 일어설 수 있다는 것을 솔로부예의 역사가 말해준다.

수제 햄버거의 유행에서 기회를 보다

시장은 넓고 경쟁 업체는 많다. 기회가 보이면 바로 투자하는 것이 솔로부예의 전략이다. 2년 전, 솔로부예는 또 하나의 큰 기회를 포착했다. 스페인에서 수제 햄버거가 유행하기 시작한 것이다. 이때부터 몸에 좋고 더 고급스러운 햄버거를 원하는 소비자들이 많아졌고 그런 입맛을 발 빠르게 파악한 수제 햄버거 전문점들도 속속 생겨났다.

솔로부예의 고기로 만든 '수제 햄버거'

좋은 고기로 다양한 맛을 내고 다양한 크기의 패티를 사용하는 레스토랑들이 많아졌다. 그리고 솔로부예 역시 그 기회를 놓치지 않고 수제 햄버거 전문점들에 햄버거용 고기를 납품하기 시작했다. 기존 햄버거보다 질 좋은 패티를 만들기 위해 솔로부예에 손을 내민 것은 어쩌면 너무나도 당연한 수순이었다.

솔로부예는 회사에 패티 만드는 기계를 마련해놓고 한 시간에 1000개의 패티를 만들어낸다. 어떠한 첨가물이나 식품보존료도 들어가지 않은 순수한 고기가 솔로부예의 자부심이다. 그런 고기로 만든 두툼한 패티 위에 신선한 채소와 치즈를 올리면 미식가를 위한 햄버거가 탄생한다.

질 좋은 고기와 신선한 재료가 어우러진 수제 햄버거. 맛과 건강을 생각한 고급 햄버거는 햄버거가 값싼 패스트푸드라는 인식을 바꾸었다. 값이 비싸더라도 좋은 고기를 먹고 싶어 하는 이들이 많은 까닭에 수제 햄버거 전문점은 항상 손님들로 북적인다.

3대 사장, 루이스 데 블라스

좋은 재료에는 음식을 바꾸는 힘이 있다. 그런 솔로부예의 오랜 철학이 스페인 사람들에게 점점 더 큰 울림을 전한다.

새로운 100년의 해가 뜨다

마드리드에서 가장 먼저 새벽을 깨우는 도매시장은 도시에서 가장 부지런하게 하루를 시작한다. 솔로부예의 간판도 환하게 불을 밝혔다. 루이스 사장도 늘 새벽 6시가 되기 전에 출근한다. 이제 그도 건강을 생각할 나이이다. 어느새 일을 시작한 지도 49년째, 그 세월을 버틴 힘은 일에 대한 보람이었다.

왕실에 고기를 납품해 품질을 입증했고 국내는 물론 해외에서도 인정받고 있다. 왕실에서 보내온 크리스마스 축하 카드 그리고 프랑스에서 좋은 제품을 공급하는 기업으로서 받은 상장이 사장의 방에 자랑스럽게 걸려 있다. 자신이 한 일을 인정받는다는 것, 그만 한 보람은 없을 것이다.

루이스 사장은 하루 일과를 시작하면서 작업장부터 살핀다. 각자 자신의 일에 전념하고 있는 직원들에게 조언을 하기도 하면서 모든 것이 제자리에서 잘 돌아가는지 점검한다. 어제와 다름없는 오늘이 이어져 100년이 되었다.

그는 고기 해체 작업을 자그마치 50년 동안 해온 장인이다. 처음에는 그도 아까운 살점을 버린다고 아버지에게 많이 혼났다. 고기를 다룰 때는 애정을 가져야 실력도 느는 법이다. 은퇴를 1년 앞둔 노장의 깨달음이다.

"저도 이런 작업들을 배우는 시기가 있었어요. 아버지가 가르쳐주셨죠. 뼈와 살을 분리하는 것이나 고기를 잘 써는 방법을요. 비록 1그램의 고기라도 가치가 있으니까요."

고기 1그램의 가치를 이어갈 4대 사장은 누굴까? 놀랍게도 아들이 아닌 딸 마리아 데 블라스 씨다. 그녀는 젊은 나이지만 이곳에서 일한 지 벌써 15년된 경력자다. 아버지와 여러모로 꼭 닮은 딸은 뒤를 이을 적임자였다.

마리아 씨는 열여덟 살 때 루이스 사장의 뒤를 이어 이 남성적인 직업을 이어받기로 결정했다. 그녀는 잘 준비된 인재다. 고기를 다루는 일은 여성으로서 선뜻 내키는 일이 아니었을 텐데, 어떤 이유로 이어받은 걸까. 그녀 역시 어업이나 정육업 같은 일은 모두 남성적인 직업이고 힘들다는 것을 너무나도 잘 안다.

여성으로서 물론 쉽지 않았지만 원래 성격이 강한 편이라 그나마 수월했다. 또한 엄격한 아버지의 영향을 많이 받아서 여자이기 전에 프로로서 진지하게 일하는 법을 배웠다. 그녀는 하루하루가 행복하고 자랑스럽다고 한다. 무엇보다 자신이 '블라스'라는 성을 가졌다는 것에 큰 자부심을 느낀다. 마리아는 이제 아버지와 함께 200년의 꿈을 키운다.

아버지가 크게 일궈놓은 가게를 당차게 물려받은 마리아는 하루하루 부지런히 발로 뛰며 일한다. 그녀는 고객 영업을 맡아 일주일에 두세 번은 주 고객인 식당을 방문한다. 직접 레스토랑에 가서 제품을 소개하고 한번 써보라고 제공하기도 한다. 직접 다니는 영업이 가장 중요한 일이다. 마리아의 마케팅은 적극적이다. 식당의 사장들은 다들 서로 아는 사이여서 상품이 좋으면 다른 식당까지 금세 입소문이 퍼진다. 그러면서 고객이 도미

노처럼 늘어난다.

예전부터 꾸준히 거래해온 한 레스토랑은 품질은 말할 것도 없고 고객의 요구에 대한 세심한 배려와 서비스 때문에 솔로부예와 거래한다고 말한다. 이곳에서는 손님의 테이블에 화로를 놓아 고기를 굽는 특이한 방식을 택하고 있다. 우리나라 고깃집에서는 흔하지만 스페인에서는 드문 형태다. 그래서 테이블에는 우리나라처럼 연기를 빼는 환풍기가 없다. 솔로부예는 이를 완벽하게 파악하고 연기가 잘 나지 않는, 기름기가 거의 없는 고기를 제공했다. 덕분에 화로에서 직접 굽는 메뉴가 이 레스토랑의 명물이 됐다.

고객의 마음을 얻는 것이 영업의 제일 중요한 전략이다. 고객을 고객 자신보다 더 잘 알고 스스로 미처 깨닫기도 전에 고객이 원하는 것을 파악해야 한다. 그렇게 해서 고객이 성공하면 솔로부예도 덩달아 성공을 이어갈 수 있다. 물건을 팔아 치우고 나만 잘살자는 것이 아니라 우리 모두가 잘살자는 공동체 정신이다. 모두가 함께 만들어온 100년의 역사이기 때문이다.

1. 최고 품질의 소를 고집한다

솔로부예에서 취급하는 갈리시아 지방의 소는 우수한 육질과 지방질로 인정받는 스페인 최고 품질의 소다. 솔로부예는 목초와 옥수수를 먹여 키운 이 소를 20년 넘게 공급받고 있다. 점차 사육 농장이 줄고 있지만 솔로부예는 갈리시아 지방의 농장을 직접 찾아다니며 우수한 품질의 소를 공급받기 위해 계속 노력하고 있다.

2. 맛 좋은 고기를 만드는 숙성 과정

솔로부예는 우수한 품질의 고기를 최적의 숙성 시스템에서 가장 맛 좋은 상태로 유지시킨다. 고기의 품질에 따라 최소 20일간 온도를 유지하면서 숙성시킨다. 그 과정에서 근육질의 성분이 녹으면서 고기를 부드럽게 한다. 변함없는 고기의 품질을 만드는 숙성 과정이 100년을 이어온 비결이다.

3. 변화에 대응하는 적극적인 경영철학

솔로부예는 소고기만을 취급하다가 돼지고기, 캥거루고기, 타조고기 등 60여 종의 육류로 확대했고 세시나, 하몬 등 스페인 사람들이 좋아하는 가공육도 유통하고 있다. 또한 고객의 요구에 부응하기 위해 최고급의 제품을 제조하는 협력 업체들과 꾸준한 파트너십을 추구한다. 그리고 변화하는 입맛을 맞추기 위해 지금은 고급 햄버거 패티를 만들고 있다.

4. 고객의 요구에 부응한다

솔로부예는 어떠한 종류, 어떠한 부위라도 주문이 들어오면 모두 납품한다. 심지어 없는 품목을 요구해도 어떻게든 찾아서 납품하고, 일요일에 고기를 가져다 달라고 요구해도 마찬가지다. 레스토랑에 납품할 때도 고객의 상황을 먼저 파악하고 최상의 고기를 납품해 신뢰를 얻는다.

5. 가업을 이어가는 자부심

정육점은 이윤이 적고 일이 고되다. 이런 가게를 이어가기 위해서는 밤낮없이 가게에 매달려야 한다. 그렇다 해도 선대 사장들을 비롯해 가게의 직원들은 자신의 일을 사랑하고 자부심을 가진다. 직업의 가치를 말이 아닌 행동으로 실천한다.

I N F O R M A T I O N

주　소	Mercamadrid. Mercado central de carnes modulo 13, Madrid, Spain
홈페이지	www.solobuey.net
전　화	+34-91-507-12-32
영업시간	월-토 8:00~15:00

혁신으로 이어온 녹차의 맛

일본 녹차 명가
나카무라 토키치

"필요 없는 전통은 결국 사라진다.
우리가 하는 일은 사랑받을 수 있는 전통을 만드는 것이다."
– 나카무라 토키치 6대 사장, 나카무라 토키치

　　일본 관서 지방 교토부에 위치한 도시 우지. 약 1200년 전 헤이안 시대의 역사를 간직한 이곳은 일본의 대표 문화 도시다. 646년에 세운 일본의 가장 오래된 3대 다리 중 하나인 우지바시 등 유서 깊은 고적지를 찾아볼 수 있다. 이곳에서는 이색적인 풍경을 만날 수 있다. 거리에 가득한 초록빛 조경, 이 녹색 식물들은 모두 녹차다.

일본의 관동 지방에서는 시즈오카가 녹차로 유명한 곳이지만, 관서 지방에서는 우지가 녹차로 유명하다. 그래서 녹차는 우지를 상징하는 또 다른 이름이다. 우지의 한 학교는 매년 3학년을 대상으로 특별한 수업을 진행한다. 아이들이 직접 찻잎을 비비고 말려 녹차를 만들어보는 체험학습이다. 고장의 이름난 녹차를 더욱 친숙하게 느끼고 즐겁게 알아가기 위해서다.

우지에서는 약 830년 전부터 녹차를 생산해왔다. 이 학교도 각 반에서 한두 가정은 여전히 녹차 생산을 생업으로 이어가고 있다. 이곳에서는 10년 전부터 아이들에게 녹차를 제공하고 있다. 학교의 수돗가에서는 놀랍게도 녹차가 나온다. 빨간색으로 표시된 수도꼭지를 틀면 따뜻한 녹차가 쏟아진다. 우지에서만 볼 수 있는 풍경이다.

우지 사람들에게 녹차는 특산품 이상의 의미를 지닌다. 자부심 그 자체다. 우지의 한적한 주택가 한편에 녹차 명가 나카무라 토키치가 있다. 일본 전통 가옥의 모습을 그대로 간직한 이곳은 지난 153년 동안 우지에서 한자리를 지키며 녹차를 만들어 판매해온 녹차 전문점이다.

153년 전통의 일본 우수 녹차 가게

1859년 1대 사장 나카무라 토키치는 일본 3대 차 생산지로 유명한 교

나카무라 토키치의 '녹차 카페'

토 우지 지방에 '나카무라 토키치'라는 이름의 가게를 열었다. 우지 지방의 따뜻하고 습한 기후와 좋은 풍토, 우지천의 맑은 물로 재배한 찻잎을 이용해 녹차를 만들어온 나카무라 토키치는 황실에 차를 납품할 정도로 일찍이 일본 내 우수 차 가게로 인정받았다.

녹차 향 가득한 입구를 들어서면 안채가 있다. 가게의 6대 사장 나카무라 씨가 관리하는 '녹차 카페'다. 오전 11시, 카페는 문을 여는 순간부터 손님들로 북적인다. 60퍼센트는 타 지역에서 소문을 듣고 찾아왔다.

12세기 일본에 녹차가 도입될 당시부터 전해져온 진한 초록빛의 전통 녹차를 맛보기 위해 사람들은 몇 시간이고 달려 이곳을 방문한다. 나카무라 토키치에서는 녹차를 '우스차연차'와 '고이차농차'로 나누어 제공하는 전통 방식을 유지하고 있다. 녹차 가루를 걸쭉하게 개어 특유의 쌉쌀한 맛이 강하게 배어나는 것이 고이차, 물을 더하고 거품을 내서 조금 더 연하게 마시는 것이 우스차다. 특히 고이차가 메뉴에 있는 가게는 드물기 때문에

다도에 정통한 사람일수록 이
곳을 즐겨 찾는다.

손님들은 나카무라 토키치
의 녹차를 마시며 잊고 있던 전
통의 맛을 되새긴다. 이 전통의
맛을 위해 재료부터 만드는 방
식까지 옛 선조의 양식을 그대
로 따르고 있다. 고이차는 찻잎
을 곱게 갈아 만든 '말차'라는
녹차 가루에 약 90도로 끓인 물
을 부어 손으로 개어 만드는 것
이 정석이다.

말차 가루는 아주 민감해서
형광등 빛에도 금방 색이 변하

찻잎을 곱게 갈아 만든 녹차 가루 '말차'(상)
말차에 끓인 물을 부어 '고이차'를 만드는 과정(하)

고 향이 달아나고 맛이 사라지기 때문에 조금씩 나누어서 밀봉해 어두운
곳에 보관한다. 이를 사용해 차를 만들고 후식이나 다른 음료를 만들어 손
님에게 제공한다. 언제든지 마실 수 있는 깔끔한 청량감이 있는 차를 만들
고 싶다는 나카무라 사장은 그런 녹차가 가장 이상적이라고 믿는다.

분명 나카무라 토키치는 혁신을 추구하지만 그 속에서도 단 한 가지,
결코 변하지 않는 것이 있다. 바로 전통의 맛이다. 쓴맛과 단맛이 동시에
느껴지며 차 맛이 계속 입 안을 감돈다. 이것이 153년을 이어온 녹차 명
가, 나카무라 토키치가 만드는 녹차의 맛이다.

찻잎을 따는 순간부터 만든 이의 성품을 담는 녹차

지난 60년 동안 찻잎을 공급받아온 거래처, 정성으로 찻잎을 재배해준 농가는 나카무라 토키치에 있어 가족과 다름없다. 나카무라 토키치가 핵심 재료로 사용하는 말차는 차광으로 직사광선을 막아 재배한다. 새파란 찻잎의 색깔을 유지하기 위해서다. 이 농원은 흙이 좋고 잡초 하나 찾아볼 수 없다. 정성이 많이 들어간 농원임을 한눈에 알 수 있다.

온난한 기후의 우지는 여느 곳보다 푸르고 향이 짙은 질 좋은 찻잎을 생산하기로 유명하다. 그런데 고품질의 찻잎은 자연의 힘만으로는 얻을 수 없다. 차나무에 새순이 돋아나는 매년 이맘때 나카무라 토키치는 한 잎 한 잎 손으로 딴 새순만을 공급받아 한 해 동안 사용할 재료를 준비한다. 기계로 따면 제일 위에 있는 것만 따게 되고 여러 가지 불필요한 것이나 오래된 잎도 섞이기 때문에 직접 손으로 딴다. 좋은 찻잎은 두껍고 단단해서 구부러지지 않는다. 또 잎이 너무 작아서도 안 되며 균형이 맞아야 한다.

아버지를 이어 가게를 물려받을 쇼고 씨는 최근 재료 공급 업무를 배우기 시작하면서 이 농원을 찾았다. 성심성의껏 녹차를 재배하는 사람들을 보며 이 찻잎으로 만든 맛 좋은 녹차를 더 많은 사람들에게 선보일 것이라 다짐한다. 그것이 농가에 보답하는 길이라 배웠기 때문이다.

농가와 나카무라 토키치는 오랜 신뢰를 바탕으로 좋은 녹차를 만든다는 하나의 목표를 향해 노력한다. 60년 동안 농장을 일구어온 테라카와 씨는 20년 전 아들에게 경영을 맡기고 일선에서 물러났다. 나카무라 사장도 곧 아들에게 가게를 물려줄 것이고 그렇게 다음 세대가 시작되며 새로운 관계가 생겨날 것이다. 농가와 가게의 관계는 비즈니스와 거래에 앞서 사람과 사람이 만나는 관계다. 그리고 그 관계는 세대에서 세대로 넘어가

나카무라 토키치에 녹차를 제공하는 농원

며 100년을 이어왔다.

찻잎을 수확한 후에는 농장에서 가공이 이루어진다. 녹차는 가공 과정에 따라 그 맛과 향 그리고 색이 달라진다. 말차를 가공하는 첫 작업은 찻잎을 볶거나 말리지 않고 생잎 그대로 찌는 것이다. 찌는 시간이 길수록 찻잎의 푸른빛이 사라진다. 그렇다고 찌는 시간이 너무 짧으면 풋내가 나고 진한 향과 녹차 특유의 떫은맛을 얻을 수 없다. 그래서 생잎의 상태에 따라 찌는 시간을 조절해주어야 한다. 적당하게 찌는 것이 가장 중요하지만 몇 번을 해도 어려운 작업이다.

찻잎은 찌는 즉시 건조시킨다. 수분에 의한 발효를 막기 위해서다. 길이가 약 13미터에다 3단으로 나뉜 건조망 안에서 한 잎 한 잎 흩날리며 약 18분 동안 찻잎의 물기를 제거한다. 전차는 손으로 비벼서 건조하지만 점차말차를 만들기 위한 찻잎는 비비지 않고 건조시킨다. 손으로 비비지 않으면 찻잎 모양을 그대로 살리면서 건조시킬 수 있다.

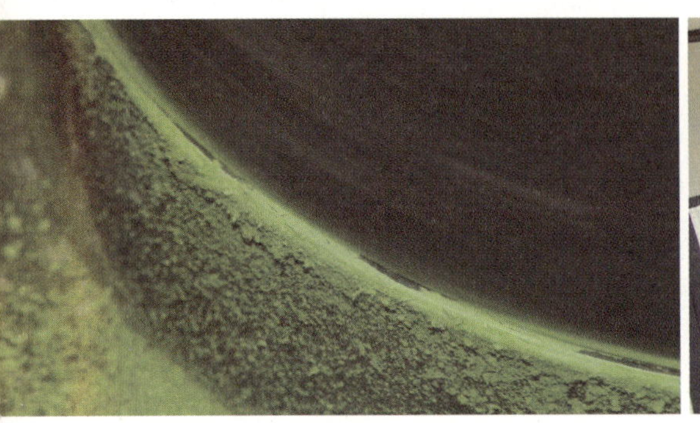

맷돌을 이용해 고운 입자를 만드는 과정

건조망을 거친 찻잎은 다시 15분간 약 60도의 열로 말려 발효를 완벽히 차단한다. 발효가 진행되면 향은 물론 비타민 등의 유효 성분도 감소하기 때문이다. 가끔 불이 세면 탈 때가 있기 때문에 세심하게 확인해야 한다.

이렇듯 건조 과정을 거친 찻잎과 줄기를 분리하면 말차를 만들기 위한 준비는 모두 완료된다. 수확과 가공은 거래처의 도움을 받지만 차를 완성하는 일만큼은 가게의 몫이다. 나카무라 사장은 선대가 해온 방식과 마찬가지로 맷돌을 이용해 직접 고운 입자의 말차를 만든다. 맷돌이 말차와 닿는 부분을 분리해보면 바깥쪽으로 방사선 형태를 띤 줄무늬 모양의 홈이 파여 있다. 그리고 맨 가장자리 부분은 홈이 파여 있지 않다. 이렇게 홈이 없는 부분에서 마지막으로 섬유질을 전부 갈아내면 녹차 가루가 된다. 이렇게 갈린 녹차 가루의 크기는 4~10마이크론1밀리미터의 1/1000으로 가장 목넘김이 좋고 맛있다.

꼬박 한 시간 동안 맷돌을 돌려 얻을 수 있는 양이 고작 40그램으로 3인분이 채 되지 않는다. 그러나 양은 중요치 않다. 중요한 것은 '맛' 하나다. 오랫동안 추구하며 일관되게 생산해온 녹차의 맛을 지키고 사람들에게 홀

룽한 맛을 선사하고 싶은 마음으로 공정 하나하나를 거친다. 때 묻지 않은 순수한 자연과 만드는 이의 성품이 어우러져 나카무라 토키치의 맛이 탄생한다. 이들이 만든 차 한 모금 안에는 그윽한 세월의 향이 담겨 있다.

한길을 걸어온 가족

나카무라 사장의 어머니 나카무라 사치코 씨는 이 가게에서 가장 오랜 경력을 지닌 직원이다. 80세가 되었지만 여전히 가게를 지킨다. 가게 입구에서 손님들에게 능숙히 차를 권하고 대접하는 그녀는 이 가게에서 태어나 평생을 녹차와 함께해왔다.

전통과 현대의 맛이 공존하는 가게의 중심에는 지난 153년 동안 흔들림 없이 한길을 걸어온 가족이 있다. 녹차 맛의 깊이는 만드는 이의 정성과 비례한다는 신조는 대를 이어 지키고 있다. 이는 1859년, 에도 시대에 가게의 첫 문을 연 1대 선조 나카무라 토키치 씨에게서 시작됐다. 2대 사장은 아명이 요시타로였으나 가게를 이어받으면서 나카무라 토키치라는 이름도 이어받았다. 이름을 물려받는다는 것은 집안을 지키고 가업을 잇는 것 그리고 세월 속에서 다져온 모든 전통을 계승한다는 것을 의미한다.

현재 가게는 6대 나카무라 사장이 맡고 있고 장남 쇼고 씨가 7대 사장이 될 것이다. 그는 8년 전부터 아버지 곁에서 가게 일을 도우며 6대를 이어온 전통을 계승할 준비를 하고 있다.

나카무라 토키치는 가업을 물려주는 데 있어 또 하나의 철칙을 가지고 있다. 후대가 만 40세가 되는 해에 운영권을 넘겨준다는 것이다. 올해 31세인 쇼고 씨는 앞으로 8년을 더 기다리며 준비해야 한다.

나카무라 사장 역시 마흔 살에 가게를 이어받았다. 그가 40세가 된 어

6대 사장, 나카무라 토키치

느 날, 5대 사장은 아들을 불러 "오늘부터 네가 사장이다"라고 말했다. "너에게 사장을 맡길 테니 새로운 시작으로 생각하고 근무해라"고 하면서 가게를 물려주었다.

40세가 되어야 가게를 물려받을 수 있다는 철칙에는 어떤 이유가 있을까? 선대들에게 30세는 가게를 책임지기에 너무 어린 나이였다. 그렇다고 50세는 너무 많은 나이다. 가장 적당한 때가 40세라고 판단한 것이다. "40세에는 실패하더라도 세상이 용서해줄 것이다"라는 게 5대 사장의 설명이다. 체력과 기력이 있는 나이이기 때문에 무엇이든 다시 시작할 수 있다.

실패를 전제로 삼은 것이 흥미롭다. 후대에게 절대로 실패해서는 안 된다고 부담을 주기보다 몸과 마음이 한창인 나이에 물려받아 실패를 두려워하지 않도록 하는 것이다. 오래된 역사와 전통을 지킨다는 점만 보면 권위적이고 폐쇄적일 것 같은 나카무라 토키치는, 사실 새로운 시도와 혁신에 대해 누구보다 열려 있다.

변화하지 않으면 지킬 수 없다

20년 전 가업을 물려받은 나카무라 사장 역시 끊임없이 도전하고 다시 시작했다. 2001년, 후식 판매를 시작하며 문을 연 카페는 그런 도전 끝에 얻은 결과물이다.

가게의 분위기나 판매하는 제품이 모두 전통 일본식인데, 이렇게 모두 전통 방식이라면 대중에게 다가가기가 힘들 수 있다고 생각했다. 일본 사람도 늘 기모노만 입는 게 아니기에 나카무라 사장은 변화를 주고 싶었다고 한다. 가게의 역사와 전통에 손님들이 짓눌리지 않도록 한 것이다.

그렇다고 완전히 현대식으로 모두 새로 만들지는 않았다. 그는 영리하게도 선대가 사용하던 녹차 가공 공장을 현대식으로 개조해 카페로 만들었다. 건물의 뼈대는 그대로 남겨둔 채 실내 장식만을 세련되게 바꾼 카페는 전통과 현대가 멋스럽게 어우러진다. 그런 독특한 분위기가 오히려 사람들을 끌어들였다.

"부수기는 간단하지만 오래된 것을 다시 세우기란 불가능하죠. 그래서 지키는 것도 매우 중요합니다."

나카무라 사장은 어디까지 지키고 어디까지 새로 만들어야 하는지를 잘 알고 있다. 그 미묘한 균형을 맞추기가 가장 어렵지만 그는 성공했다. 전통 안에서 변화를 거듭하려는 노력은 기대 이상의 성과를 가져다주었다. 녹차만을 판매하던 전통찻집 시절에 비해 손님이 세 배 이상 증가했다. 연령층 또한 10대부터 70대까지 다양해졌다.

나카무라 토키치는 전통 녹차의 기본이 되는 재료인 말차를 이용해 총 15가지의 또 다른 음식을 만들고 있다. 말차와 설탕 그리고 우유를 배합해 만든 녹차 젤리 아이스크림부터 녹차 소바, 녹차 소프트아이스크림 등 현대인의 입맛에 맞춰 개발한 후식들이다. 나카무라 토키치는 14년 전부터 이 후식 메뉴를 선보이기 시작했다.

카페의 성공을 이끈 경쟁력 중 하나는 영하 15도에서 얼린 대나무통에 녹차 아이스크림과 젤리를 넣어 만드는 녹차 젤리 아이스크림이다. 한 그

카페를 성공으로 이끈 '녹차 젤리 아이스크림'(상)
녹차 소바(중)
녹차 빙수(하)

룻에 720엔으로 현재 가게 매출의 80퍼센트를 차지한다. 이 디저트를 맛본 손님들은 "행복을 주는 맛"이라고 표현한다. 이보다 더 큰 찬사는 없을 것이다.

오전 근무를 마친 나카무라 카야노 씨가 제조 공장을 찾았다. 후식 메뉴가 만들어지는 곳은 NHK 같은 일본 방송국의 취재도 거절할 만큼 보안에 철저하다.

후식 메뉴 개발은 나카무라 사장의 아내인 카야노 씨가 맡고 있다. 그녀는 카페가 문을 열기도 전인 1998년부터 후식 개발에 몰두해왔다. 메뉴를 개발하면서 항상 염두에 둔 것은 '녹차가 중심'이 되어야 한다는 것이었다. 녹차 고유의 맛을 해치지 않고 오히려 잘 살릴 수 있도록 밀가루나 설탕 같은 재료를 조절하기란 쉽지 않았다.

후식 제조의 중점은 녹차의 맛과 색 그리고 향을 살리는 것이다. 오븐

녹차의 맛과 색 그리고 향을 살린 '녹차 쿠키'

으로 굽는 녹차 쿠키는 색이 변질될 가능성이 크다. 그래서 온전한 녹색을 만들기 위해 수차례에 걸쳐 쟁반 위 쿠키의 위치를 이동해가며 굽는다. 처음부터 제대로 모든 것이 익었는지 확인하고 쿠키 하나하나에 탄 자국이 생기지 않도록 같은 작업을 몇 번이고 반복한다.

나카무라 토키치는 하나의 후식을 만드는 데 평균 3년의 연구 기간을 갖는다. 속이 상할 정도로 맛보고 다시 만들기를 거듭하는 것이다.

최근에는 또 다른 신메뉴 개발에 들어갔다. 포장 판매용 녹차 젤리다. 다른 녹차 젤리 제품의 경우 녹차 부분이 밑으로 가라앉는다. 한 덩어리로 뭉치고 앙금 때문에 지저분해지지만 나카무라 토키치는 그런 문제를 해결할 비법을 개발했다. 배분이라든지 녹차의 양을 조절한 것인데 물론 회사 기밀이다.

나카무라 토키치는 14년 전 처음 후식 개발을 시작한 이래로 매년 하나의 새로운 후식 메뉴를 선보이고 있다. 나카무라 사장은 전통을 지키기 위해서는 3분의 1, 즉 33퍼센트는 혁신에 할당해야 한다고 말한다.

"예를 들어 상품을 1만 가지 만들면 그중 단 한 개가 후세에 남을 상품이 될까 말까예요. 변화하지 않으면 전통을 지킬 수 없습니다."

혁신은 하루아침에 이뤄지지 않는다. 오랜 세월 속에서 쌓아온 지혜 그리고 변화를 두려워하지 않는 정신이 있기에 가능하다. 고요하고도 부드럽게 퍼지는 녹차의 향처럼 나카무라 토키치는 내일도 전통 안에서 또 다른 변화를 이뤄나갈 것이다.

차를 구심점으로 중심을 잃지 않는다

6월이 되면 평소보다 두 배 이상의 관광객들이 우지를 찾는다. 신차를 맛보기 위해서다. 매년 새로운 차가 나오는 6월은 차를 다루는 사람에게 새해와 같다. 1년의 시작인 것이다.

얼마 전 말차 준비를 마친 나카무라 사장은 또 다른 신차 구비에 나섰다. 말린 찻잎을 그대로 우려내 마시는 '옥로차'다. 신차가 나오는 시기는 쇼고 씨가 가장 긴장하는 때이기도 하다. 그는 일을 시작한 이후로 매년 아버지와 함께 신차 시음에 참여하고 있다. 이 시간, 아버지는 누구보다 엄격한 심사위원이 된다. 겉으로 보기에는 가라앉는 것도 없고 잎도 크지 않아서 괜찮아 보이지만 나카무라 사장은 문제점을 귀신같이 알아챈다. 향이 좋지 않다는 것이다.

차를 만드는 사람들에게 좋은 차의 맛을 깨닫는 일은 평생의 배움 끝에서야 얻을 수 있는 선물이다. 말로 표현할 수 없고 가르친다고 습득시킬 수 없는 감각을 익힌다는 것이 가장 어렵다.

색을 내는 차, 향을 내는 차, 맛을 내는 차. 나카무라 토키치는 매년 시음을 통해 선별한 세 가지 차를 배합해 신차를 만든다. 나카무라 토키치만의 맛을 완성하는 것이다. 이렇게 1년에 한 번 만드는 신차를 포장 판매 및 온라인 판매를 통해 우지뿐 아니라 일본 전 지역의 손님들에게 선보이고 있다.

나카무라 토키치의 다양한 녹차

밤 11시, 가게가 문을 닫은 후 이제 걸음마를 뗀 어린 증손녀부터 할머니까지 4대가 한자리에 모였다. 나카무라 가족은 매일 밤 함께 차를 마시며 하루를 마무리한다. '차'라는 단어는 나카무라 가족에게 아주 특별한 말이다. 태어나서 가장 먼저 배우는 말이자 평생을 품고 가는 신념이다.

"차가 있어 우리 가족이 생활한다"는 감사의 마음과 "우리가 맛있다고 생각하는 것을 다른 사람들에게도 꼭 전하고 싶다"는 소망이 나카무라 토키치를 지켜왔다. 그리고 차를 중심에 둔 정신이 나카무라 가족의 연결고리가 되어왔다.

나카무라 사장이 노렌가게의 상호를 새겨놓은 천을 걸며 가게 문을 연다. 153년간 가게 입구를 지킨 노렌은 가게의 철학을 되뇌도록 만드는 매개다. 매일 아침 문을 열고 노렌을 걸며 어제에 감사하고 오늘 하루도 많은 손님이 오길 바라는 마음을 담는다.

사치코 씨는 어김없이 입구 한편에서 차를 권하며 손님들을 맞이한다. 신차가 나오면 손님들에게 바로 맛보게 한다. 막 딴 찻잎으로 만든 당시에만 느낄 수 있는 쓴맛, 떫은맛, 향을 손님들에게 맛보이고 싶어서다. 이 향이 사라지기 전에 더 많은 사람들과 나누고 싶다는 마음이다. 좋은 차를 많은 사람들과 함께 나누고 또 그들이 만족할 때, 그 어느 때보다 큰 보람을 느낀다.

나카무라 토키치는 변화했다. 그러나 사실 달라진 것은 아무것도 없다. 차 맛은 예전이나 지금이나 변함이 없다. "맛있다"라고 말할 수 있는 녹차, 153년을 이어온 녹차 전문점 나카무라 토키치의 중심에 그 녹차가 있기 때문이다.

나카무라 사장은 장사를 나무에 비유한다. 가장 중심이 되는 줄기 부분은 녹차다. 그 줄기를 두껍게 만들기 위해 후식을 개발해 만든다. 차의 범위를 벗어나지 않는 선에서 카페를 운영하며 다양한 가지와 잎이 뻗어나가게 하는 것이다.

1. 만드는 이의 정성을 담는다

만드는 이의 정성이 담길수록 녹차의 맛은 깊어진다는 신조를 가지고 녹차를 따고 가공하며 차를 제작하는 과정까지 성실히 임한다. 녹차의 맛과 색 그리고 향을 제대로 내기 위해 좋은 재료를 공급받고 제품을 완성한다.

2. 혁신하고 도전한다

나카무라 토키치는 창업 당시부터 전통은 혁신의 연속이라는 경영철학을 바탕으로 지난 153년 동안 총 10종류의 차와 더불어 15가지의 녹차 디저트 메뉴를 개발했다. 아이스크림, 젤리, 카스텔라 등 현대인의 미각에 알맞으며 부담 없이 즐길 수 있는 녹차 디저트 메뉴는 20~40대 젊은 연령층의 발길을 끌고 있으며 매출 상승의 효과로 이어졌다.

3. 변화 속에서도 맛을 지킨다

혁신을 추구하지만 항상 기본이 되는 것은 대를 이어 지켜온 녹차 맛이다. 새로운 후식 메뉴를 개발할 때는 녹차의 맛을 살리는 데 가장 많은 힘을 쏟는다. 이 전통의 맛을 위해 재료부터 만드는 방식까지 옛 선조의 양식을 그대로 따른다. 형식이나 표현 방법은 시대에 따라 바뀌어도 맛은 변하지 않기에 손님들이 언제나 믿고 찾는다.

4. 차를 구심점으로 둔 가족의 힘

에도 시대에 1대 나카무라 토키치 사장이 문을 연 이래 현재 6대 사장까지 오직 차 하나만을 생각하며 성실히 가게의 길을 닦아왔다. 지금도 4대가 한자리에 모여 차를 마시며 하루를 마무리한다. 서로의 버팀목이 되어 가업을 지키고 또 그 가업으로 가족은 하나가 된다.

I N F O R M A T I O N

주　소　京都府宇治市宇治壱番十番地
홈페이지　www.tokichi.jp
전　화　+81-774-22-7800
영업시간　고급차 매장 10:00~18:00, 카페 11:00~18:00(L.O 17 : 15) (일요일 휴무)

- F. G. 콘젠
- 코스테르망스
- 카슬란 바크르즐륵
- 도메니코 트라몬틴
- 데뎀 오스만르 챠록
- 그라스마이어
- 치미엘루프

장인의 손길이 깃든
백년의 가게

독일 전통 액자 가게
F. G. 콘젠

"예술이 없다면 액자도 존재할 수 없다.
 예술이 존재하는 한 콘젠의 역사도 계속된다."
 − F. G. 콘젠 6대 사장, 프리드리히 콘젠

독일의 예술 도시 '뒤셀도르프'

독일 서부 지역의 중심 도시, 뒤셀도르프는 18세기 후반부터 음악과 미술학교들이 들어서며, 독일을 대표하는 예술 도시로 자리 잡은 곳이다. 거리 곳곳에 자리한 창의적인 건물들은 이 도시가 얼마나 예술을 사랑하는지 가늠케 한다.

예술을 창조하는 도시 뒤셀도르프에서 만난 'F. G. 콘젠F. G. conzen'은 도심에서 차로 10여 분 거리에 있다. 1854년부터 액자를 만들어 판매해온 회사다. 예술가부터 일반 시민들까지 뒤셀도르프 사람들에게 F. G. 콘젠은 액자가 필요할 때면 가장 먼저 찾는 곳이다.

콘젠은 뒤셀도르프와 독일 전 지역에 잘 알려져 있다. 뒤셀도르프 시립 미술관을 비롯해 독일 내 50여 개의 박물관과 갤러리에서 현재 독일의 예술사가 담긴 그림과 사진을 F. G. 콘젠의 액자에 넣어 전시하고 있다. 또한 사진과 그림의 분위기에 따라 고객이 취향대로 액자의 틀을 직접 정할 수 있다. 완제품으로 나오는 다른 가게와 달리 손님이 원하는 일대일 맞춤 액자 제작 방식을 고수하고 있다. 이는 지금까지 많은 고객들의 사랑을 받는 F. G. 콘젠의 숨은 비결이다. F. G. 콘젠은 뒤셀도르프의 예술사와 함께 발전한 158년의 전통을 가진 액자 가게다.

예술의 도시에 터를 잡다

화랑들이 모여 있는 골목에 F. G. 콘젠의 보물창고가 있다. 회사의 5대 사장 프리드리히 씨가 1963년에 설립한 액자 박물관이다. 이곳에 창업할 당시부터 선대들이 수집해온 고전 디자인의 원본 액자들을 보관해놓고 있다. 수세기의 세월이 쌓인 오래된 액자는 살아 있는 지침서다.

프리드리히 사장은 "나는 액자로 먹고살았다"고 자랑스럽게 이야기한다. 자신과 가족들을 먹여 살린 액자를 팔면서 액자가 어디에서 왔는지, 그 역사를 아는 것은 너무나 당연하다.

사각의 틀 안에 예술의 역사를 담고자 하는 F. G. 콘젠의 노력은 회사의 설립과 함께 시작되었다. 뒤셀도르프에서 회사를 연 이유는 19세기, 이곳에 예술학교가 있었기 때문이다. 유럽에서 가장 중요한 예술학교 중 하나로 유명한 예술가들이 많았으니 그만큼 액자의 수요가 많았다.

그리하여 F. G. 콘젠은 1854년, 당시 미술대학이 크게 발전하던 뒤셀도르프에 터를 잡고, 수제 액자 제작을 시작했다. 회사는 곧 도시 내에 있는 모든 미술대학에 액자를 공급할 만큼 번성했다. 그러나 제2차 세계대전과 함께 위기가 찾아왔다. 도시 전체가 파괴되었고, F. G. 콘젠의 공장도 폭격에 맞아 많이 부서졌다. 그래도 운이 좋은 편이라고 할 수 있었다. 당시 독일에는 액자 산업을 하던 사람들이 유리 산업을 같이 하는 경우가 많았다. 전쟁 때문에 유리창이 많이 깨졌기 때문이다. F. G. 콘젠도 유리 사업을 시작해 매출에 많은 도움이 됐다.

그렇게 6년간 유리 제작을 병행하며 운영자금을 모아 공장과 매장을 재건립했다. 다시 액자 제작에 몰두한 F. G. 콘젠은 오늘날 독일을 대표하는 수제 액자 전문 회사가 되었다. 회사는 이 역사를 바탕으로 기계 생산업체와는 차별화된 서비스를 선보이고 있다. 파손된 고전 액자를 복원하는 일이다.

파블로 피카소가 그린 여성의 초상화

작품을 알면 액자가 보인다

뒤셀도르프에는 무려 100여 곳에 달하는 크고 작은 화랑이 있다. 그중 '백 & 에겔링' 화랑은 개인 수집가가 운영하는 곳으로, 1900년대 초에 그려진 유명 화가들의 미술 작품들이 전시되어 있다.

이곳에서는 현대미술의 거장 파블로 피카소가 1946년에 그린 한 여성의 초상화도 볼 수 있다. 연필로만 간단히 스케치한 이 그림은 몇 개의 선으로 여성이 가진 얼굴의 특징을 표현했다.

귀중한 작품은 그저 스쳐 지나버릴 수도 있는 액자라는 소품 안에서 그 가치를 더한다. 우리는 꽃은 보지만 화분은 눈여겨보지 않듯, 그림은 보지만 액자는 잘 보지 않는다. 액자는 그런 존재다. 자신의 존재감을 내세우기보다는 있는 듯 없는 듯 그림을 빛낸다.

화랑의 관장 미샤엘 백 씨가 피카소의 그림을 처음 구입했을 때는 두껍

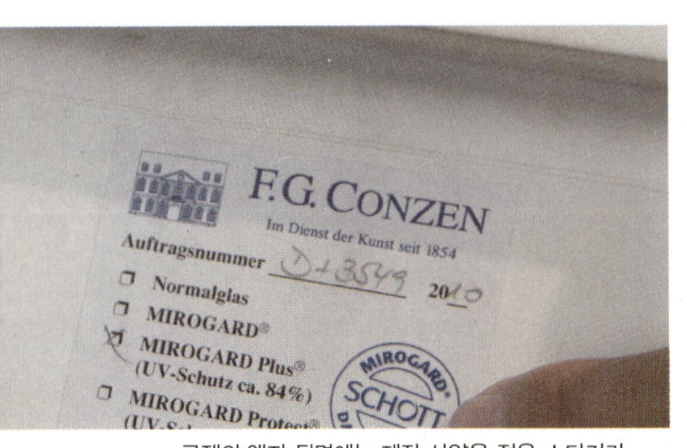

콘젠의 액자 뒷면에는 제작 사양을 적은 스티커가 부착된다.

고 무겁고 화려한 액자에 들어 있었다고 한다. 그런 액자는 오히려 그림의 매력을 가린다. 지금 그 그림은 콘젠의 액자에 담겨 다시 살아났다. 액자의 뒷면에는 스티커가 부착되어 있는데 F. G. 콘젠이라는 이름과 사용된 유리에 대해 적혀 있다.

약 150년 된 유서 깊은 화랑을 운영하는 한 남성 역시 대를 이어 이곳의 액자를 사용하고 있다고 말한다. 그림이 잘 안 팔릴 때 액자를 바꾸면 다시 팔리는 경우도 있다고 한다.

158년의 전통 독일 액자 명가 F. G. 콘젠은 대를 이어온 제작 기술로 유럽 예술의 역사가 살아 있는 고전적인 디자인을 담아 액자를 완성한다. 6대 사장 프리드리히 콘젠 씨는 수백 년 전 바로크 양식이나 르네상스 양식 등과 같이 오래전에 사용됐던 액자들의 틀과 표면 장식을 재현하는 일을 매우 중요시한다.

고딕 양식의 액자는 처음으로 그림을 액자에 넣기 시작한 시기에 사용됐던 형태다. 고딕 양식의 액자들은 르네상스 양식보다 단순하고 작은 그림들이 새겨져 있다. 르네상스 양식의 액자는 그 틀을 보면 모두 가운데에 평평한 부분이 있다. 이것으로 르네상스 양식의 액자를 알아볼 수 있다.

이런 고전 디자인의 액자들은 F. G. 콘젠의 액자가 갖는 가장 큰 특징이다. 그러나 액자가 고전적이라고 해서 반드시 고전적인 작품에만 사용되는 것은 아니다. 예를 들어, 1986년 일본의 현대 작가 고야마 시게미츠의 작품도 르네상스 액자에 넣는다. 중요한 것은 작품과의 조화다. 고야마의 현대적인 그림을 르네상스 액자 틀에 넣으면 그림에 무게감을 더한다. 현대적인 그림과 고전적인 액자가 대조될 때 생기는 긴장감이 그림만 있는 것보다 더 흥미롭게 보일 수 있다. 16세기 디자인의 액자와 20세기 그림의 조화는 예상보다 훨씬 멋지다.

오히려 색깔이 알록달록하고 꽃무늬가 들어가 있는 액자는 어울리지 않는다. 명랑한 느낌이 나서 차갑고 엄중한 고야마의 그림과는 맞지 않는다.

액자는 작품이 결정한다. 그러나 액자 선정에 정답은 없다. 고객마다 취향이 다르기 때문이다. 이는 예술 분야의 일이 어려운 이유기도 하다. 모든 사람이 서로 다른 취향을 가지고 있어 무엇이 맞고 틀린지는 누구도 장담할 수 없다. 그래서 "우리 회사가 하는 일은 그림을 파악해서 그에 맞는 액자를 찾아주는 일"이라고 프리드리히 사장은 말한다.

F. G. 콘젠은 고객의 소중한 작품을 빛나게 하는 또 하나의 작품을 만든다. 좋은 액자는 그림에 느낌을 더한다. 시각적으로 그림의 가치를 높이고, 바라보는 사람의 시선을 끌게 하는 동시에 좋은 유리와 짜맞춤 기법으로 그림을 보호한다. 작품을 안전하게 보호하는 동시에, 전체적인 색과 조화를 이뤄 감상을 방해하지 않아야 한다. 그런 액자의 역할을 누구보다 충실하게 성취한 F. G. 콘젠의 액자는 소품이 아닌 작품의 일부라 할 수 있다.

고객 개개인에 대응한다

F. G. 콘젠은 크기와 색 그리고 문양에 따라 300여 종에 이르는 다양한 액자를 선보인다. 품질이 좋을 뿐 아니라 작품 하나하나에 맞는 액자를 만든다. F. G. 콘젠의 액자는 100퍼센트 맞춤 주문으로 제작된다. 그래서 고

객들은 액자에 넣을 그림을 이곳에 직접 가져와서 상담한다. 그림과 상관 없이 액자만 고르는 일은 없다.

몸에 맞는 옷을 맞추듯 그림에 어울리는 액자를 맞추는 것이다. F. G. 콘젠은 최선을 다해 고객의 선택을 돕는다. 고객들이 이곳을 찾는 이유다.

주문의 첫 단계는 작품 분석이다. 한 손님이 니콜라스 푸샤닉의 그림을 가져왔다. 판매 부서에서 4년째 일하고 있는 일레나 클레이네테벨 씨는 고객이 가져온 작품을 살핀 후 설명한다.

"1973년도 작품이고요. 그림에 색깔이 많이 사용됐기 때문에 작품과 맞는 시대의 액자를 찾아봐야겠네요."

작품을 분석한 판매 직원은 고객과 함께 액자 틀을 선별한다. 고객의 의견이 무엇보다 중요하므로 섣불리 권유하거나 재촉하지 않는다. 판매 직원의 가장 중요한 임무는 조언이다.

직원은 "그림은 상승감을 가졌는데 이 액자는 하강감을 주어 시선이 분 산될 것 같다"는 조언을 하고는 고객이 선택한 범위 안에서 가장 적합한 액자를 추천한다. 현대적인 디자인의 액자가 작품의 명암과 대비되어 잘 어울릴 것 같다는 말에 고객도 쉽게 납득한다. 고객은 제대로 상담받을 수 있다는 사실에 무척 만족한다. 무엇보다 선택의 폭이 넓으며 능력 있는 직 원들도 많기 때문이다.

현재 F. G. 콘젠에는 7명의 전문 판매원이 근무한다. 모두가 미술사학 과 문화정보학 등 예술과 관련된 학문을 전공했다. 액자를 파는 사람은 액 자만 알아서는 안 된다. 먼저 그림을 알고 예술을 사랑해야 한다. 손님이 가져오는 그림을 파악하고 어느 시대의 것인지, 어떤 기법으로 그려진 것 인지 알아야 한다. 직원들이 작품을 이해하고 주의 깊게 다룰 것이라는 신

콘젠에서는 그림에 가장 적합한 액자를 찾을 수 있다.

뢰를 주어야만 손님들이 자신의 소중한 그림을 기꺼이 가져올 것이다.

고객의 주문이 완료되면 곧바로 제작이 시작된다. 액자의 기본 재료는 나무 틀이다. 독일 동부에서 운영하는 원목 공장에서 반가공 상태로 들여온 나무 틀은 액자의 크기와 디자인에 따라 담당 직원이 맡는다.

직원들은 모든 제작 과정을 알지만 이를 세분화해 역할을 구분한다. 고전적인 액자나 힘이 많이 필요한 작업은 주로 남자 직원이 맡고, 문양을 만들어 붙이는 작업은 전담 직원이 맡는다. 역할에 따라 일을 분배하는 것이다.

F. G. 콘젠의 액자는 짧게는 3단계, 길게는 20단계에 걸친 수작업으로 완성된다. 이 역시 크기와 디자인에 따라 달라지지만 모든 액자 제작의 첫 작업은 동일하다. 나무 틀에 색을 입히는 것이다. 그중에서도 금박을 입히는 작업은 F. G. 콘젠이 자랑하는 고전 디자인 액자의 기본을 다지는 과정이다. 기계가 아닌 사람의 손으로 한다.

진짜 금을 입히는 금박 작업은
액자가 지닌 역사를 지키기 위한 노력이다.

올해로 40년째 금박 작업을 해온 슈이츠 미헬미네 씨는 이론으론 배울 수 없는 자신만의 노하우를 가졌다. 액자에 붙이는 금박은 23캐럿짜리 진짜 금이다. 금박 액자는 12세기부터 유행한 유럽의 대표적인 액자 형태다. 도료를 칠해 더 빠르게 많은 제품을 만들 수 있지만 진짜 금만 고집하는 이유는 액자가 지닌 역사를 지키기 위해서다. 그냥 금색으로 칠한 액자들도 있기는 하지만 그런 액자는 진짜 금 액자가 될 수 없다.

화가가 자기 작품을 그리면 그것 그대로 가치가 있지만 다른 사람이 그 작가의 이름을 빌려 그림을 그리면 가치를 가질 수 없는 것과 같다. 콘젠은 100년이 넘은 경험을 가진 이 분야의 전문가이고, 고객은 그 실력을 믿기 때문에 그림을 편히 맡긴다.

예술 앞에서는 누구나 평등하다

복원 담당 틸 올린 씨는 직원들 사이에서 남다른 집중력의 소유자로 인정받는다. 그는 소리를 듣지 못한다. 수화를 할 줄 아는 직원들과 수화로 의사소통한다. 다른 사람들과는 몸짓언어 또는 그림을 그리거나 글을 써서 이야기하는 등 여러 방법을 사용한다. 입 모양으로 무슨 말을 하는지 읽어낼 수도 있다.

현재 제작 부서에는 총 12명의 직원이 근무한다. 그중 네 명은 청각 장애를 갖고 있다. F. G. 콘젠은 1968년부터 제작 부서 직원의 10퍼센트를 청각장애인으로 채용하고 있다. 프리드리히 사장은 사회적 책임 때문에 청각장애인을 고용한 것이 아니라고 말한다. 의외의 대답이지만 이유를 들어보면 금방 고개를 끄덕이게 된다.

사회적 책임이라고 하면 동정심 때문에 그 사람을 고용한 것처럼 들린다는 것이다. 하지만 프리드리히 사장은 동정심으로 이들을 고용하는 것도 아니고 그들이 어딘가 부족한 사람들도 아니라고 생각한다. 오히려 그들은 청각장애를 갖지 않은 사람들이 못하는 것들을 더 잘해낼 수 있다고 한다. 예를 들어, 일반 사람보다 손재주가 훨씬 좋으며, 이런 능력은 이 직업에서 꼭 필요하다. 또한 소통에도 큰 문제가 없다.

회사 전체를 통틀어 가장 오랜 경력을 지닌 직원인 빌프리트 뮐러 씨 역시 소리를 듣지 못한다. 그는 이곳에서 41년째 석고 장식을 담당해왔다. 석고 장식을 위해서는 먼저 석고가루에 아교풀과 송진을 끓여 만든 접착제를 섞어 반죽을 만들어야 한다. 따뜻할 때 빨리 해야 하기 때문에 아무리 뜨거워도 빌프리트 씨의 손은 반죽을 떠나지 않는다. 너무 늦어지면 반죽이 덩어리가 되지 않고 흘러내린다.

한 시간의 작업 끝에 반죽이 완성됐다. 그가 아니면 누구도 완벽히 해내지 못한다. 빌프리트 씨는 자동차 공장에도 가보고 자전거 공장에도 다녀봤다고 한다. 그런데 이곳의 일이 가장 흥미로워서 계속 일하고 있다고 한다. 단순한 노동이 아닌, 예술의 역사를 재현하는 작업이기 때문이다.

석고 장식에 쓰이는 아교풀과 송진을 끓인 접착제

예술을 사랑하는 사람이라면 누구나 이 일을 할 수 있다는 것이 F. G. 콘젠의 철칙이다. 이에 따라 고용된 많은 청각장애인들이 비장애인 직원들과 함께 액자장이와 금세공업자로 일하고 있다. 기업은 사회적 역할과 책임을 수행해야 한다는 것이 F. G. 콘젠의 158년 역사를 지켜온 경영철학이다. 이윤보다는 가치를 꿈꾸고 기업으로서의 사회적 역할을 몸소 실천하는 F. G. 콘젠은 독일을 넘어 전 세계 기업들의 모범이 되고 있다.

역사에서 탄생하는 액자 디자인

다양한 종류의 액자를 생산하는 F. G. 콘젠은 액자 틀도 가문비나무, 벚나무, 단풍나무, 참나무, 소나무 등 다양한 천연 목재를 사용한다. 목재의 색깔, 결, 무늬, 강도에 따라 다양한 액자 틀을 만들 수 있다.

이곳에는 모든 문양이 보관된 장이 있고, 르네상스 양식의 문양, 줄무늬 문양, 현대적인 평면 문양 등 액자 틀의 문양을 찍어내는 다양한 롤들도 있다.

F. G. 콘젠은 창업 당시부터 만들어 사용해온 2천여 개의 장식용 롤을 지금까지 그대로 보관해 사용하고 있다. 달라진 것이 있다면 손으로 직접 롤을 눌러가며 만들던 문양을 기계를 이용해 완성한다는 점이다. 그러나 이 기계의 나이 역시 50년이 훌쩍 넘었다.

시대를 넘나드는 300여 종의 다양한 액자 디자인

F. G. 콘젠의 액자는 이렇듯 옛것을 보전하려는 노력을 거쳐, 16세기 르네상스 양식에서 비롯된 식물 문양의 디자인부터 곡선의 미를 표현한 17세기, 작고 섬세한 문양을 강조한 18세기, 금속의 멋을 살린 현대의 디자인으로 탄생한다.

프리드리히 사장은 과거의 액자에서 지금 자신의 액자를 알 수 있다고 말한다. 표면에 금박이 들어간 것과 그렇지 않은 것, 나무 느낌을 그대로 살린 원목 등 과거의 것들을 새로운 형태와 조합시켜 새로운 액자를 탄생시킨다.

"우리 액자의 디자인은 지난 역사에서 나옵니다."

관록이 담긴 특별한 노하우

F. G. 콘젠은 역사에 뿌리를 두고 끊임없이 변화를 시도한다. 10여 년 전부터는 본격적으로 종이 액자 제작에 나섰다. 사실 종이 액자는 50여

F. G. 콘젠은 창업 당시부터 2천 개가 넘는 장식용 롤을 보관해 사용한다.

년 전부터 존재했지만, 종이의 변질 때문에 상품화가 쉽지 않았다. 100퍼센트 나무로 된 종이는 세월이 지나면 색이 변한다. 종이 색이 변질되면 작품의 색 변질에도 영향을 준다. F. G. 콘젠은 산화를 촉진시켜 종이를 누렇게 만드는 리그닌 성분을 뺀 종이를 이용해 작품을 보호하는 종이 액자를 만들었다. 이는 30년이 지나도 색이 변하지 않는다.

뒤셀도르프의 시립박물관에서 현재 5만 장의 사진을 전시하고 있다. 이곳에서는 F. G. 콘젠에서 제작한 종이 액자를 사용한다. 사진을 액자에 그냥 넣다 보면 표면이 상하기 쉬운데 이 종이 액자는 작품 사진을 보호하는 역할을 한다. 작품을 넣은 종이 위에 이중으로 만든 표지를 덮어 작품과 종이가 닿는 면적을 없애고, 빛을 차단한다.

액자를 만드는 도구는 단순하다. 자와 각도기가 달린 칼만 있으면 된다. 그러나 이 칼을 이용해 종이를 자르는 기술은 특별하다. 사선으로 잘린 종이의 단면에 그 비밀이 숨어 있다. 종이 액자는 안쪽이 살짝 비스듬

하게 마무리되는 것이 중요하
다. 모서리 부분이 거칠게 마감
되어 있으면 작품을 감상할 때
시선을 방해하기 때문이다. F.
G. 콘젠의 종이 액자에는 이 부
분을 완벽하게 자르는 기술이
적용된다. 결코 쉽지 않은 기술
이다.

종이 액자를 사용한 뒤셀도르프 시립박물관

작품을 돋보이게 하는 동시에 작품을 보호하는 액자는 F. G. 콘젠이 지
난 158년간 추구해온 가장 큰 목표다. 남편이 생전에 마지막으로 남기고
간 작품을 가져왔던 고객은 그림을 빛으로부터 안전하게 보호하는 액자를
주문했다. 그래서 액자가 너무 빛나지 않도록 특별히 액자 안쪽에 색을 입
혔다. 그림은 색깔이 되살아난 듯 명징해 보인다. 고객도 무척 기뻐한다.

작품을 돋보이게 하고 안전하게 보호하는 액자의 필수 요건은 그림을
덮는 유리다. 액자에 넣은 작품은 유리의 품질에 따라 그 선명도와 수명이
좌우된다. 일반 유리로 만든 액자는 빛이 많이 반사된다. 따라서 조명의
종류와 빛의 반사량에 따라 그림에 표현된 것들 중 많은 부분을 보지 못할
수도 있다.

F. G. 콘젠은 고객의 주문에 따라 자외선 차단 비율과 선명도가 다른 세
가지 종류의 유리를 사용한다. 자외선 차단율 84퍼센트의, 안경 렌즈와 같
은 방식으로 특수 제작된 유리를 사용하여 빛으로부터 작품을 보호한다.
또한 다른 액자의 유리와 달리 거울처럼 비치지 않아 작품 감상을 보다 편
하게 즐길 수 있다.

그림이 액자에 끼워져 있으면 누군가 건드려도 액자 표면에만 흠집이 생길 뿐 그림이 상하는 일은 없다. 액자는 이렇게 그림을 보호하는 역할을 하는 동시에 편안한 감상을 하도록 해야 한다.

예술과 공존하다

주문을 받으면 액자가 완료될 때까지 작품을 보관해야 한다. 작품 보관소는 12명의 제작 부서 직원 중 단 한 사람만이 출입할 수 있다. 전문 화가가 그린 고가의 그림부터 어린아이가 그린 작은 포스터 하나까지 모두 보관되어 있는 곳이다. 고객의 작품은 무엇으로도 가치를 매길 수 없는 보물이다. 그래서 액자 제작의 마무리인 그림을 틀 안에 넣는 작업에 앞서, 유리 위에 가느다란 플라스틱 막대를 사방으로 부착한다.

그림이 유리와 직접 닿으면 시간이 흐르면서 산성반응이 일어나 작품의 색이 변할 수 있다. 공장 안의 습도와 고객이 액자를 놓을 공간의 습도가 달라서 변할 가능성도 있다. 그래서 반드시 유리와 그림 사이에 5밀리미터가량의 공간을 유지한다. 주문을 받는 순간부터 그림을 넣는 순간까지 고객과 고객의 작품을 위하는 마음을 담아 액자를 완성하는 것이다. 평범한 나무가 하나의 제품, 하나의 액자로 완성된다. 이것이 프리드리히 사장과 직원들이 매일 이 일에 반하는 이유다. 한 단계씩 변화를 거쳐 완제품이 나온다는 것은 정말로 멋진 일이다.

프리드리히 사장은 수시로 뒤셀도르프에서 활동하는 신진 화가들을 찾아 그들의 작품을 살펴보고 작품과 어울리는 액자를 조언한다. 이날 사장이 공방으로 찾아간 젊은 화가는 올해 말 프랑크푸르트에서 열리는 전시회를 앞두고 F. G. 콘젠의 액자를 시범적으로 사용하고 있다. 프리드리히 사

장은 화가와 함께 작품을 보며 상의한다. 화가는 그림과 액자 사이가 더 넓으면 좋겠다거나 간격도 넓게 하고 더 두꺼우면 좋겠다는 등의 의견을 말한다.

프리드리히 사장은 "예술가들이 다른 작품을 보면서 영감을 얻듯이 우리도 예술 작품을 보면서 영감을 얻는다"고 말한다. 이 분야에서는 다른 업체와의 경쟁이 매출이나 가게의 발전에 별 도움이 되지 않으며 전혀 중요하지 않다.

"서로가 영감을 주고받으면서 예술 분야를 더 배워가고 공존하는 것이 중요하죠."

매일 새로운 액자를 만드는 작업을 하는 F. G. 콘젠의 직원들에게는 하루하루가 도전이다. 그래서일까. 40년 경력의 슈이츠 씨는 정년퇴직이 1년 남은 지금도 자신의 일이 너무나 재미있다고 말한다.

F. G. 콘젠은 더 큰 성장을 꿈꾼다. 그러나 이들이 추구하는 성장은 세

상을 앞서가는 것이 아니다. 예술의 흐름과 발맞춰 나아가는 것이다. 예술과 소통하고 공존하려는 노력, 오로지 좋은 액자를 만들고자 하는 이들의 도전 정신이 앞으로도 뒤셀도르프 그리고 독일의 예술을 밝힐 것이다.

1. 일대일 맞춤 제작

이곳을 찾는 고객들은 직접 작품을 가져와 가게의 전문 판매원과 일대일로 상담한다. 이곳의 전문 판매원들은 모두 미술사학과 문화정보학 등 예술과 관련된 학문을 전공했으며, 그림을 분석하고 액자 선택에 대해 조언한다.

2. 과거에서 새로움을 창조한다

F. G. 콘젠은 대를 이어온 제작 기술로 유럽 예술의 역사가 살아 있는 고전적 디자인의 액자를 만든다. 창업 당시부터 사용해온 2천여 개의 장식용 롤을 지금까지 사용하면서 옛것을 지키는 동시에 과거의 것들을 새로운 형태와 조합시켜 액자를 탄생시킨다.

3. 이윤보다 가치를 추구한다

F. G. 콘젠은 독일 내에서 사회적 기업으로 유명하다. 예술을 사랑하는 사람이라면 누구나 이 일을 할 수 있다는 열린 마음으로 많은 청각장애인들을 고용한다. 그들만의 장점을 보고 활용할 줄 알며 사회적 역할을 실천하는 모범적인 기업이다.

4. 예술을 사랑한다

프리드리히 사장은 화가들을 만나 작품을 보고 그 작품들에서 영감을 받아 액자를 디자인한다. 경쟁과 이윤보다는 진정으로 예술을 사랑하고 이해하려는 공존과 소통의 노력이 있기에, 예술이 영원하다면 이곳도 영원할 것이다.

INFORMATION

주　소	Benrather Straße 8, 40213 Düsseldorf, Germany
홈페이지	www.conzen.de
전　화	+49-211-86-68-10
영업시간	월-수 10:00~18:30, 목-금 10:00~19:00, 토 10:00~16:00(일요일 휴무)

1839년 창업한 골동품 전문점 '코스테르망스'

벨기에의 수도 브뤼셀은 벨기에 최고의 경제 도시이자 유럽의 문화 중심지다. 브뤼셀 중심에 자리한 광장, 그랑 플라스는 브뤼셀을 방문하는 관광객의 발길이 가장 먼저 닿는 명소다. '세상에서 가장 아름다운 광장'이라 불리며 유네스코 세계문화유산으로 지정된 곳이기도 하다. 또한 주변에 모인 건물들을 보면 벨기에 역사의 흐름을 한눈에 볼 수 있다.

시청사부터 길드하우스, 왕의 집 등 광장 안에 자리한 건축물들은 모두 14세기에서 18세기에 지어진 것으로 각기 건립된 시기와 더불어 건축양식까지 모두 다르다. 이는 과거 오스트리아, 프랑스, 네덜란드 등의 지배를 거쳐 유럽의 다양한 문화가 공존하게 된 벨기에의 역사를 상징한다. 이 건물들은 벨기에의 자부심이라고 할 수 있다. 벨기에는 분열의 역사로 많이 알려졌지만, 건축의 역사는 벨기에 국민을 강하게 뭉치게 한다.

그랑 플라스 광장에서 차로 10분 거리에 벨기에의 대표적인 골동품 거리 '그랑 사블롱Grand Sablon'이 있다. 19세기부터 발전해온 이곳에는 골동품

상점들과 고미술품 갤러리가 모여 있다. 그중 코스테르망스Costermans는 지난 173년 동안 이 거리를 지켜온 골동품 전문점으로 브뤼셀에서 가장 오래된 역사를 자랑한다. 마치 타임머신을 타고 과거로 날아간 듯한 환상을 선사하는 곳이다.

골동품이 일상인 가족

코스테르망스는 1839년 철공예가였던 형 루이 코스테르망스와 골동품 애호가였던 동생 장 코스테르망스 형제의 창업으로 시작되었다. 형제는 지금의 건물에 철공소를 열어 철제 제품을 생산했다. 1839년에 코스테르망스 형제가 발명한 난로도 아직 남아 있다. 당시 그들은 이 난로 발명에 대한 특허를 받았고 난로는 프랑스와 오스트리아는 물론 유럽 전역에 수출될 만큼 높은 인기를 끌었다. 그러나 1900년대에 들어 가게는 생산을 중단했다. 중앙난방이나 라디에이터가 발전하면서 난로의 수요가 줄어들 수밖에 없었기 때문이다. 수요가 줄어들기 전에 그들은 난로 생산을 멈추고 골동품에 집중하기 시작했다.

형제는 난로를 비롯해 램프, 아날로그 시계 등 산업화 속에 사라져가는 제품들을 수집하면서 자신들이 가진 공예 기술로 손상된 골동품들을 복원했다. 이러한 기술력은 가족의 유산이 되어 6대에 이른 오늘날까지 이어지고 있다. 가게 건물 위층에는 특별 전시장이 있다. 이곳은 코스테르망스 가족이 대를 이어 사는 집으로 분홍색의 화려한 벽지가 인상적이다. 아니나 다를까, 1760년대 중국에서 들여온 색지에 프랑스 예술가들이 그림을 그려 완성한 것이라고 한다. 여기에는 특별한 사연이 담겨 있기도 하다. 미국의 영부인이었던 재클린 케네디가 이곳에 왔다가 백악관을 장식할 벽지로 구입하기를 원했던 것이다. 하지만 그들은 거절했다. 이유는 간단했다. "우리 집의 일부분"이었기 때문이다.

가족이 실제로 생활하는 공간이지만 이 역시 가게를 찾는 모든 손님들에게 열려 있다. 그러나 이곳의 전시품들에는 한

대통령 영부인의 요청에도 판매를 거부했던 분홍색 벽지

가지 특징이 있다. 제품마다 빨간색 스티커가 붙어 있다는 점인데 이는 판매하지 않는다는 표시다. 코스테르망스 가족에게 골동품은 가족의 추억이 깃든 것만으로도 최고의 보물이다. 현재 가게를 이끌고 있는 아르노 사장에게도 이 골동품들은 자신의 삶뿐 아니라 조상의 삶을 상징하는 존재다. 그래서 이곳에 보관한 모든 것들은 팔지 않는다. 이렇게 간직하고 수집하는 것만으로도 그에게는 크나큰 기쁨이다.

역사가 담긴 보물창고

골동품은 역사성과 희귀성에 따라 가치가 달라진다. 코스테르망스는 벨기에는 물론, 세계 골동품 애호가들 사이에서 다양한 제품을 선보이기로 유명하다.

전시장은 네 개의 방으로 이루어져 있다. 각 방은 골동품들이 가득 메우고 있다. 첫 번째 전시장에는 각 시대의 작품들이 있다. 액자와 벽난로를 비롯해 샹들리에와 가구, 그릇까지 15세기부터 19세기에 유럽에서 제작된 모든 생활용품을 판매한다. 19세기에 사용했던 촛대는 황동으로 만

18세기 말에 제작된 '이탈리아 램프'

들었고 고색을 띠고 있다. 장인의 기술이 담긴 특별한 작품이다.

은은한 불빛으로 채워진 다른 방에는 18세기까지 사용되던 램프들을 전시해놓았다. 1780년경에 만들어진 이탈리아 램프는 로마에서 온 것으로 여러 가지 색의 문장이 새겨져 있다. 멀리 아일랜드에서 온 손님들의 눈을 사로잡은 물건은 18세기 이탈리아에서 대리석으로 만든 장식품이다. 아르노 사장은 제품에 대해 이것저것 설명해주고 흥정을 한다.

이곳에서 판매하는 물건들은 모두 코스테르망스 가족이 6대에 이어 세계 각국에서 직접 수집한 것들이다. 골동품 하나하나에는 제품이 품어온 세월만큼이나 깊은 가게의 역사가 담겨 있다. 그래서 아르노 사장은 많은 자부심과 책임감을 느낀다고 한다. 오랫동안 이어 내려온 가게를 지켜가기란 결코 쉽지 않을 것이다. 전통을 간직하면서 가게를 이어가고 더 나아가 발전하기를 원하기 때문이다.

매주 주말이면 그랑 사블롱 거리에서는 골동품 시장이 열린다. 60여 년 전부터 이어져온 이 시장에서는 자신이 직접 사용해왔거나 수집해온 오래된 물건들을 거래한다. 옛것의 가치를 존중하는 마음은 벨기에 국민들 안에 깊이 뿌리내렸다. 이들에게 골동품은 낡고 못 쓰는 물건이 아니라 조부모와 증조부모의 시대를 떠올리게 하는 역사다.

시장에서는 17세기 초에 만들어진 브뤼셀 지도 같은 역사적으로 의미 있는 골동품들도 쉽게 찾아볼 수 있다. 그러나 보통 사람들은 듣는 것만으로 제품의 진위 여부를 판단하기가 힘들다. 그래서 17세기 초에 만들어졌다는 감정서를 제시한다. 제작 시기와 제작자를 증명하는 보증서는 골동품의 가치를 가늠하는 기준이 된다.

골동품 보증은 국가에서 지정한 감정 업체만이 할 수 있다. 코스테르망스는 62년 전부터 브뤼셀 상공회의소 소속의 골동품 감정 업체로 활동하고 있다. 가게의 감정 실력은 벨기에 전역에서 손님들이 일부러 찾아올 만큼 명성이 높다.

현재 골동품 감정은 전적으로 6대 사장 아르노 씨가 책임지고 있다. 아르노 사장은 브뤼셀 대학에서 미술사 석사 과정을 마친 후, 이탈리아에서 고미술품을 연구하며 풍부한 경험과 지식을 쌓았다.

골동품에 새로운 생명을

가게에는 하루 평균 열 명의 손님이 찾아온다. 그런데 모두가 골동품을 구입하기 위해 오는 것은 아니다. 감정을 받고자 하는 손님도 많다.

무엇보다 망가진 골동품을 복원하는 일이 코스테르망스의 대표 업무다. 세월의 먼지가 켜켜이 쌓인 오래된 물건이지만 그 안에 헤아릴 수 없이 많은 추억을 머금고 있는 골동품은 그 가치를 아는 이들의 손길을 거쳐 새것보다 더 아름다운 모습으로 태어난다. 골동품 복원은 역사의 한 부분에 속하는 것이고 만든 사람에 대한 존중이며, 복원함으로써 하나의 예술품이 완성된다. 이런 작업 덕분에 시간이 지나고 세기가 지나도 계속해서 보존되는 것이다.

골동품 복원은 매장 뒤편에 자리한 공방에서 이뤄진다. 여기에는 두 명의 복원 전문가가 근무하고 있다. 5대 사장이자 아르노 사장의 아버지와 장인 이반이다. 복원에 앞서 두 사람이 해야 할 작업을 정리한다. 전체적으로 광택을 다시 내야 하고 빠진 부품을 추가해야 한다.

골동품 복원의 핵심은 복원의 흔적을 최소화해, 제품이 만들어졌던 당시의 모습을 되살리는 것이다. 먼저 제품을 하나하나 손으로 해체해가며 손상되거나 없어진 부품을 파악한다. 나사들도 모두 손으로 만든 것인데 이런 부품들 중 없어진 것이 있다면 그만큼 복원도 어려워진다. 부품 하나까지도 다시 원래의 상태로 만들어야 하기 때문이다. 따라서 완벽한 복원을 위해서는 제품이 만들어진 당시에 사용된 부품이 필수다.

코스테르망스는 제품이 제작된 당대의 부품 사용과 더불어 녹슨 부품에 색을 입히는데, 이 역시 본연의 멋을 살리는 데 중점을 둔다. 반짝이게 도금하는 것이 아니라 원래의 색으로 복원한다.

녹이 슨 부품은 갈고 닦아 표면을 고르게 손질한 후 산화 방지 코팅제를 입힌다. 작은 부품 하나도 지나치지 않는다. 새로운 부품을 추가하지 않고 오로지 수작업으로 원래 가지고 있는 고유의 빛깔을 살려 복원한다. 골동품 안에 묻혀 있던 고객의 추억도 온전히 되살아난다. 이렇게 완벽히 복원하는 데 약 2주에서 3주가 걸린다.

유명 예술가의 작품은 아닐지라도, 골동품은 그 안에 담긴 가족들의 추

억만으로도 충분히 아름답고
가치 있다는 것이 코스테르망
스의 신념이다.

가게에는 양탄자를 치우고
벽장을 열면 나타나는 비밀 공
간이 있다. 가게 건물 아래, 좁
은 계단으로 이어진 이곳은 코
스테르망스의 부품 창고다. 벽

손으로 만든 나사 하나까지
당시의 부품을 사용하는 것이 필수다.

난로 위를 장식하는 조각상부터 열쇠고리 하나까지, 창고 안에는 15세기
부터 19세기까지 사용된 수천 개의 부품이 보관되어 있다. 이 역시 코스
테르망스 가족이 173년 동안 수집해온 것들로, 가게는 이 부품들을 이용
해 수량이 부족한 것들은 똑같이 다시 만들어가며 복원에 사용한다. 5대
사장조차 아직까지 이런 물건들을 보존하고 있다는 사실에 경외감을 느
낀다고 한다. 이 수집품들이 이렇게 풍부해지기까지 각각의 세대가 나름
의 공헌을 한 것이다.

역사의 한 부분을 채운다

과거를 되살리는 코스테르망스의 기술력은 골동품 복원에만 머물지 않
는다. 시대를 초월해 역사적 가치까지 복원한다. 벨기에를 대표하는, 전 유
럽에서 몰려오는 최고의 골동품 전문점이 될 수 있었던 데는 예술을 이해
하고 역사를 존중하는 마음으로 173년간, 자그마치 6대를 이어온 노력과
사명감이 있었기 때문이다. 결국 세기를 넘어 존재할 수 있었던 것은 단기
적인 이윤보다 시대와 역사를 아우르는 큰 그릇을 가진 경영철학이 있어

서다.

철공예가인 스티브 씨와 함께 아르노 사장은 벨기에 왕실 정원 소속의 공연장을 찾았다. 19세기까지만 해도 주말이면 음악회가 열렸던 장소로 지금은 구조물이 낡아 본래의 기능을 잃은 상태다. 코스테르망스는 올해 초부터 이곳의 복원을 진행하고 있다. 원래의 기능을 되찾게 하고 예전처럼 음악을 들을 수 있도록 할 것이다.

가게는 30여 년 전부터 철 공예와 관련된 벨기에의 문화재를 복원해왔다.

벨기에의 왕실 정원을 둘러싸고 있는 약 2킬로미터에 달하는 철문 역시 코스테르망스가 복원해낸 작품이다. 오래된 골동품 가게가 지닌 복원 기술력은 국가적으로도 인정받고 있다. 선조로부터 내려오는 기술이 있었기 때문에 브뤼셀의 중요한 사적을 복원하는 요구에 부응할 수 있었다. 아르노 사장은 이 기술을 공공의 이익을 위해 사용하는 데서 보람을 찾는다.

벨기에는 국가의 역사적인 건축물뿐 아니라 유럽의 예술과 역사가 깃든 오래된 건축물을 지속적으로 발굴한다. 각 도시별로 구성된 문화재 연구팀이 개인 소유의 집까지 방문해 건축 도면을 확인하고, 의미 있는 건축물을 선별한다. 이런 과정을 거쳐 기념물로 지정되면 40퍼센트에서 많게는 80퍼센트까지 복원 보조금을 지원한다.

단지 사건 중심의 역사를 의미하는 것이 아니라 건축 예술의 역사도 포함한다. 미래의 세대들이 이러한 문화재를 통해 조상의 건축 예술뿐 아니라 현재의 도시 건축 예술을 이해하도록 하기 위해서다.

가게가 있는 그랑 사블롱에서 차로 10분 거리에는 코스테르망스의 또 다른 작업장이 있다. 1905년, 가게의 3대 사장이 문을 연 이 작업장에서는 철 공예 관련 제품을 복원한다. 코스테르망스가 맡고 있는 벨기에 왕실 정

원 소속의 문화재 역시 모두 이곳에서 복원된다. 문화재 복원에는 반드시 지켜야 할 원칙이 있다. 오래된 것을 모방한 것처럼 보이면 안 된다는 점이다. 예를 들면 새로 만든 부분이나 그대로 사용해도 될 만큼 상태가 괜찮은 부분은 손대지 않고, 완전히 손상된 곳만 새것으로 교체한다.

문화재는 복원의 흔적을 남겨야 한다. 이는 1964년, 기념물과 사적지 보존을 위해 세계 기술자들이 모여 합의한 '베니스 헌장'의 원칙 중 하나다. 새것은 새것으로 보이게 해야 한다는 것이 그 골자다. 미래의 세대들이 복원된 부분을 알 수 있도록 하기 위해서다.

문화재는 막연히 손상된 부분을 추측해 수리하거나, 확실한 근거 없이 원형의 재료와 다른 재료를 섞어 사용해서도 안 된다. 코스테르망스는 이 원칙을 충실히 따른다. 먼저 손상이 의심되는 부분을 높은 압력의 공기 분사기를 이용해 녹을 제거한 후 복원 여부를 판단한다. 이후 상태가 양호한 부분은 도료칠과 코팅을 해 재사용한다. 소실됐거나 너무 낡아 새로 제작해야 하는 부분은 같은 재료를 사용해 원래의 형태로 만든다.

이렇게 손상된 부품 하나하나를 살펴 왕실 정원의 철문을 복원하는 데만 총 2년의 시간이 걸렸다. 올해 초부터 맡은 공연장 복원은 이제 첫걸음을 뗀 단계다. 모두 50개의 아치를 복원해야 한다.

긴 시간과 수고가 따르지만 코스테르망스는 가게가 쌓아온 기술력으로 벨기에 역사의 한 부분을 채우는 이 일에 큰 자부심을 느낀다. 아르노 사장은 한때 아름다웠지만 지금은 손상된 물건이나 건물에 다시 생명을 불어넣는 작업이 좋다고 한다.

"다음 세대가 이 낡은 공장에서 우리처럼 문화재를 복원하는 일을 계속하면 좋겠습니다."

오래된 것을 사랑하는 사람들이 있기에

집에서 낡은 주전자를 발견했는데 전문가의 의견을 듣고 싶다며 오랜 고객 로제르 씨가 찾아왔다. 아르노 사장은 책을 찾아봐야겠지만 18세기 말의 물건으로 보인다고 말한다. 나선형의 모양을 봐서는 아마도 '몽스' 지역에서 만들어졌을 것이라며 책에서 몽스 지역 그릇의 문양을 찾아서 보여준다. 복원과 마찬가지로 감정 역시 추측이 아닌 정확한 근거를 바탕으로 이루어진다. 아르노 사장은 주전자의 보존 상태가 완벽하고 양식의 조화도 훌륭하다고 평한다. 게다가 적절한 크기까지 생각하면 8천에서 1만 유로 정도의 가치를 지녔다고 진단했다.

오래된 것을 사랑하는 고객이 있기에 코스테르망스가 있다. 로제르 씨의 가족과 코스테르망스의 역사는 가게만큼 오래되었다. 로제르 씨의 아버지와 할아버지도 아르노 사장의 아버지와 할아버지를 믿고 거래했다.

공신력 있는 코스테르망스의 감정서

신뢰하는 전문가한테 전문적인 의견과 감정을 받을 수 있는 데다 물건을 팔라고 부추기지 않는다. 대를 이어 고객이 찾아오는 이유다.

감정이 완료되면 골동품의 크기와 색깔 등의 보존 상태를 사진으로 기록한다. 그리고 문헌의 출처와 감정가를 적어 골동품 감정서를 작성한다. 이렇게 완성된 코스테르망스의 감정서는 거래는 물론 재산 분할 시에도 유용한 자료로 사용된다. 골동품을 개인 보험에 등록하면 도난을 당해도 감정서 덕분에 금액을 상환받을 수 있다. 즉 감정서는 매우 합법적이고 중요한 가치를 부여한다.

골동품은 세기를 뛰어넘어 빛을 발한다. 이 오래된 물건들을 밝히는 진정한 힘은 옛것의 소중함을 잊지 않는 사람들에게서 나온다. 로제르 씨 역시 조상들처럼 자신의 아이들에게 골동품에 대한 열정과 과거에 대한 사랑을 물려주고자 한다.

"과거는 인생 전체를 이루는 일부분이고 사람은 과거를 통해 미래를 그리기 때문입니다."

　과거를 통해 미래를 그리는 벨기에 사람들, 이들의 신뢰가 코스테르망스의 역사를 굳건히 다진다. 300여 년 전부터 가족이 사용해온 서랍장 복원을 의뢰했던 손님은 말끔히 복원된 서랍장을 보며 전통 깊은 골동품 가게를 다시 한 번 신뢰하게 된다.

　벨기에의 역사 그리고 벨기에 사람들의 추억을 지키기 위해 173년을 이어왔다. 아르노 사장은 이 모든 보물들을 소유하고 있는 것처럼 보이지만 엄밀히 말하면 그렇지 않다. 잠시 맡아주고 있다는 생각이다.

　"우리는 증인일 뿐입니다. 이 보물들을 후세에 물려주기 위해 노력하고 있습니다. 소유하기 위해서가 아니라 물려주기 위해 이곳에 있습니다."

　단순히 낡고 빛바랜 물건을 수리하는 것을 넘어 세월의 흐름 속에 잊힌 이야기를 후대에게 전해주는 것을 사명으로 여긴다. 그리고 그 이야기를 궁금해하는 사람들이 끊이지 않기에 골동품 전문점 코스테르망스는 오늘도 묵묵히 그 이야기를 풀어나간다. 역사를 소중히 여기는 사회와 사람들이 있기에 코스테르망스는 오랫동안 살아남을 수 있었다. 마찬가지로 코스테르망스처럼 사명감을 가지고 옛것을 지키려는 가게가 있기에 벨기에는 역사를 품고 그 깊이를 더해갈 수 있다.

1. 대를 이어 모은 희귀한 골동품들

코스테르망스 가족은 6대에 이어 세계 각국에서 직접 수집한 골동품을 판매하며, 애호가들 사이에서도 다양한 제품을 선보이기로 유명하다. 15세기부터 19세기에 유럽에서 제작된 모든 생활용품이 모여 있으며 골동품 하나하나마다 그 물건의 오랜 세월과 가게의 역사가 담겨 있다.

2. 작은 부품 하나까지 시대의 멋을 되살린다

판매뿐 아니라 복원을 통해 골동품을 되살린다. 작은 부품 하나도 제품이 만들어진 시대의 것을 사용해 물건이 지닌 본연의 멋을 살리고 골동품에 깃든 가족의 추억까지 복원해낸다. 이는 6대를 이어 다양한 골동품과 부품을 수집하고 보존해온 코스테르망스 가문의 노력이 있었기에 가능하다.

3. 6대를 이어온 기술로 국가 문화재를 복원

벨기에는 골동품뿐 아니라 국가의 역사적 건축물과 유럽의 예술 역사가 깃든 건축물을 지속적으로 발굴해가며 복원을 지원한다. 작은 골동품을 넘어, 국가 문화재 복원까지 담당하는 코스테르망스는 벨기에의 문화와 역사를 이어가는 가게로서 브뤼셀을 지킨다.

4. 역사와 실력으로 고객에게 신뢰를 준다

미술사 석사 학위를 받고 이탈리아에서 고미술품을 연구하며 풍부한 경험과 지식을 쌓은 아르노 사장은 감정사로 활동한다. 전문가한테 전문적인 의견과 감정을 받을 수 있는 데다 물건을 팔라고 부추기지 않기 때문에 고객들이 신뢰하고 찾아온다.

I N F O R M A T I O N

주 소 Grand Sablon 5, 1000 Brussels, Belgium
홈페이지 www.costermans-antiques.com
전 화 +32-2-512-21-33
영업시간 월-금 10:00~18:00

터키 구리공예 명가
카슬란 바크르즐륵

"손이 움직이는 한 나는 망치를 놓지 않을 것이다.
이것은 구리공예 장인의 의무다."
– 카슬란 바크르즐륵 5대 사장, 무랏 카슬란

🏠 　터키의 수도 이스탄불, 에미뉴 광장에 위치한 레스토랑. 이스탄불에서 일류 음식점으로 손꼽히는 이곳의 대표 메뉴는 터키의 전통 음식 케밥이다.

케밥은 수세기에 걸쳐 축적돼온 터키인들의 지혜가 깃든 음식이다. 귀한 음식은 귀한 그릇에 담긴다. 화려한 문양으로 조각된 구리 그릇들로 40년에서 50년 정도 사용해온 것들이다. 터키의 유구한 역사 속에서 예술과 더불어 살아온 터키인의 삶과, 터키의 역사와 행복을 담는 구리 그릇이다.

그 찬란한 유산을 지키기 위해 오늘도 선조의 가르침을 계승하는 사람들이 있다. 수천 번의 두드림으로 예술을 창조하는 사람들이다.

특별할 것 없는 도구로 예술을 창조하는 가게, 150여 년을 이어온 구리공예 명가 카슬란 바크르즐륵Kasilan Bakircilik에는 눈부신 구리공예 기술로 터키의 자긍심을 일깨우는 사람들이 있다. 터키의 천연 자원인 구리는 오랜 세월 동안 주방 용품에서 혼수 용품까지 터키인들의 삶 속에서 널리 이용되어왔다. 터키 구리공예의 명가 카슬란 바크르즐륵. 그들은 선조의 가르침과 장인 정신으로 전통의 맥을 잇고 있다.

가보가 되는 그릇

터키 남동부 최대 규모의 도시, 가지안테프는 실크로드가 통과하는 길목에 위치해 중세 시대 교역의 중심지 역할을 해왔다. 그래서 이곳에는 다양한 문명의 흔적이 가득하다. 그중 기원전 14세기 히타이트 시대부터 뿌리내린 철기 문화는 도시의 상징으로 자리 잡았다. 시내에 있는 바크르 시장은 우리말로 구리공예 시장을 뜻한다. 16세기에 형성된 곳으로 이슬람 문화의 신비로운 분위기가 매혹적이다. 이곳에서 파는 제품들은 정교한

가지안테프 곳곳에는 다양한 철기 문화의
흔적이 남아 있다.

세공으로 정평이 나 있다.

독특한 차림의 한 남자가 요란한 소리를 내며 시장 골목을 거닐고 있다. 그는 즉석에서 차를 파는 상인이다. 눈길을 끄는 것은 차의 맛보다 그가 가지고 다니는 도구다. 구리로 만든 받침대부터 커다란 수통까지, 보기에도 생소한 물건들이다. 구리라고 하지만 반짝이는 금빛인 이 구리 통을 벌써 5년째 사용하고 있다고 한다. "무랏이라는 사람의 가게에서 샀는데 그곳은 제품의 품질이 좋아서 보통 20년 정도 사용한다"고 한다.

수십 년을 쓰는 제품이 만들어지는 곳, 카슬란 바크르즐륵은 차를 파는 상인에게 들은 명성대로 입구부터 손님들로 북적인다.

시장은 물론 도시 안에서 가장 깊은 역사를 지닌 이 가게는 150여 년 전부터 부엌에 필요한 모든 주방용품을 판매해왔다. 그러나 손님들은 이곳의 제품을 단순한 부엌살림으로 치부하지 않는다. 구리 그릇은 요리할 때 사용하면 음식이 맛있어진다는 가지안테프의 명물이다.

터키의 여인들은 구리 그릇을 딸과 며느리까지 대를 물려 사용한다. 카슬란 바크르즐륵의 그릇은 가보와 같은 가치를 지닌다. 좋은 그릇 가게의 주인으로 누구보다 큰 자긍심을 갖고 있는 5대 운영자 무랏 카슬란 씨는 가게에서 가장 잘 팔리는 프라이팬을 보여준다. 냄비 형태를 띤 이 프라이팬은 달걀을 부치는 용도로 쓰이는데, 매일 터키인들의 식탁에 오르는 부엌 필수품이다. 단순하고 약해 보이지만 이 안에는 카슬란 바크르즐륵만

수작업으로 만든 프라이팬

의 기술이 담겨 있다. 모두 수작업으로 두드리고 그려서 만든 제품이다.

장인의 망치질은 계속된다

촘촘히 조각된 문양이 장식품에 가까울 만큼 눈부신 그릇들을 온전히 손으로 만들었다는 말을 믿기 힘들 정도다. 가게 밖 골목에 있는 작업장에서는 항아리에 꼭지를 다는 용접 작업이 한창이다. 모든 제품은 이곳에서 일하는 여섯 장인의 손을 거쳐 탄생한다. 이들은 모두 장인 인증서를 갖고 있다. 다른 사람에게 기술을 가르칠 수 있다는 증명서다.

보통의 가게에서는 홍보 도구로 쓰이는 장인 인증서이건만 이곳에서는 허름한 작업장 한편에 걸려 있다. 세월의 먼지에 새까매져서 알아보기도 힘들다. 파는 것보다 중요한 것이 완벽하게 만드는 것이기 때문에 별로 신경 쓰지 않는다. 무랏 사장은 이 증명서를 너무나 당연시 했기 때문에 이게 얼마나 중요한지도 몰랐다고 한다. 1860년대에 문을 연 이래로 늘 숙련된 기술자들과 함께해온 카슬란 바크르즐록. 구리공예 명가라는 가게의 명성은 장인의 힘으로 얻은 훈장이다.

가게 안이 분주하다. 케밥을 굽는 화덕의 환풍구 부분을 손보고 있다. 부엌에 쓰이는 모든 주방 도구를 만드는 이곳에서 그릇을 제외한 생활용품 제작은 경력 37년차의 장인 메흐멧 씨의 몫이다. 그의 대표 기술은 디자인이다. 그러나 메흐멧 씨 역시 여느 장인과 마찬가지로 디자인을 따로 공부한 적은 없다. 다만 여섯 살 무렵부터 가게 안에서 뛰놀며 장인들의 어깨 너머로 기술을 익혔을 뿐이다. 그러나 그의 솜씨는 시장 안에서 최고로 통한다.

그는 어려서부터 일하면서 머릿속에서 다양한 무늬들을 만들 수 있게 됐다. 어떠한 그림, 종이, 사진도 없었다. 모두 다 머릿속에서 만들어졌다.

구리공예의 노하우는 순전히 경험을 통해 얻어진다. 완성된 디자인 도안은 공방 안에 있는 또 다른 장인의 손길을 거치게 된다. 경력 50년의 메믹 씨는 구리판에 망치로 두드려 문양을 새긴다. 그림과 글자 사이사이를 동그란 무늬로 채우는 작업이다. 올해로 50년째 이 일을 해왔지만 그는 망치를 잡는 매순간이 긴장된다고 말한다. 만약 실수하게 되어서 한 부분이라도 망가뜨리면 하던 것을 버리고 새로 시작한다. 애써 그림을 그리고 자르고 두드린 모든 것이 다 소용없게 되어버린다. 결국 다시 작업해야 한다.

하루 반나절을 이 공간에서 요란한 망치 소리를 벗 삼아 일하는 사람들은 스스로를 망치의 예술가라 부른다. 망치 소리를 몇 십 년간 들어왔으니 직업병도 생겼다. 메믹 씨는 왼쪽 귀만 들린다. 37년째 이 일을 해온 장인 쉐리프 카즐란 씨도 힘들긴 마찬가지다. 피곤한 몸을 이끌고 집으로 돌아가 자려고 누우면 오른쪽 귀에 탕탕 망치 소리가 들린다고 한다. 그래도 그 소리가 싫지만은 않다. 이제는 익숙해져서 자장가처럼 들릴 정도다. 일을 하지 않는 시간에도 24시간 동안 망치 소리는 동반자처럼 따라다닌다.

시장 상인들이 모두 문을 닫은 시간이지만 카슬란 바크르즐륵의 일은 아직 끝나지 않았

케밥 식당 환풍구 작업을 위한 디자인 도안

다. 낮에 만든 환풍기 조각들을 조립해야 하기 때문이다. 이렇게 만든 환풍기는 터키는 물론 유럽 각지로 새 주인을 찾아간다.

가장 먼저 열리고 가장 늦게 닫는 가게에서 무랏 사장과 장인들은 오늘도 저녁때를 한참 넘기고 나서야 퇴근한다. 이렇게 퇴근이 늦어질 때면 무랏 사장은 항상 함께 식사하는 자리를 마련한다. 직원들과 함께 케밥 음식점 '아리프 베이' 레스토랑을 찾았다. 이곳은 5년 전부터 카슬란 바크르즐륵에서 만든 환풍기를 사용하고 있다. 사장 아리프 멜렉 씨는 환풍기에 대한 만족을 넘어 터키에 카슬란 바크르즐륵 같은 가게가 있다는 것에 자부심마저 느낀다. 100여 년 동안 가업으로 이 일을 하고 예술적으로도 뛰어난 가게는 흔치 않기 때문이다. 터키, 유럽에서도 물건을 팔며 가지안테프를 알리고 있으니 자랑스럽고, 가지안테프와 터키의 명성에도 매우 좋은 일이라고 믿는다.

식사를 하면서 무랏 사장은 직원들에게 감사의 말을 잊지 않는다.

"내일 또 고생할 텐데 여러분 덕에 가게가 잘 운영되고 있어요. 맛있게 드세요. 오늘 이 자리도 여러분에게 고마움을 표하기 위해 마련했습니다."

각기 다른 수백 가지의 제형 틀은 원판을 완벽한 그릇 형태로 만들어준다.

99.9퍼센트의 구리

제작과 더불어 원자재 구입을 담당하는 무랏 사장의 동생 무스렛 카즐란 씨는 수시로 구리 공장을 찾는다. 구리는 제품의 질을 결정하는 핵심 재료다. 불순물이 섞이지 않은 천연의 구리를 구입하는 것은 카슬란 바크르즐륵의 철칙이다. 좋은 상품을 위해서는 순도 100퍼센트의 구리가 필수다. 다만 0.01퍼센트의 오차는 있을 수 있기 때문에 구리 성분만으로 봤을 때는 99.9퍼센트다.

카슬란 바크르즐륵은 좋은 상품을 위해 좀 더 고품질의 구리를 얻으려고 노력한다. 그들에게는 너무나 당연하다. 순도 100퍼센트의 구리를 사용하려면 원자재 구입 비용은 더 비싸지지만 그렇게 하지 않으면 제품이 잘 팔리지 않을 것이다. 가게의 이름을 걸고 완벽하게 만들어야 한다는 책임감도 있다.

카슬란 바크르즐륵은 이곳 구리 공장에서 원판 모형으로 잘린 구리를

컵과 접시, 냄비 등 만들 제품의 크기에 따라 다양하게 구입한다. 모든 가게들이 원판을 사용하지는 않는다. 그릇의 모양을 갖춘 반제품이 늘어나는 상황에서 원자재를 고수하는 것은 전통을 지키려는 카슬란 바크르즐륵의 고집이라 할 수 있다.

원판이 도착하면 곧바로 제작이 시작된다. 먼저 프라이팬의 기본 형태를 잡는 작업을 한다. 제형 틀을 이용해 원판을 완벽한 그릇 형태로 만드는 일이다. 빠르게 도는 회전기에 원판을 끼우고 막대를 이용해 모양을 다듬는다. 기계의 힘을 조금 빌린다고는 하지만 순전히 팔의 힘으로 그릇을 빚는 것이다.

크기도 모양도 다른 제형 틀은 지난 150여 년간 수백 가지의 구리공예품을 만들어낸 가게의 보물이다. 150년 된 제형 틀도 있다. 호두나무로 만든 것인데 과거에는 이런 것을 사용했지만 지금은 철제를 사용한다.

그 누구보다 섬세한 공정으로 전통 구리공예의 맥을 이어가는 카슬란 바크르즐륵의 노력은 제품 하나가 완성되기까지 거치는 모든 제작 공정에 녹아 있다. 제형을 마친 그릇은 이제 하나의 예술품으로 거듭날 준비를 한다.

독창적인 문양의 예술

철로 만든 조각도와 망치, 40년 경력의 장인은 이 두 개의 도구만을 이용해 연필로 그림을 그리듯 쉽고 빠르게 문양을 새긴다. 작은 찻잔 하나를 장식하는 데 필요한 시간은 단 30분이다. 그릇에 새겨진 문양은 장인이 지나온 인고의 세월을 고스란히 품고 있다.

경력 40년의 장인 세닷 달오울루 씨는 수많은 무늬가 컴퓨터에 입력한 것처럼 머릿속에서 떠나지 않는다고 한다. "죽을 때는 잊히겠죠"라고 담담히 말하는 그에게서 40년의 세월이 고스란히 느껴진다. 그릇의 문양은 오랜 시간을 거치며 그에게 완전히 체화되어 떼려야 뗄 수 없게 되었다.

문양은 구리공예품 전체의 품질을 좌우한다. 한 달이 걸려 완성된 한 쟁반의 가격은 우리 돈으로 약 40만 원이다. 터키 직장인의 평균 월급 3분의 1에 달한다. 13세기 말 오스만제국 시대부터 전해져온 터키의 전통 문양이다. 오로지 사람의 손을 통해 완성된 이 정교한 조각은 전문교육 과정이 아닌 선조의 가르침으로부터 이어진 기술이다.

옛날에는 구리가 많지 않았다. 그래서 돌이나 유리, 교회 건물에 오스만제국 무늬를 망치로 새겨놓았다. 그걸 보고 자란 장인들이 따라하고 또 전해져오면서 구리에 이 문양들을 새기게 된 것이다.

컵부터 접시, 냄비까지 다양한 종류의 용품에 따라 각기 다른 크기의 원판들이 각 크기에 맞는 제형 틀에 끼워지는 순간 새 생명을 얻는다. 그 어떤 화려한 보석보다도 더 섬세하고 정교하게 새겨진 문양은 사람들의 눈

길을 사로잡기에 충분하다. 이곳의 장인들은 곧 예술가다. 그들은 예술품을 만든다. 자신의 자리에서 구리공예 장인의 자부심을 가지고 선조들의 전통 방식을 150년 동안 이어온 것이 카슬란 바크르즐록의 경쟁력이다.

문양이 완성되고 나면 구리 표면을 센 불로 뜨겁게 달군다. 구리를 부드럽게 만들기 위해서다. 환풍기처럼 따로 모양을 조립해야 하는 제품은 구리를 부드럽게 만들어 사용한다. 마지막으로 구리가 검어지는 것을 방지해주는 부식 방지 용액을 바르면 환풍기 제작을 위한 준비가 모두 끝난다. 이 용액을 칠해주지 않으면 금방 검어진다. 어느 예술품에 견주어도 그 아름다움이 뒤지지 않을 만큼, 독창적이고 화려한 카슬란 바크르즐록의 구리공예품 안에는 장인의 예술성뿐 아니라 터키의 전통이 담겨 있다.

총 나흘에 걸쳐 만든 장인들의 합동 작품이 완성되었다. 그나마도 일반 가게였다면 열흘이 걸리고도 남았을 것이란다.

팔았으면 철저히 수선해준다

카슬란 바크르즐룩은 전통 안에서 선조의 지혜를 읽는다. 공방으로 단골손님 파리테 토룬 씨가 찾아왔다. 2년 전에 구입한 프라이팬을 수선하기 위해 온 것이다. 그는 이곳을 35년간 이용하고 있다. 좋은 사람들이 진정한 공예품을 만들기 때문이다. 그는 이들이야말로 진짜 예술가들이라고 생각한다.

카슬란 바크르즐룩의 제품에는 수리의 유효기간이 따로 없다. 100년이 지난 제품도 얼마든지 가능하다. 녹이 슨 부분을 손보기 위해 찾아간 곳에서는 놀라운 광경이 펼쳐지고 있다. 그저 천으로 몇 번 문질렀을 뿐인데 그릇의 붉은빛이 순식간에 은색으로 바뀐다. 도대체 이 기술의 비밀은 무엇일까? 프라이팬을 전해 받은 남자는 가장 먼저, 알 수 없는 액체를 담아 뜨겁게 팬을 달군다. 그릇에 산성 용액을 넣고 달구면 표면에 붙은 이물질들을 없앨 수 있다고 한다. 그러고 곧바로 석회 가루를 뿌려 산성을 중화시킨다.

이제 본격적인 수선이 시작된다. 남자가 꺼내든 은색의 막대는 주석으로 구리의 부식을 막는 금속이다. 뜨겁게 달군 팬에 주석을 녹이고 목화솜으로 쓱쓱 닦아내듯 문지르면 검게 녹슨 부분에 은색의 주석이 입혀진다. 이 작업은 우리말로 착색, 염색. 터키어로는 칼라이즈라고 불린다. 칼라이즈를 마친 프라이팬은 또 다른 직원의 손으로 넘어간다. 이렇게 그릇에 윤을 내는 과정은 가게가 제공하는 서비스다. 2년을 써온 프라이팬이 새것처럼 말끔해졌다.

좋은 물건을 만들어 팔 뿐 아니라 무료로 수선까지 해주니 사람들은 이곳의 그릇을 한 번 사면 몇 십 년간 대를 이어 사용한다. 자주 사고 금방

버리는 요즘 같은 시대에 빨리
버려서 새로 사게끔 만들기보
다는 오래 사용하도록 돕는다.
소비자를 배려하고 물건을 소
중히 여기는 정신이 놀랍고 반
갑다.

프라이팬 수선을 위해 표면을 달구는 작업

구리공예의 미래를 위해

구리공예의 미래를 생각하는 무랏 사장의 마음가짐은 남다르다. 터키
의 유구한 역사를 가진 구리공예를 가지안테프의 명물을 넘어 터키를 대
표하는 고급 문화 상품으로 만들려고 한다. 구리공예의 전통을 되살리기
위해 구리공예 협회에서 많은 프로젝트를 준비하며 다시 한 번 화려한 비
상을 꿈꾸고 있다.

토요일 아침, 무랏 사장이 출근에 앞서 시내로 발길을 돌려 가지안테프
구리공예 협회로 갔다. 이곳에서 중책을 맡고 있는 무랏 사장은 최근 구리
공예 장인들과 함께 지역 차원의 사업을 진행 중이다.

현재 구리공예 협회에서는 구리공예와 관련된 일거리를 만들고 작업자
를 모집하는 프로젝트를 진행 중이다. 사람들은 이 프로그램을 통해 지원
하고 무랏 사장은 직원을 뽑는다. 50명을 모집하고 그중에서 6, 7명을 고
르는 것이다. 기계가 아닌 직접 손으로 일할 수 있는 장인의 후계자들을
뽑은 다음 그들에게 공동 작업장 또는 개인 작업장을 내주고 일을 할 수
있도록 교육할 것이다.

자동화와 대량생산, 다양한 재료로 만든 그릇들이 나오면서 구리공예

시장은 점차 쇠퇴하고 있다. 요즘은 장인들도 자식에게 일을 물려주지 않는 상황이다. 카슬란 바크르즐륵 역시 아직 정해진 후계자가 없다. 그래서 장인들은 구리공예의 역사를 이을 방법을 스스로 강구하고 있다.

이 프로젝트도 그 고민의 일환이다. 전통을 지키고 터키의 문화를 알리기 위해 끊임없이 노력하는 구리공예 명가 카슬란 바크르즐륵은 살아 있는 터키의 문화 그 자체다.

카슬란 바크르즐륵은 매주 토요일마다 대량의 주전자를 타 지역으로 납품한다. 일주일에 200개를 보내니까 한 달이면 1천 개다. 이 주전자들은 이스탄불의 고급 레스토랑과 호텔 등지에서 사용될 것이다. 가지안테프의 명물을 넘어 터키를 대표하는 고급 문화 상품으로서, 무랏 사장은 쇠퇴해가는 구리공예의 전통을 되살리기 위해 새로운 길을 찾고 있다. 앞으로는 더 크고 번화한 곳에 판매할 생각이다. 고급 제품을 만들기 위해서도 노력하고 있다. 호텔이나 레스토랑, 궁전 같은 곳에도 판매할 계획이다.

어김없이 열린 구리공예 시장은 첫 문을 열었던 500년 전과 다르지 않은 모습으로 사람들을 맞는다. 카슬란 바크르즐륵은 누구보다 먼저 장사를 준비한다. 공방에서 울려 퍼지는 망치 소리가 시장의 아침을 경쾌하게 깨운다.

망치를 꺼내 든 무랏 사장이 프라이팬을 두드린다. 촘촘히 새겨지는 동

프라이팬을 두드리는 작업은 구리 그릇의 문양을 완성하는 필수 과정이다.

그란 자국들은 수백 년을 이어온 구리 그릇의 기본 문양이다. 이 작업은 제품의 강도를 높이는 역할도 한다. 구리는 두드릴수록 단단해지기 때문이다. 단순한 담금질에도 노련한 기술이 필요하다. 촘촘하게 망치질을 해야 할 때는 더 많이 두드리기 때문에 무척 힘이 든다.

그래도 무랏 사장은 기계를 사용하면 귀한 물건이 될 수 없다고 단언한다. 다른 가게에서는 기계로 만들기도 하지만 귀중한 것은 망치로 만든다는 신념을 버릴 수 없다.

"저희가 기계보다 나아요. 기계가 하지 못하는 작업까지 다 할 수 있으니까요."

무랏 사장은 얼마 남지 않은 구리공예 장인 중 한 명으로서 많은 일을 겪어왔다.

"앞으로 모든 이의 형이자, 웃어른으로서 이 구리공예 기술을 계속 전승할 것입니다. 그리고 카슬란 바크르즐록이 더욱 성장할 수 있도록 노력할 것입니다."

선조의 가르침으로 150년을 이어온 전통의 두드림은 앞으로도 멈추지 않을 것이다.

1. 전통의 맥을 잇는다

5대째 구리공예 명가의 명맥을 이어오고 있는 카슬란 바크르즐륵은 특별하지 않은 도구로, 선조들의 가르침으로 습득한 전통의 기술을 이용해 터키 구리공예의 맥을 이어간다. 세기를 넘어 사랑을 받는 이유다.

2. 장인의 손끝에서 이루어지는 100퍼센트 수제작 공정

제작부터 문양을 넣는 작업까지 수십 년간 구리공예품을 만들어온 장인들은 밑그림 없이 날카로운 철침 하나로 화려한 구리공예품을 탄생시킨다. 기계를 사용하면 귀한 물건이 될 수 없다는 원칙으로 수작업을 고집한다.

3. 순도 높은 원자재

카슬란 바크르즐륵의 구리 그릇은 불순물이 섞이지 않은 순도 100퍼센트 구리로 만든다. 원자재 구입 비용은 더 비싸지지만 사람들의 기대를 저버리지 않기 위해, 가게의 이름을 지키고 완벽한 제품을 만들기 위해 최고의 구리를 찾는다.

4. 구리공예의 전통을 되살리기 위한 노력

무랏 사장은 구리공예 장인들의 대를 잇기 위해 구리공예 기술을 가르치는 학교를 만들고 구리공예와 관련된 일자리를 창출하기 위한 프로젝트를 진행하고 있다. 장인으로서 후계자를 양성하고 구리공예의 전통을 잇기 위한 노력이 이곳을 더욱 오랫동안 보존할 것이다.

INFORMATION

주 소   Boyacı Mah. Bakırcılar Çarşısı Pir Sefa Sok. No:21 D:32 Tabakhane, Şahinbey, Gaziantep, Istanbul, Turkey

전 화   +90-342-231-45-37

이탈리아 곤돌라 조선소
도메니코 트라몬틴

"끊임없이 일하고 싶은 욕구,
그것이 우리의 역사를 있게 한 힘이다.
힘이 다하는 날까지 나는 이 일을 멈추지 않을 것이다."
― 도메니코 트라몬틴 4대 사장, 로베르토 트라몬틴

베네치아의 역사를 상징하는 곤돌라

천 년의 역사가 흐르는 도시로 118개의 섬들이 크고 작은 400여 개의 다리로 이어져 있는 베네치아는 '물의 도시'라 불린다. 이곳에는 세 가지 교통수단이 있다. 먼저 '바포레토'라는 이름의 배는 작은 유람선처럼 생긴 수상버스다. 지붕이 있고 꽤 많은 좌석이 마련되어 있다. 그리고 수상버스보다 크기가 작아서 소수의 인원만 탈 수 있는 수상택시가 있다. 수상버스와 수상택시는 베네치아의 대운하를 운항한다. 마지막 교통수단은 곤돌라다. 길이 10미터, 너비 1.5미터의 크기로 나무로 만들어진 작고 예쁜 배다. 고풍스러운 장식이 곁들어지고 앞뒤가 뾰족하며 전체적으로 초승달 같은 모양이다. 곤돌라는 베네치아의 역사를 상징하는 배이기도 하다.

뱃사공이 직접 노를 저어 운항하는 곤돌라는 11세기경부터 사용되어 온 베네치아의 대표적인 교통수단이다. 그러나 모터를 쓰는 수상버스와 택시가 보급되면서 현재는 관광객들의 유람용으로 이용되고 있다.

대운하를 중심으로 미로처럼 뻗은 골목 같은 물길은 곤돌라만이 지날 수 있는 뱃길이다. 베네치아 하면 대운하와 산마르코 성당이 유명하지만 그것만이 전부는 아니다. 베네치아의 뱃사공들은 작은 운하야말로 진정한 베네치아라고 말한다. 그리고 이런 작은 운하는 오직 곤돌라를 이용해서 만 볼 수 있다.

중세의 멋을 그대로 간직한 수상 가옥들이 이어진다. 곤돌라는 좁은 수로 구석구석을 누비며 도시의 낭만을 소개한다. 물길을 따라 들어선 또 다른 골목에 도메니코 트라몬틴Domenico Tramontin이 있다. 긴 배들이 빼곡하게 들어찬 작업장이다. 이곳은 이탈리아어로 '스퀘로'라고 불리는 곤돌라 조선소다. 현재 베네치아에는 총 다섯 곳의 스퀘로가 있다. 그중 도메니코 트라몬틴은 전통 수공 방식으로 곤돌라를 제작하는 유일한 조선소로 지난 128년 동안 베네치아의 물길을 지켜왔다.

옛 방식이 가장 훌륭하다

베네치아 물길과 더불어 이탈리아 조선업의 역사를 항해하는 곤돌라 명가 도메니코 트라몬틴은 베네치아의 유구한 역사의 상징을 만든다. 1884년 창업 후 지금까지 3천 척 이상의 곤돌라를 만들어왔다.

이들이 만든 곤돌라에는 가문의 자부심이 담겨 있다. 증조할아버지 때부터 이어온 전통은 이제 4대째 로베르토 씨가 맡고 있다. 그는 완벽한 곤돌라를 만들기 위해 밤낮으로 일한다. 수십 명의 직원을 둔 다른 조선소들과 달리 도메니코 트라몬틴의 직원은 단 네 명뿐이다. 가게의 4대 사장 로베르토 씨는 소수의 인원만으로도 최상의 곤돌라를 만들 수 있다고 자부한다. 배의 모든 설계도가 자신의 머릿속에 있기 때문이다.

작업장에는 곤돌라를 10분의 1로 축소해놓은 조각배가 있다. 도메니코

128년의 역사를 자랑하는 도메니코 트라몬틴 조선소

트라몬틴이 창업 당시부터 만들어온 곤돌라의 원형이다. 다른 조선소들의 곤돌라는 모양이 약간 변형되었지만 그는 항상 이 모양을 유지해 곤돌라를 만든다. 그가 보기에 가장 아름다운 형태이며 최고 수준에 도달했기 때문에 더 이상의 변형은 필요 없다고 생각하는 것이다.

조선소 외벽에는 목재들이 가득 쌓여 있다. 도메니코 트라몬틴은 곤돌라 한 척을 만드는 데 총 여덟 종류의 나무를 사용한다. 나무마다 특징이 모두 다르다. 참나무는 튼튼하기 때문에 배의 측면과 갑판을 만드는 데 사용한다. 그리고 느릅나무는 탄력성이 있어 곤돌라의 뼈대로 쓰이고 충격을 완화시키는 역할을 한다.

도메니코 트라몬틴은 구입한 목재를 바로 사용하지 않는다. 짧게는 1년, 길게는 5년 동안 자연 속에서 건조시킨다. 수분이 있는 목재를 사용하면 나중에 크기가 줄어들고 배에 물이 찬다.

건조시킨 목재는 각각의 쓰임새에 따라 모양을 다듬는 가공 과정을 거

곤돌라를 축소해놓은 모형

친다. 곤돌라 선미의 목판을 기울이는 작업에는 불을 사용한다. 센 불로 열을 가하는 동시에 수시로 물을 적셔준다. 이때 발생하는 수증기는 딱딱한 나무를 유연하게 만든다. 그리고 체중을 실어 눌러주면 나무는 자연스럽게 휘어진다. 나무를 기울이는 가장 좋은 방법이 불을 가하는 것이다. 스팀을 사용하는 방법도 있지만 로베르토 사장은 불과 물을 사용하는 게 더 편하다고 한다.

선체 전면이 곡선으로 이루어진 곤돌라의 완성도는 곧은 목판을 구부리는 작업에 달려 있다. 도메니코 트라몬틴은 제작에 쓰이는 280여 개의 목재 조각들을 모두 이와 같은 방법으로 가공한다. 다른 곳에서는 두 개의 목판을 접착제로 붙여 사용하기도 하지만 그렇게 하면 이처럼 자연스러운 곡선이 나오지 않는다. 전통 방식이 가장 훌륭한 방식이라는 것을 알기에 100년이 넘어서도 고집하고 있다.

한 시간가량의 가공과정 끝에 선미의 덮개로 쓰일 목재 조각이 완성됐다. 약 150도 각도로 굽은 목판이 만들어진 것이다. 이어서 로베르토 사장은 대패를 이용해 목재 조각의 각진 부분을 매끄럽게 다듬는다. 이 대패는 80년이나 된 것으로 로베르토 사장의 할아버지가 쓰던 것이다. 4대 사장인 그는 여전히 대를 이어 사용해온 도구들로 일한다.

가게가 지나온 세월을 짐작케 하는 오래된 도구들이 가득 메운 조선소 벽면에는 사진 한 장이 있다. 로베르토 사장과 그의 아버지 네디스 트라몬틴

씨가 함께 찍은 사진이다. 3대 사장이었던 네디스 씨는 7년 전 83세의 나이로 세상을 떠났다. 그는 숨지기 전, 마지막 날까지 일했다. 아무 일도 없다는 듯 여느 때와 같이 일했다.

80년된 대패

튼튼한 곤돌라를 만들기 위한 노력

곤돌라의 가격은 한 척에 평균 3만 5000유로이다. 뱃사공들은 한번 구입한 곤돌라를 길게는 30년간 사용한다. 시가지에 위치한 곤돌라 선착장에서 만난 뱃사공 필라베르 씨는 트라몬틴으로 향하는 중이다. 수리를 맡긴 곤돌라의 상태를 점검하기 위해서다. 36년 경력의 뱃사공 필라베르 씨는 며칠 전 도메니코 트라몬틴에 곤돌라 수리를 부탁했다. 18년 전 필라베르 씨가 구입한 곤돌라는 로베르토 사장이 혼자 힘으로 완성한 최초의 작품이기도 하다.

완성도 높은 제품을 만드는 것과 더불어 작은 부분이라도 철저히 보수해주는 것이 운영 철칙이다. 그래서 뱃사공들은 항상 도메니코 트라몬틴을 이용한다.

연매출은 약 1억 원인데 보수로 버는 매출이 60퍼센트를 차지한다. 요즘은 곤돌라를 1년에 한척만 만들고 수리를 많이 한다. 도색 작업, 바닥수리 작업, 일반 유지 보수 작업 등이다.

칠이 벗겨진 선면 보수 작업을 보면 도색 방법이 특이하다. 검은색 안

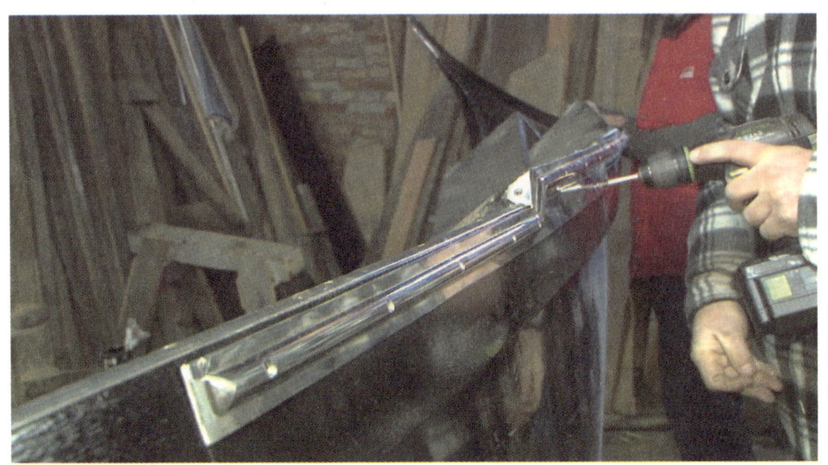

곤돌라의 선체 충격을 완화하는 스테인리스 강철

료를 섞어 만든 에폭시 수지를 사용해 나무에 난 구멍을 메운다. 기온 변화에 강하고 접착성이 뛰어난 에폭시 수지 도료는 나뭇결 사이사이에 스며들어 목재의 부식을 방지한다.

곤돌라는 모두 검은색이다. 1562년 당시 베네치아 총독이 곤돌라는 검은색이어야 한다는 법령을 만들었고 그 후로 검은색으로만 칠하게 된 것이다. 당시 곤돌라를 눈에 띄게 치장하기 위해 금색, 은색 등을 칠하고, 장식에 너무 큰 비용을 들이는 사치를 부렸기 때문에 총독이 곤돌라 치장을 멈추게 하고 모두 검은 색상의 곤돌라를 만들게 했다.

나무로 만든 곤돌라는 외부의 작은 충격에도 쉽게 손상을 입는다. 도메니코 트라몬틴은 이 문제를 해결하기 위해 스테인리스 강철을 사용한다. 안팎으로 둘러 충돌 시 곤돌라의 선체를 보호하는 역할을 한다. 알루미늄은 바로 산화가 시작되고 한 달만 지나도 하얀 점들이 생기지만 스테인레스 강철은 녹이 슬지 않고 소금물에 산화되지도 않는다. 선체의 3분의 1

이 물속에 잠기는 곤돌라는 부식에 강해야 한다.

곤돌라를 만들 때 쓰는 못 역시 아연을 입혀 바닷물에도 잘 견디도록 만든다. 이 모든 것이 강한 곤돌라를 만들기 위한 도메니코 트라몬틴의 숨은 노력으로, 모든 부품 하나하나에 담겨 있다.

최고가 되고 싶다면 남에게 가르쳐라

1884년 창업을 시작으로 4대에 걸쳐 곤돌라를 제작해온 트라몬틴 가문의 기술은 아버지에게서 아들로 계승되었다. 그러나 현재는 조선소를 이어갈 5대 후계자가 없다. 로베르토 사장은 최근에 큰 결심을 했다. 가족이 아닌 도제들에게 가문의 제작 기술을 전수하기로 한 것이다.

하루의 반 이상을 로베르토 사장과 함께 보내는 도제 엔리코 씨는 이제 4년차에 접어들었다. 42년 경력의 로베르토 사장과 함께 하는 작업은 그 자체가 수업이다. 로베르토 사장은 말한다.

"한두 달 만에 배울 수 있는 일이 아니에요. 난 이 작업을 이해하는 데만 24년이 걸렸어요. 지금도 어떤 부분은 배우고 있는 중이라고 생각해요."

도메니코 트라몬틴은 조선업을 배우는 이들에게 최적의 학습장으로 꼽힌다. 무보수인데도 불구하고 조선소의 허드렛일을 도맡아 하는 수습생 바티스타 씨는 4개월 전 고국 프랑스를 떠나 이곳을 찾았다.

"여기에 오기 전까지 아무것도 할 줄 몰랐어요. 이런 저를 받아주고 일을 가르쳐준다는 것 자체가 행운이에요."

로베르토 사장은 어떤 일을 잘하고 싶다면 다른 사람에게 그 일을 가르쳐주면 된다고 말한다. 그래야 세상이 발전한다는 것이다. 그러면 죽은 뒤

4대 사장, 로베르토 트라몬틴

에도 그 사람은 살아 있는 것과 같다. 자신의 모든 것을 혼자만 간직한다면 죽음과 동시에 이루어놓은 것들도 사라질 것이다. 노하우와 기술을 나누어줌으로써 죽은 후에도 영원히 살 것이라고 믿는다.

오후 5시가 되면 일을 마친 엔리코 씨는 서둘러 집으로 향해 또다시 배 제작에 관련된 책들을 뒤적이며 몰두한다. 그저 나무 만지는 일이 좋아 무작정 곤돌라 제작에 뛰어들었고 4년이 지난 지금, 곤돌라 장인을 꿈꾼다. 이렇게 책에서 보는 것들을 자신이 만든다는 것이 무척이나 자랑스럽다고 한다. 그는 배 도면을 붙여놓고 늘 보면서 익히려고 한다. 눈을 감고도 곤돌라를 만들 줄 아는 경지가 되고 싶은 그의 머릿속에서는 배 생각이 한시도 떠나지 않는다. 그는 돈과 명예 같은 것에는 아직 관심이 없다. 오직 제힘으로 만든 배 한 척을 꿈꾼다. 스물일곱 청년이 바라는 것은 그것뿐이다.

그가 보는 사진 속 배는 약간 부서지고 어지러워 보이지만 그는 그런 배를 꿈꾼다. 계속 사용되고 있다는 뜻이기 때문이다. 쓰이지 않는 배는 그에게 가치가 없다. 정돈된 배는 사용하지 않는 배라는 뜻이다. 앞으로 그가 만들 배는 비록 낡고 거칠지만 뱃사공의 사랑을 받고 뱃사공의 손길과 숨결이 담긴 따뜻한 곤돌라일 것이다.

뱃사공들이 인정하는 배

이탈리아에서는 곤돌라를 운행하는 뱃사공을 '곤돌리에레'라고 부른다. 도메니코 트라몬틴은 누구보다 곤돌리에레의 입장을 고려해 곤돌라를 제작한다.

곤돌라는 좌측 굴곡과 우측 굴곡이 다르다. 오른쪽보다 왼쪽이 24센티미터가량 더 넓다. 한 개의 노를 사용하는 곤돌라 사공이 배를 저을 때 힘이 덜 들게 하기 위해서다. 왼쪽이 더 둥근 곤돌라는 물 위에서 왼쪽 방향으로 회전한다. 이때 뱃사공은 오른쪽에서 노를 저어 배를 직선으로 운항한다. 곤돌라 사공이 탄 상태에서 선미와 선수를 연결한 선이 수면과 평행해야 한다는 원칙이 있다. 도메니코 트라몬틴은 뱃사공의 체중에 따라 선미의 높이를 조절해 배의 수평을 맞춘다. 뱃사공과 승객의 안전을 지키기 위해서다. 다른 조선소들은 기본형으로만 배를 만들고 곤돌라 사공의 증량을 계산하지 않는다. 그렇게 되면 곤돌라 사공의 체중이 무거울 경우, 뱃머리가 위로 올라가버린다.

이처럼 뱃사공의 편의를 생각하는 곤돌라를 만들기에 트라몬틴은 뱃사공들의 사랑을 한 몸에 받고 있다. 배 한 척, 한 척에 특별한 개성이 담긴 이곳의 곤돌라는 베네치아의 자부심이다.

현재 베네치아엔 총 425명의 곤돌라 뱃사공이 있다. 도메니코 트라몬틴을 지탱하는 가장 큰 힘은 뱃사공들의 신뢰다.

"곤돌라 사공들이 저희 제품의 가치를 인정합니다. 제가 관찰한 바로는 저희와 다른 조선소의 가격 차이는 별로 없습니다. 그러니 품질에 승부를 걸어야 합니다."

비단 뱃사공들만이 도메니코 트라몬틴의 기술력을 인정하는 것은 아니다. 사보이아 왕족에게 배를 납품해 가문의 문장을 선물 받았고, 베네치아 경찰에 배를 공급할 만큼 숙련된 기술을 인정받고 있다. 베네치아 상공회의소에서 2년마다 정예의 인물만 선정해 수여하는 산업혁신상을 받기도 했다.

한 달에 한 번 엔리코 씨는 로베르토 사장을 대신해 거래처를 방문한다. 조선소에서 10분 거리에 위치한 주물 업체 '벨리제'다. 이곳은 곤돌라의 장식품을 전문으로 제작하는 곳이다. 천 년의 역사를 가진 곤돌라와 마찬가지로 장식품 또한 오랜 전통을 품고 있다. 99년 동안 이곳 베네치아에서 그 전통을 이어왔다.

벨리제는 트라몬틴과 '엘 펠체'라는 협회에 함께 소속되어 있다. 트라몬틴 사와는 협력 관계로 트라몬틴이 이곳에 손님을 보내준다.

베네치아 곤돌라 협회 엘 펠체에는 조선소를 비롯해 장식품 주물 공장, 노 제작소 등 곤돌라와 관련된 제품을 제작하는 26개의 업체가 소속되어 있다. 협회에서 활동하는 업체들에게는 공통점이 있다. 수공으로만 제품을 만든다는 것이다.

또 다른 골목에는 곤돌라의 노와 받침대를 만들어 판매하는 가게 '레포르콜레'가 있다. 37년 경력의 장인이 운영하는 이 가게 역시 베네치아 곤돌라 협회에 소속되어 있다. 사장 세베리오 파스토르 씨는 트라몬틴 사를 전적으로 신뢰한다. 120년 이상의 경험이 있는 곳을 믿지 않으면 어디를 믿을 수 있겠는가.

베네치아의 상징, 곤돌라는 이렇게 서로 신뢰하고 돕는 협력 업체들의 힘으로, 장식품과 노 그리고 배 등 각 분야별로 나뉜 장인들의 손길을 통해 완성된다.

전통과 현대의 조화를 거듭한다

조선소에 손님이 찾아왔다. 오전에 구입해놓은 장식품을 살펴보는 이 남성은 도메니코 트라몬틴의 배를 구입하기 위해 멀리 캐나다에서 찾아온 고객이다. 그는 4개월 전 인터넷 검색을 통해 도메니코 트라몬틴을 발견한 후 곧바로 배 제작을 의뢰했다고 한다.

'산돌로'라는 베네치아 전통 배인데 곤돌라와 같은 역할을 하던 배다. 캐나다에서 택시로 사용할 예정이라고 한다. 긴 제작 기간과 적지 않은 비용을 감안하고, 굳이 이곳에서 배를 구입하려는 이유는 전 세계 어디에도 산돌로를 만드는 곳이 없기 때문이다.

전통을 지키는 최선의 방법은 거듭된 도전이다. 로베르토 사장은 최근 새로운 도전을 준비하고 있다. 해충으로부터 목재를 보호하는 주거용 방충제를 이용하는 것이다.

북유럽에는 나무로 된 집들이 많은데 이 물질을 사용해 여러 가지 질병을 예방할 수 있었다. 그렇다면 '배에도 사용할 수 있지 않을까?' 하는 아이디어가 떠오른 것이다. 아무도 그런 생각을 못했지만 로베르토 사장은 시도해보기로 했다. 결코 사소하지 않은 이 도전들을 통해 도메니코 트라몬틴의 곤돌라는 더욱 견고해질 것이다.

다른 사람들이 하는 것처럼 항상 같은 방식으로 제작할 수도 있지만 로베르토 사장은 도전과 변화를 두려워하지 않는다. 곤돌라를 더 잘 유지할 수 있도록 해주는 새로운 제품에 대해 항상 열려 있다.

로베르토 사장은 자신이 발견한 신기술을 베네치아를 위해 사용하기로 했다. 곤돌라를 정박시키는 나무 기둥에 적용하기로 한 것이다. 물속의 해충들 때문에 수시로 교체해야 했던 나무 기둥은 도시의 골칫거리였다. 이

베네치아 전통 배 '산돌로'

신제품을 배를 묶어두는 기둥에 사용하면 나무 기둥의 수명을 늘릴 수 있을 것이라고 생각한다. 앞으로 1년의 테스트를 거치고 나면 베네치아 전역에서 통용될 것이다.

큰 비용을 절감할 수 있기 때문에 베네치아를 위한 좋은 일이기도 하다. 게다가 자연에도 해가 안 되고 친환경적이다. 그는 자신이 할 수 있는 한 베네치아를 위해 최대한 노력할 것이다.

가업을 넘어 도시의 전통을 지키려는 도메니코 트라몬틴의 정신. 이들의 곧은 정신이 담긴 곤돌라는 앞으로도 지금과 같은 모습으로 베네치아의 물길을 가를 것이다.

1. 전통 방식에 따른 목재 가공법

도메니코 트라몬틴은 곤돌라 한 척을 만들 때, 총 여덟 가지의 나무를 사용한다. 유연성이 필요한 곳과 견고함이 필요한 곳 등 각 부분이 갖춰야 할 특징이 모두 다르기 때문이다. 또한 목재를 가공하는 방식이나 목판을 구부리는 작업에서도 전통 방식을 이용해 완성도를 높인다.

2. 뱃사공을 배려한 제작

도메니코 트라몬틴의 곤돌라는 뱃사공에 따라 그 형태를 달리한다. 몸무게에 맞춰 선체 밑판의 면적을 조절하고, 뱃사공의 취향에 따라 뱃머리의 장식도 달라진다. 또한 사공이 배를 저을 때 힘이 덜 들게 하기 위해서 좌측 굴곡과 우측 굴곡이 다르게 하는 등 사용자를 위한 배려가 뱃사공들을 사로잡는 비결이다.

3. 튼튼하게 만들고 철저히 수리해준다

스테인리스 강철을 이용해 충돌 시 선체를 보호하도록 하고 못에도 아연을 입혀 바닷물에도 잘 견디도록 만든다. 강한 배를 만들기 위한 노력이 부품 하나하나에 들어가고 판매 후에도 작은 것까지 철저히 보수해준다.

4. 제작 기술을 전수한다

로베르토 사장은 자신이 가진 기술을 나누려고 애쓴다. 후계자가 없지만 가족이 아닌 도제들에게 가문의 제작 기술을 전수하고 있다. 자신이 죽은 후에도 기술과 전통이 이어지기를 원하기 때문이다.

5. 도전을 거듭한다

환경오염을 방지하는 신소재를 이용해 아름다운 색감을 살리는 신기술까지 전통과 현대의 조화를 이루는 것이 도메니코 트라몬틴의 첫 번째 경영 철칙이다. 훌륭한 배를 만들 수 있다면 새로운 방법이나 변화도 두려워하지 않고 시도한다.

I N F O R M A T I O N

주 소	Dorsoduro 1542 – 30123 Venezia, Italy
홈페이지	www.tramontingondole.it
전 화	+39-41-5237762

터키 신발 명가
데뎀 오스만르 챠륵

"신발을 제대로 만들기 위해 30년을 배워왔다.
끝없는 배움이 우리를 미래로 이끈다."
– 데뎀 오스만르 챠륵 4대 사장, 후세인 코파르

아시아 대륙 서쪽 끝에 있으면서 유럽과 접한 나라 터키는 지리상 동서양의 교차로에 있어 문화 역시 혼재되어 있다. 국민의 99.8퍼센트가 이슬람교도이기에 우리에게는 낯설지만 신비롭고 화려한 이슬람 문화를 볼 수도 있다. 터키는 13세기 말 오스만투르크제국이 성립되면서 시작되었는데 그때의 전통을 아직도 이어가는 곳이 있다. 600여 년의 역사를 지닌 터키 전통 신발 '챠륵'을 만드는 곳이다.

터키의 남동부에 위치한 도시 카라만마라쉬의 정취 있는 거리에는 신발을 만드는 코파르 가족의 터전, 데뎀 오스만르 챠륵Dedem osmanlı çarık이 있다. 챠륵은 생가죽을 손으로 꿰매 만든 오스만제국 시대의 전통 신발에서 유래했다. 이 전통 신발은 역사 속에서만 머물지 않는다. 전 세계적으로 인기를 모은 영화 〈해리포터〉에서 주인공들이 신은 신발은 이곳에서 만들어졌다. 챠륵은 과거가 아닌 현대의 또 다른 예술품으로 인정받고 있는 것이다.

공방에서 가죽 냄새와 함께 39년을 보낸 장인이자 이 가게를 운영하는 후세인 사장은 다른 일은 해본 적이 없다. 평생을 챠륵밖에 모르고 살았다. 누군가에게는 아무 의미 없는 일일지 모르겠지만 그는 이 일을 무척이나 사랑한다.

174년간 선대의 발자취를 따라 걸어온 신발 제작의 길은 이제 역사를 넘어 세계로 걸음을 옮긴다.

신발 그 이상의 예술성

동이 터오는 이른 아침, 데뎀 오스만르 챠륵의 4대 사장 후세인 코파르 씨의 하루가 시작된다. 아내 샤라프 코파르 씨는 아침 식사를 준비한다.

두 조각의 가죽은 신발 그 자체다.

긴 가죽 끈으로 구멍 사이를 엮는 차룩

수십 년에 걸쳐 반복해온 코파르 가족의 평범한 일상이다. 따뜻한 홍차와 올리브 그리고 치즈와 빵으로 간단히 식사를 마친 후세인 씨는 항상 7시를 넘기기 전 집을 나선다.

푸른 새벽을 뚫고 차로 달려 도착한 카라만마라쉬의 거리는 아직 잠에서 깨지 않았다. 그 시각, 출근을 서두르는 또 다른 남자가 있다. 후세인 사장의 동생이자 이 일의 동반자인 메흐맷 코파르 씨다. 집에서 10분 거리에 있는 시장 안에 자리 잡은 작은 공방이 후세인 씨의 일터다.

작업을 시작하기에 앞서 가장 먼저 준비하는 것은 재단도 가공도 되지 않은 천연 가죽이다. 따라할 본도, 미리 그어놓은 선도 없다. 후세인 씨는 오로지 손과 칼만을 이용해 능숙하게 가죽을 잘라낸다. 그는 이 가죽으로 신발을 만든다.

발의 형태도 제대로 갖추지 않은 두 조각의 가죽을 재단한다. 그의 말대로 이 가죽은 신발 그 자체다. 스무 개 남짓한 구멍을 뚫고 긴 가죽 끈을 이용해 실로 꿰매듯 구멍 사이를 엮는다. 가죽 이외의 다른 재료는 필요 없다. 처음 이 신발을 신은 사람들은 동물 가죽을 사용해서 만들었다. 그

작업장에서 5분 거리에 있는 가게 '데뎀 오스만르 챠륵'

리고 챠륵이라 불렀다.

후세인 사장은 1972년에 수습생으로 이 일을 시작했다. 아버지, 할아버지와 같이 일했고 할아버지는 이 일의 의미를 가르쳐주었다. 그 후 39년 동안 매일 해온 일이다.

챠륵을 만드는 데는 장인의 손 외에 다른 도구나 기계는 필요하지 않다. 다만 사람의 온기를 품은 손이 가죽과 실을 만나 예술을 창조한다. 13세기 말부터 이어져 내려온 터키의 전통 가죽 신발 챠륵은 유목민 생활을 해온 터키의 조상들이 신던 신발로, 가죽 조각을 긴 끈으로 꿰어 발목까지 둘러 묶는 것이 특징이다. 유목민의 발을 든든하게 보호하던 아주 실용적인 이 신발은 현대로 오면서 기능을 넘어 미적인 면으로도 인정받는다. 이제 터키에 남은 유목민은 극소수에 불과하지만 챠륵은 지켜야 할 민족의 유산으로 자리 잡았다.

공방에서 5분 거리에는 공방에서 만든 제품들을 판매하는 가게가 따로 마련되어 있다. 이곳에서 후세인의 동생 메흐맷 코파르 씨가 판매를 맡고 있다. 카라만마라쉬는 물론 터키에 남아 있는 유일한 챠륵 가게다. 사람들은 이 가게의 신발에서 선대로부터 이어진 터키인의 생활양식과 예술성을 발견한다.

자연을 품은 재료들

가게가 있는 시내에서 차로 10분을 달리면 질 좋은 가죽을 생산하는 유명한 마을이 있다. 동물성 기름을 칠해 가죽을 부드럽게 만들고 고급 제품으로 완성한다. 기름칠을 한 천연 가죽은 챠륵 제작의 기본이 되는 재료다.

후세인 사장은 일주일에 한 번 이곳에 들러 직접 최고 품질의 가죽을 구입한다. 그는 가죽 표면이 매끄러운지, 자국은 없는지, 상한 곳은 없는지 등을 찬찬히 살핀다. 챠륵을 만드는 이가 모든 재료를 직접 확인하고 구입하는 것은 선대로부터 물려받은 데뎀 오스만르 챠륵의 전통이다. 뻣뻣한 가죽을 가져간다면 작업하는 사람이 더 힘들어질 것이며 손님들에게 완벽한 제품을 선보일 수 없다는 것을 누구보다 잘 알고 있다.

데뎀 오스만르 챠륵은 신발을 만들 때 세 가지 가죽을 사용한다. 소와 염소 그리고 양가죽은 174년 전부터 고집해온 전통 재료다. 가죽은 각각의 특성별로 쓰임새가 나뉜다. 예를 들어, 밑창을 만드는 데는 가죽 중에서 가장 두꺼운 물소 가죽을 쓴다. 또 양가죽은 신발의 바깥 부분에 사용하거나 옷을 만들 때 쓴다. 두께가 아주 얇기 때문에 신발 가장자리의 가죽을 이을 때 많이 쓴다.

챠륵을 만들기 위해서는 가죽 판에서 신발의 각 부분을 이룰 여섯 조각을 재단한 후 이렇게 나뉜 가죽들을 테이블 위에 펼쳐놓고 작업을 시작한다. 이 과정에서 새로운 재료가 등장하는데 바로 가죽 조각을 잇는 실이다. 이 실은 보편적으로 쓰이는 실과는 다른 특성을 지닌다. 목화에서 얻은 실로 여기에 밀랍을 칠하는 것이 신발 제작의 기초 과정이다. 밀랍은 실을 강하게 만들어서 물에 들어가서 젖었을 때나 발에서 땀이 나는 경우에도 삭지 않는다. 밀랍은 벌집을 녹여 만든 것이다. 목화로 만든 실과 벌집에서 얻은 밀랍, 자연을 품은 이 재료들은 건강한 신발의 뼈대가 된다.

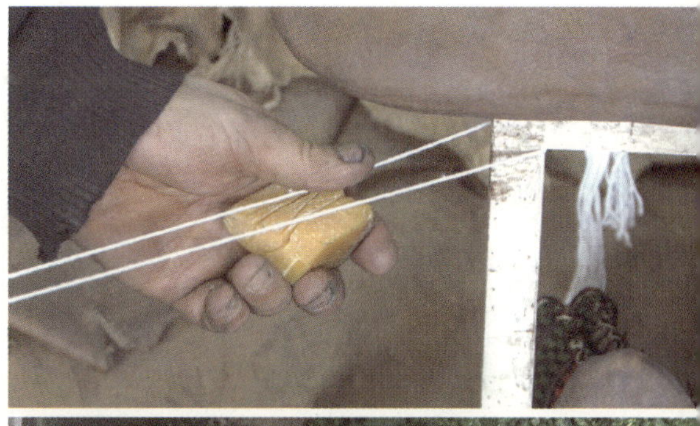

목화로 만든 실에 밀랍을 칠하는 기초 과정(상)
올리브 잎과 가지로 만든 천연 염료 재료(하)

가죽의 염료를 만드는 작업에도 재료에 대한 철저한 원칙이 있다. 가공되지 않은 식물성 재료만을 사용해 가죽의 염료를 직접 제조한다. 잎사귀와 가지 그리고 뿌리 등 모두 천연 재료를 이용해 색깔을 만든다. 자연을 닮은 빛깔을 만들기 위해서다. 초록색은 올리브 잎과 가지로 만들고 노란색은 호두나무의 잎과 가지로 만든다. 또한 자홍색은 전에는 양의 피로 만들었지만 지금은 산수유나무 같은 빨간 식물들의 잎과 가지로 만든다. 재료를 삶을 때 약간의 소금을 첨가하면 보다 진한 색의 염료를 만들 수 있다.

챠륵의 기본 재료인 천연 가죽

원하는 색감이 완성되면 재료와 물을 재빨리 분리한다. 이제 햇볕의 힘을 빌릴 차례다. 수분이 모두 날아가고 나면 접시 바닥에는 굵은 소금 모양의 염료가 남는다. 데뎀 오스만르 챠륵은 모든 염료들을 같은 방법으로 만들어 사용한다. 한 켤레씩 직접 손으로 가죽을 염색하는 후세인 사장의 꼼꼼한 손길에 챠륵의 아름다움이 살아난다. 염색이 끝나면 가죽 보호를 위해 표면에 올리브유를 바른다.

화학제품으로 둘러싸인 현대에 이처럼 자연에서 모든 재료를 얻어 제품을 만드는 곳이 있다는 사실이 경이로울 정도다. 요즘에는 많은 사람들이 유기농 천을 찾고 비싼 값을 치르며 구입하지만 이곳에서야말로 진정한 천연 재료를 사용한다. 자연 그 자체인 사람의 몸에 직접 닿는 제품을 자연에서 얻는다는 것은 어쩌면 너무나 자연스러운 원리다. 하지만 지키기란 쉽지 않다. 데뎀 오스만르 챠륵이 더욱 가치 있는 이유다.

챠륵의 품질을 좌우하는 바느질

역사와 경쟁력을 만든 장인의 손

챠륵의 품질을 좌우하는 가장 중요한 작업은 바느질이다. 먼저 송곳으로 가죽에 구멍을 뚫고 실 양 끝에 묶인 두 개의 바늘을 구멍 사이로 교차시킨다. 가죽이 뒤틀리지 않도록 일정한 간격을 유지하는 것이 관건이다. 평균 150땀, 많게는 300땀까지 신발의 크기와 디자인에 따라 바느질의 횟수와 방법 또한 달라진다. 그런데 바느질을 할 때는 선을 그리지 않고 한다. 오랜 시간 같은 일을 해서 눈과 손이 익숙해졌기 때문이다.

데뎀 오스만르 챠륵의 모든 신발은 손바느질만으로 완성된다. 후세인 사장은 이 전통 방식을 저버릴 마음이 없다. 제품의 질은 장인의 검증된 기술에 좌우된다는 신념, 제품의 가치는 정성의 깊이에 달려 있다는 신조 때문이다. 꼬박 두 시간의 바느질 끝에 신발 한 짝의 발등과 뒤꿈치 가죽이 완성됐다. 혼자 신발을 만들 때는 아침부터 저녁까지 매달려도 하루에 한 켤레밖에 만들 수 없다. 그러나 두세 명이 함께하면 다섯 켤레도 가능

작지만 소박한 작업장의 모습

하다고 한다.

가게에는 고된 작업의 길을 함께 걷는 두 명의 장인이 있다. 하싼 쿨올루 씨는 25년 전부터 후세인 사장을 도와 공방을 지켜왔다. 그러나 자신은 그저 돕는 수준이라고 겸손하게 말한다. 35년 경력의 바느질 장인, 봐구프 카라보아 씨는 신발의 밑창을 꿰매는 작업을 맡고 있다. 바느질의 마무리 과정으로 숙련된 기술자가 아니면 할 수 없다. 바늘이 신발창 안을 통과해서는 안 되고 신발창 가죽의 끄트머리만 꿰매야 한다. 그러지 않으면 바늘구멍으로 물이 새어 들어오기 때문이다.

처음 일을 시작할 당시만 해도 장인은 꿈꾸지도 못했다는 봐구프 씨는 여전히 자신의 능력을 세월이 거저 준 힘이라 말한다. 그러나 상처 가득한 손은 지나온 노력의 시간을 고스란히 품고 있다. 코파르 가족에게 장인들은 형제와 다름없다. 봐구프 씨는 오늘도 변함없이 제자리를 지킨다. 그리고 열정을 담아 바느질을 완성한다.

장인의 열정은 챠륵 한 켤레가 완성되기까지 거치는 모든 과정에 담긴다. 하나의 상품으로 탄생하기 전에 거치는 마지막 과정은 신발의 밑창을 정리하는 일이다. 날카로운 칼날이 보이지 않는 선을 따라가듯 부드럽게 곡선을 그린다. 한 치의

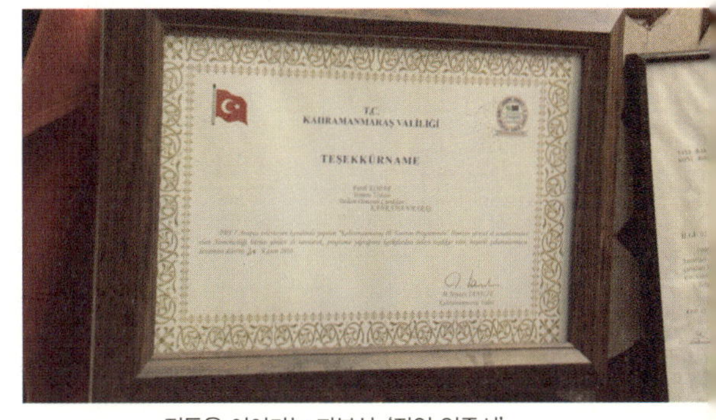

전통을 이어가는 자부심, '장인 인증서'

실수도 없는 손놀림에서 터키의 문화와 가문의 전통을 이어온 코파르 가족의 자긍심이 묻어난다.

한 켤레의 챠륵은 바느질과 염색 그리고 마무리 재단까지 오로지 사람의 손을 통해 완성된다. 가게의 역사를 이끈 진정한 경쟁력이 이 손 안에 숨어 있다. 이들은 자부심을 갖고 있다. 그들의 제품에 감탄하고 장인을 존경하는 사람들은 이들의 손에 입을 맞춘다.

마음으로 전해지는 전통

작업에 한창인 후세인 사장의 등 뒤 벽에는 장인 인증서를 비롯해 역사를 알려주는 사진들이 걸려 있다. 1917년 겨울에 찍은 증조할아버지의 사진도 있다. 그는 1867년생으로 당시 50세쯤 되었다. 오스만 시대부터 이 일을 시작했다는 코파르 가문의 증거다.

데뎀 오스만르 챠륵은 1838년에 살만 코파르가 창업했다. 이때부터 챠륵을 만들어온 코파르 가족의 기술은 아버지에서 아들로 계승되어왔다. 가족은 가업을 잇는 것을 영광으로 여겼다. 데뎀 오스만르 챠륵은 진한 가

죽 냄새로 가득 찬 공방에서 견고한 가문의 역사를 만들고 있다.

가게에는 가끔 반가운 손님이 찾아온다. 형제의 아버지이자 데뎀 오스만르 챠륵의 3대 사장 알라딘 코파르 씨다. 아버지는 형제가 세상에 태어나 가장 처음 만난 장인이다. 최근 건강이 급격히 악화되어 일선에서는 물러났지만 알라딘 코파르 씨의 마음은 이 가게에 온전히 남아 있다.

이제 아흔을 바라보는 장인 아버지에게 고작, 몇 십 년 경력의 장인 아들들은 배움이 부족한 수습생에 불과하다. 형제들도 이미 장인이지만 자신이 만든 신발을 가져와 아버지에게 검사를 맡는다. 아버지는 날카로운 비판과 조언을 서슴지 않는다. 그러나 아버지는 형제를 믿는다. 이들의 손을 통해 가문의 전통이 이어질 것이라 확신한다. 후세인 사장은 오늘도 가장 큰 스승이 전하고 가는 가르침을 가슴에 되새긴다.

알라딘 코파드 씨는 말한다.

"챠륵은 우리에게 예술이에요. 이 예술은 우리 자신을 발전시키죠. 사람들은 이 신발을 '장인의 챠륵'이라고 부릅니다. 아무나 만든 것이 아니라 진짜 장인이 만든 것이라고 말합니다."

빙긋 미소 짓는 그의 얼굴에 자긍심이 빛난다.

후세인 사장의 아들이자 장차 가게를 이끌어갈 5대 후계자 파티 코파르 역시 매일같이 공방에 온다. 그는 어린 시절부터 아버지를 따라 가게를 드나들며, 장인들의 어깨 너머로 챠륵 제작의 기술을 배워왔다.

얼마 전 대학을 졸업한 파티는 본격적으로 가업 계승을 준비하고 있다. 사실 쉽게 내린 결정은 아니다. 다른 일을 하면서 돈을 벌려고도 해봤다. 다른 직종이 돈을 더 잘 벌고 편해 보였기 때문이다. 그러나 그가 결국 돌아온 곳은 여기다.

4대 사장, 후세인 코파르

"저는 어릴 때부터 이 일에 익숙했고 아버지가 물려주신 직업이자 역사적인 일이기에 제 마음이 여기에 남았죠."

후세인 씨는 손자가 생기면 가장 먼저 이 공방으로 데려와 가죽 냄새를 맡게 하겠다고 말한다. 이 냄새에 익숙해졌지만 손자 역시 이곳에서 나가지 않을 것이라고 믿는다. 이 일을 좋아하지 않을 수 없을 것이다.

후세인 사장은 전통을 지키기 위해서는 무엇보다 후계자 양성이 중요하다고 생각한다.

"우리만 이 일을 하면서 아무에게도 가르쳐주지 않고 세상을 떠나버리면 이 일은 더 이상 세상에 남지 않게 되겠죠. 반대로 누군가에게 가르친다면 조금이라도 더 세상에 전해질 것이고 전통은 사라지지 않을 것입니다."

후세인 사장의 동생 메흐맷 코파르 씨

가업을 넘어 터키의 문화를 지키기 위해

다채로운 색깔에, 발등에는 수를 놓은 아름다운 신발들이 손님들의 시선을 사로잡는다. 25년간 형을 도와 챠륵 가게를 지켜온 메흐맷 씨에게도 이 일은 평생의 업이자 자부심이다. 그러나 그 자부심을 지키는 일은 쉽지 않다. 시간의 흐름에 따라 모든 것이 변하듯 챠륵 역시 장구한 세월 속에서 그 가치를 조금씩 잃어가고 있기 때문이다. 하지만 이들은 절망보다 희망을 본다. 챠륵을 다른 디자인으로 만들 수 있을 것이라고 생각하고 연구한다. 챠륵을 그다지 마음에 들어하지 않는 사람들도 끌어올 만한 디자인을 개발하고자 한다. 전통을 지키되 디자인은 시대의 변화에 따라 진화해야 한다.

현재 데넴 오스만르 챠륵은 챠륵의 또 다른 장르를 개척하고 있다. 투박한 가죽에 색을 입히고 화려한 장식을 덧댄 새로운 디자인을 만들고 있다. 챠륵의 현대화는 선대로부터 이어진 가업을 넘어 터키의 문화를 지키려는 코파르 가족의 의지라고 할 수 있다.

하루의 반 이상을 공방에서 챠륵을 만들며 보내는 후세인 씨는 여덟 살 무렵부터 할아버지와 아버지를 따라 챠륵 제작의 길로 들어섰다. 현재 가게의 4대 사장인 그는 가업을 이끄는 가족의 중심으로서, 또한 전통을 잇는 장인으로서 누구보다 큰 책임감을 지고 있다.

코파르 가족이 추구하는 챠륵의 현대화 역시 174년을 이어온 옛 노하우를 바탕으로 이뤄진다.

이제 현대의 옷을 입은 챠륵의 가장 큰 변화는 디자인에 있다. 후세인 사장이 색다른 도구를 꺼내 든다. 가죽 조각의 형태를 딴 제본이다. 단 한 장의 가죽으로 만들어지던 전통 챠륵과 달리 현대의 챠륵은 다양한 형태로 나뉜 여러 조각들의 조합으로 탄생한다. 독특한 문양의 장식도 빠지지 않는다.

늦은 밤, 잠든 시장 골목 사이로 가게의 불빛이 반짝인다. 공방의 후세인 사장도 작업해야 할 물량이 밀려 있어서 퇴근을 미뤘다. 테뎀 오스만르 챠륵은 새 상품과 더불어 새로운 판매로를 개척하고 있다. 우리에게도 익숙한 할리우드 영화 소품 납품이다. 영화 〈해리포터〉를 비롯해 〈반지의 제왕〉과 〈트로이〉의 배우들이 이곳에서 만든 신발들을 신고 출연했다. 이번에는 아제르바이잔으로부터 영화 소품 제작을 의뢰받았다. 부츠와 갑옷, 모자 등을 만들어 납품하기로 했다. 오랫동안 지켜온 기술이 이처럼 새로운 판매로를 열게 해주었다.

전 세계에서 이들처럼 수작업으로 옷과 신발을 만들 수 있는 사람은 많지 않다. 자연에서 얻은 재료를 이용해 수작업으로 만드는 사람들은 터키에서도 코파르 가족밖에 없다. 모두 기계를 사용하기 때문에 그 시대에 사

용했던 것처럼 원래의 형태로 만들 수 있는 사람을 찾기란 힘들다. 있더라
도 가격이 너무 비싸 제작을 의뢰하기가 쉽지 않다고 한다.

코파르 가족의 끊임없는 도전은 174년을 이어온 단단한 기술력이 있
기에 가능하다. 대를 이은 노력과 견고한 실력이 뒤를 지키고 있으니 새로
운 도전도 두렵지 않다. 자연에서 얻은 재료, 선대에게 배운 기술로 보다
넓은 세상을 향해 나아가는 데뎀 오스만르 챠륵의 도전은 이제 시작이다.

1. 자연에서 얻은 재료

기름칠을 한 천연 가죽은 챠륵 제작의 기본이 되는 재료다. 후세인 사장은 일주일에 한 번 직접 최고 품질의 가죽을 구입한다. 실 역시 목화에서 얻고, 가공되지 않은 천연 재료만을 사용해 가죽의 염료를 직접 제조한다.

2. 장인의 열정이 담긴 수작업

데뎀 오스만르 챠륵의 모든 신발은 그 어떤 기계의 도움도 없이 오로지 손바느질을 통해서만 완성된다. 후세인 사장은 이 전통 방식을 저버릴 마음이 없다. 제품의 질은 장인의 검증된 기술에 좌우된다는 신념, 제품의 가치는 정성의 깊이에 달려 있다는 신조 때문이다.

3. 대를 이은 기술 전수

데뎀 오스만르 챠륵은 1838년에 창업한 이래 그 기술을 아버지에서 아들로 계승해왔다. 가족은 가업을 잇는 것을 영광으로 여겼다. 어릴 때부터 맡은 가죽 냄새에 이끌려 자연스럽게 아버지의 기술을 배웠고 전통은 이어진다. 가족의 일이며 역사라는 자부심이 있기 때문이다.

4. 새로운 디자인과 판로를 개척한다

시간이 흐를수록 사람들의 관심에서 멀어지는 챠륵의 전통을 지키기 위해 새로운 디자인을 개발한다. 또한 할리우드 영화에 소품을 납품하면서 새로운 판로를 개척한다. 결국 전통을 간직한 장인의 기술이 새로운 기회를 선물했다.

I N F O R M A T I O N

주 소   Osmanlı Çarıkcısı Kurtuluş Mah. Semerciler Çarşısı No:17/B Kahramanmaraş, Turkey

홈페이지   www.osmanlicarikcisi.com

전 화   +90-532-375-46-60

오스트리아 전통 종
그라스마이어

"전통은 타고 남은 재를 보존하는 것이 아니라,
그 불꽃을 계속 태워나가는 것을 의미한다."

– 그라스마이어 14대 사장, 요하네스 그라스마이어

알프스 산자락에 위치한 '그라스마이어'

　　🏠　　알프스 산자락에 기댄 오스트리아의 평화로운 도시 인스부르크. 800년 역사를 가진 이 도시는 제9회 동계올림픽의 개최지이기도 하다. 동화 속에서나 나올 것 같은 이 아름답고 자그마한 도시에 종이 울리면 축제가 시작된다. 부활절 후 첫 성찬식을 기념하고 도시의 음악가들을 추모하는 미사가 있는 날, 종소리는 미사의 시작을 알리고 사람들을 불러 모은다. 인스부르크에 울리는 종을 만드는 곳이 바로 1599년에 설립된 그라스마이어Grassmayr 종 회사다.

　종은 수많은 행사에 사람들과 함께한다. 장례식이나 결혼식에서도 종이 울린다. 우리도 신년이 되면 종을 울리듯 여기에는 특별한 의미와 마음을 움직이는 울림이 있다. 하지만 거대한 종뿐 아니라 일상적으로 사용하던 작은 종들마저 이제는 찾아보기가 힘들다. 시간을 알리던 종도, 누군가가 찾아왔음을 알리는 종도 전자음으로 모두 바뀌어버렸다.

　그런데 그라스마이어는 무려 400년 동안 종을 만들며 그 울림을 지역

사회뿐 아니라 전 세계에 전하고 있다. 뜨거운 불을 견디고 거친 흙을 품어냄으로써 비로소 깊고 맑은 울림이 완성되는 그라스마이어의 종은 과학의 정확성 위에 400년의 열정을 더해 한층 더 조화로운 소리를 만들어낸다.

역사는 진행 중

그라스마이어는 오스트리아에서 가족이 운영하는 가장 오래된 종 회사다. 1599년 1대에서 지금의 14대까지 아버지에서 아들로 413년을 가족기업으로 이어왔고 세계적인 명소에 종을 설치하는 대표적인 종 회사로 성장했다.

그라스마이어의 완벽한 종 틀은 선조들의 지혜와 노력이 담긴 결과물이다. 선조들은 대대로 종을 주조했다. 다른 나라로 여행하면서 종 만드는 기술을 배웠고 항상 기록했다. 세계를 돌며 터득한 주조 기술을 기록한 책은 지금껏 회사의 지표가 되어왔다. 과거의 자료가 미래의 지침이 된다는 걸 알기에 그라스마이어는 지금껏 만든 종에 관한 자료를 모두 보관하고 있다. 이 자료는 그라스마이어 발전의 원동력이기도 하다. 사소한 것까지 꼼꼼히 기록한 자료는 위대한 유산으로서 중요한 자산이 된다.

그라스마이어는 선대가 남긴 자료들을 앞으로도 참고할 것이며 새로운 기록을 남기는 작업에도 소홀하지 않는다. 자료를 통해 예전에는 어떤 기술을 사용했는지, 주조 기법이 바뀐 해 등을 알 수 있다. 미래를 내다보는 안목, 후대를 생각하는 기록을 바탕으로 그라스마이어의 종소리는 발전해 왔다.

그라스마이어는 유럽의 흥망성쇠를 함께 겪었다. 전쟁이 나면 청동 값

종을 만든 기록은 가장 중요한 재산이다.

이 상승하고 종을 만들기 힘든 상황이 반복됐다. 하지만 종을 녹여 대포를 만들고 동상을 만들면서 위기를 헤쳐나갔다. 요하네스 사장은 100년을 이어온 기업의 철학에 대해 이렇게 설명한다.

"우리의 철학은 가족을 먼저 생각하고 종을 만드는 일에 집중하는 것입니다. 자기 자신이 먼저 종을 만드는 일에 참여하고 노력하는 것이 중요하죠. 하지만 너무 성장만 생각하면 가게에도 좋지 않아요. 가게가 너무 커지기만 하면 언젠가는 망한다고 생각해요."

매장 한쪽의 조그만 문을 통하면 그라스마이어 종 박물관이 있다. 종 주조소, 종 박물관, 소리의 방이라는 세 공간으로 이루어져 있다. 1997년에 '오스트리아 박물관 상'을 수상하기도 했으면 1년에 3만여 명이 방문한다.

종 박물관을 안내하는 사람은 다름 아닌 13대 사장 크리스토프 그라스마이어 씨다. 흰머리가 무성하지만 단정한 셔츠를 차려입고 넥타이를 매

매장 한 쪽에서 볼 수 있는 '종 박물관'

고 방문객을 맞는다.

"우리 회사는 400년 넘게 종을 만들어왔습니다. 1대 사장 바르텔 메 그라스마이어가 1599년에 처음 종을 만들기 시작했죠."

사람들을 모아놓고 설명하는 크리스토프 씨의 목소리에는 열정과 에너지가 가득하다. 선대가 그랬듯 사장 자리에서 물러나면 역사를 안내하는 역할을 기꺼이 자처한다.

요하네스 사장의 어린 아들 율리안은 학교 공부를 마치면 놀이터 삼아 공장에 온다. 아빠 어깨너머로 들여다본 일이 이제 제법 손에 익었다. 요하네스 사장이 일곱 살 때부터 이곳을 드나들며 일을 체득하고 종과 사랑에 빠졌듯 그의 아들도 이곳을 익숙하게 여긴다. 어린아이에게는 모든 것이 신기하고 재미있는 놀이터다. 강요는 하지 않지만 일종의 조기교육을 받는 셈이다. 전직 사장인 할아버지와 현직 사장인 아들 그리고 미래를 이어갈 손자까지 3대를 매일같이 한 공간으로 이끄는 그라스마이어의 가업은 현재진행형이다.

아름다운 종소리를 내기 위해

그라스마이어의 매장 안은 셀 수 없이 많은 종들로 빼곡히 채워져 있다. 천장에도 벽에도 종이 가득 달려 있다. 작은 장식용 종부터 행사용 종, 종교의식에 쓰이는 종까지 모양은 다 다르지만 울리는 소리는 저마다 다

14대 사장, 요하네스 그라스마이어와 그의 동생 피터 부사장

르다. 사람들을 이끄는 그라스마이어 종의 힘은 마치 악기 같은 소리에 있다. 요하네스 14대 사장은 "가장 중요한 목표는 많은 사람들이 종소리에 감동하고 종의 아름다움을 보고 기쁨을 느끼는 것입니다"라고 말한다.

1599년 설립된 이래 그라스마이어는 400년 동안 특별한 울림을 만드는 데 집중해왔다. 14대 요하네스 그라스마이어 사장과 30여 명의 직원들이 세계로 수출되는 종을 만든다. 연간 판매되는 종은 큰 종이 이삼 백 개, 작은 종은 대략 천 개 정도다.

회사가 이만큼 성장할 수 있었던 것은 자신의 청춘과 열정을 종소리에 바친 직원들 덕이다. 알로이스 씨는 42년째 이곳에서 일하고 있다. 그가 회사에 처음 왔을 때 요하네스 사장은 일곱 살이었다. 어린아이가 어느새 성장해 사장이 되었고 그의 성장 과정을 알로이스 씨가 지켜봤기에 자연히 가족 같은 관계가 이루어졌다. 이렇듯 *끈끈하게 서로 협력하는 관계*는 그라스마이어의 존립에 가장 큰 원동력이 되었다.

오랜 시간, 모두의 협력으로 그라스마이어의 종은 점점 정교해졌다. 종 만들기의 출발점이자 소리를 좌우하는 종 틀을 잡는 과정은 부사장인 피터 그라스마이어 씨가 담당한다. 좋은 종소리를 만들기 위해서는 정확한 종 틀을 만들어야 한다. 종의 형태가 바로 소리의 시작인 셈이다. 형태가 변하면 소리에 영향을 준다는 사실은 오랜 연구와 실험 끝에 얻은 결과다. 미세한 각도의 차이가 자칫 소리를 망칠 수도 있기에 가장 신중을 기해야 하는 작업이다. 소리의 예술은 치밀한 계산에서 얻어진다. 정확한 비율로 만들어야 소리가 아름답기 때문이다.

피터 부사장은 요하네스 사장의 동생이다. 그는 사장의 절대적인 신임을 받는다. 피터 부사장은 생산 부서에서 일하며 하루 중 반은 공장에서, 반은 사무실에서 일한다. 그런가 하면 요하네스 사장은 판매와 수출을 담당하며 100개국 이상의 나라에 종을 수출한다. 서로를 신뢰하기에 업무를 명확히 분담하고 맡긴다.

종의 틀을 잡으면 형태를 만드는 작업이 시작된다. 형태를 만들 반죽은 점토와 흑연, 벽돌 가루, 보리 여물 등 색다른 재료로 배합한다. 흙에는 말 배설물을 넣는다. 말의 배설물에는 갈고리 모양의 물질이 들어 있는데 이것이 점토를 서로 결합하게 해준다. 또 금속과는 달리 이 물질은 공기를 통하게 하므로 매우 중요하다.

마르면 잘 붙지 않는 점토에 점성을 더하고, 나중에 쇳물이 닿아도 기포가 생기지 않으며 열에 잘 견디는 반죽을 만들어야 한다. 이미 정해진 모형에 따라 벽돌을 안쪽에 둘러서 단단하게 쌓고, 1차로 점토를 바르고 그 위에 밀랍을 붙인 다음 다시 2차로 외벽을 더하면 종의 형태가 완성된다.

이렇게 제작한 종 틀은 반죽이 굳을 때까지 일주일간 응고시킨다. 단면

종의 틀을 만드는 과정

을 잘라보면 안쪽부터 세 겹으로 나뉘어 있다. 나중에는 필요 없는 밀랍 부분, 겉의 형태를 잡는 부분 그리고 가장 겉면에 종 틀이 있다.

겉으로 보기에는 아주 단순한 형태의 쇳덩어리처럼 보이는 종은 정교한 작업으로 완성된다. 대칭을 이루는 완만한 곡선의 아름다운 형태는 쉽게 얻을 수 있는 것이 아니다.

모두의 기도를 담는 주물 작업

그라스마이어에도 종이 있다. 이 종소리와 함께 직원들이 분주하게 움직이기 시작한다. 미리 만들어둔 주형 틀을 작업할 위치에 옮겨놓아야 한다. 일곱 개의 종을 만들어야 하는 날이다. 모두 합해서 500톤이 넘는 무게의 큰 종을 만드는 아주 중요한 행사다. 미리 만들어둔 종 틀에 주물을 붓는 작업이 가장 중요하다. 좋은 종은 짧은 몇 분 안에 결정되기 때문이다. 엄청난 고온의 불을 대하는 일인 만큼 긴장을 늦출 수 없다.

많은 사람들이 함께 지켜보는 종의 주물 과정

그라스마이어에서 주물을 붓는 날은 온 마을의 축제다. 지역 주민과 관광객들, 취재진까지 100여 명의 사람들이 주물 작업을 구경하기 위해 모였다. 이 과정을 함께하는 것은 마을의 오랜 전통이다.

마지막 준비는 청동 쇳물의 비율을 맞추는 일이다. 좋은 소리를 내기 위해서는 금속의 상태가 중요하다. 주석을 넣어 합금 비율을 정확하게 조절해야 한다. 용광로 안에 있는 금속 중 80퍼센트는 구리고 20퍼센트는 주석이어야 한다. 그런데 주석이 18퍼센트밖에 안 들어가서 남은 주석을 다 넣기로 했다. 구리와 주석의 합금 비율은 강하면서도 깨지지 않는 재질의 종을 만들기 위한 최적의 비율이다.

사람들은 공장을 둘러싸고 서서 주물 작업을 기다리고 있고 13대 사장은 열심히 설명을 한다. 제작 과정을 공유하며 종에 대한 관심을 높인다. 그런데 사람들의 기대가 한껏 높아졌지만 주물 작업은 쉽사리 시작되지 않는다.

이번엔 금속이 잘 섞일 수 있도록 긴 나무로 저어준다. 이 나무 역시 많은 시행착오 끝에 선택된 나무다. 가장 좋은 재료를 찾기 위해 한 대학교와 실험을 했고 오리나무가 가장 적합하다는 점을 밝혀냈다. 오리나무를 용광로 안에 넣어 저으면 금속에서 수소가 빠져나오기 때문에 금속을 골고루 섞을 수 있다.

용광로가 적정 온도가 되면 드디어 준비가 끝난다. 이때는 제작을 책임지는 피터 부사장이 마이크를 잡고 관중에게 설명한다. 지금 용광로의 온도가 1100도로 충분히 달궈졌다고 알리고 "종이 잘 만들어질 수 있도록 모두 함께 기도합시다"라고 마무리한 뒤 마이크를 신부님에게 넘긴다.

"성부와 성자와 성신의 이름으로 아멘."

모두가 한마음으로 무사히 마치기를 바라는 경건한 기도를 하는 것과 동시에 붉은 쇳물이 쏟아져 나온다. 마치 종교의식을 보는 것 같다. 사람들의 눈빛이 경이로운 대상을 목격하는 것처럼 빛난다. 쇳물통에 옮겨 가장 큰 주형 틀부터 차례대로 쇳물을 붓는다. 나중에 종에 균열이나 기포가 생기지 않도록 쇳물을 부을 때도 신중해야 한다. 불순물은 떠오르고 찬 공기가 금속으로 들어갈 수 있도록 해야 한다. 일곱 개의 주형 틀에 쇳물을 채우는 작업이 끝나면 틀 입구를 숯으로 막아 마무리한다.

그라스마이어의 큰 행사가 성공리에 끝났다. 종의 제작에 있어 가장 중요한 순간을 함께한 사람들 그리고 역사를 공유하고 전통을 공감하는 것이 바로 그라스마이어의 413년을 있게 한 힘이다.

주물 작업이 끝나면 한바탕 잔치가 벌어진다. 전통주를 마시며 축하하는 파티가 열리고 그라스마이어의 온 가족이 나서서 손님을 대접한다. 지역 주민들과 함께 호흡하는 일도 그라스마이어의 중요한 경영철학이다.

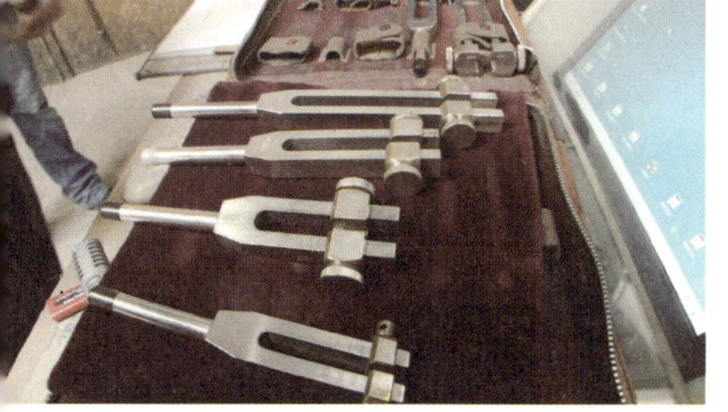

종의 설계는 컴퓨터를 통해 과학적으로 진행된다.(상)
특정 주파수의 음만을 내도록 만든 소리굽쇠(하)

이들에게 종을 만드는 작업은 훌륭한 오락거리이자 성스러운 행사다. 종을 주조한 후에 술과 빵을 제공하는 것은 이곳의 전통이다. 13대 사장의 부인 엘리자베스 그라스마이어 씨가 회사의 어머니로서 음식을 준비했다.

공장 안에서도 오늘 누구보다 긴장했을 주인공들끼리 여는 조출한 자축파티가 한창이다. 직원들은 맥주 한 모금으로 뜨거운 쇳물 앞에서 달궈진 몸을 식힌다. 힘든 작업을 끝내고 술을 한잔씩 나누며 수십 년을 가족처럼 일해왔다.

과거를 참고하여 연구를 계속하다

종 하나가 완성되는 동안 그라스마이어가 가장 중점을 두는 부분은 정확하고 맑은 음색이다. 주파수를 통해 소리를 미리 계산하고 가장 아름다운 소리를 찾는다. 소리의 완성도는 특정 주파수의 음만을 내도록 만든 소리굽쇠로 확인한다. 고객이 요청한 음에 맞추고 테스트했을 때 좋은 소리가 나면 제대로 제작된 것이다. 소리굽쇠에 주파수를 다르게 맞추면 소리가 제대로 나지 않는다. 이런 원리로 정확한 주파수를 찾는다.

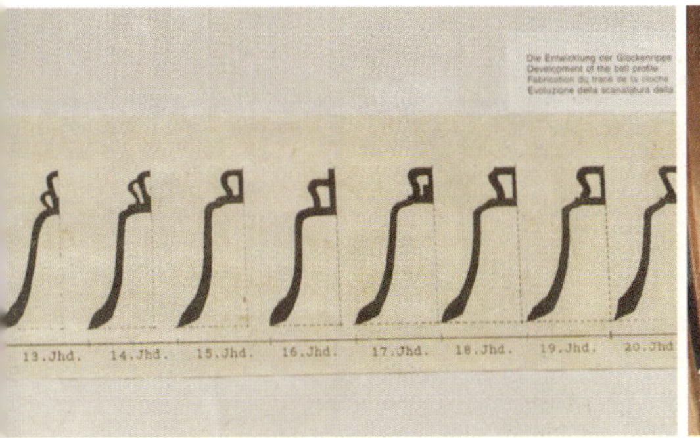

종의 두께는 종소리 고유의 주파수를 결정짓는다.

소리 테스트를 마친 대형 종의 운반 과정

14대 부사장 피터 그라스마이어 씨는 전 세계에서 판매되는 좋은 소리의 종을 만들기 위해 항상 연구해야 한다고 말한다. 그리고 더 좋은 종을 만들 수 있도록 기술적인 혁신도 필요하다.

10년 전부터는 각도기와 컴퍼스가 아닌 계산기와 컴퓨터로 종을 설계하고 있다. 고유의 주파수를 결정짓는 종의 크기와 두께를 더 과학적으로 측정할 수 있게 되었고 설계도를 통해 모든 소리가 예측 가능해졌다. 이제는 다른 무게로 만든 종들도 같은 소리를 낼 수 있게 되었다. 100킬로그램짜리 종도 400킬로그램짜리 종도 같은 종소리를 낼 수 있다. 예전에는 할 수 없었던 일이 이제는 가능하다.

특히 종의 음악적인 부분을 결정하는 것은 종 틀의 두께다. 부위별 두께에 따라 음정이 결정되기 때문이다. 그라스마이어가 전통을 이어갈 수 있었던 비결은 바로 이 틀에 있다. 모든 크기에 같은 두께를 적용하는 것이 아니라 고객의 주문에 따라 틀을 모두 계산한 후 두께를 달리한다. 500년이나 된 종을 다시 수리해야 할 때도 두께를 다시 계산한다.

소리 테스트를 마치면 대형 종의 운반 작업이 시작된다. 대개 종교 단

쇳물을 부었던 틀에서 종을 꺼내는 작업

체에서 종을 주문하는데, 이 종은 색다른 장소로 배송될 예정이다.

요하네스 사장이 인스부르크 도심에 있는 연주회장인 인스부르크 시민회관을 찾았다. 주말에 있을 연주회 연습이 한창인 오케스트라가 새로운 시도를 준비 중이다. 그라스마이어 종을 연주하기로 한 것이다. 과연 종소리는 오케스트라와 어떻게 어우러질까. 오케스트라의 모든 선율을 감싸는 단정한 울림이 만족스러울 것이다.

"연주회에서 사람들이 종소리를 듣고 즐거워하면 저는 감동합니다"라고 말하는 요하네스 사장은 연주회에서 그라스마이어의 종이 울린다는 사실이 더할 나위 없이 자랑스럽다.

특별한 의미를 가진 울림

종 하나의 제작에는 한 달이 넘게 걸린다. 기다림의 시간 속에서, 쇳물을 부었던 틀에서 종을 꺼내는 작업 역시 또 하나의 볼거리다. 종이 세상

에 나오는 첫 순간 구운 점토를
떼어내면 흙 속에 묻혀 있던 종
이 모습을 드러낸다. 이 작업을
'종의 탄생'이라고 부른다. 종이
처음으로 세상에 태어나 갓난
아이의 첫울음처럼 소리를 지
르는 순간이다.

다양한 크기의 종을 만드는 그라스마이어

2주 동안 금속이 단단해지는
인고의 시간을 거쳐 탄생한 종은 견고하고 믿음직하다. 종이 완성되는 순
간은 지켜보는 이들에게도 의미가 깊다. 그만큼 종은 이들에게 신성한 의
미다. 이렇게 그라스마이어에서 만드는 종은 직경 4센티미터부터 2미터
가 넘는 종까지 다양하다.

종에 문장을 새겨서 제작 연도를 표시한다. 이곳에서 만든 모든 종마다
문장을 새겨서 품질을 보증한다.

소리가 종의 본질이라면 종의 디자인은 상징적인 의미를 갖는다. 그
의미를 디자인으로 강조할 수 있다. 그라스마이어에서는 네 명의 조각가
들이 종교적 상징이나 지역의 특색, 문화적 차이를 담은 장식을 종에 입
힌다.

달라이라마 종을 만들기도 했고 힌두교, 이슬람교는 물론 가톨릭까지
종교를 넘나들며 다양한 종교의 종을 만들었다. 한국 역시 이곳의 고객이
다. 지난 2002년에 직접 방문해 세 개의 종을 주문했다고 한다. 그중 하나
가 명동성당에 걸려 있는 종이다. 20년 전 인터넷이 활성화되면서 주문이
밀려들었고 현재 세계 100여 개국으로 수출하고 있다. 판매가 계속 늘고

있어도 그라스마이어는 지금 설치된 종의 수명을 연장시키는 데 더 신경 쓴다. 요하네스 사장은 할아버지가 만든 종을 살피며 종이 정확히 언제 만들어졌는지 확인한다. 종이 제대로 울리는지, 깨진 부분은 없는지 1년에 한 번씩은 종을 점검한다. 그라스마이어의 품질 보증 기간은 15년이다.

"좋은 소리를 내는 종을 만드는 것이 그라스마이어의 목표입니다. 수백 년 동안 사람들의 기쁨이 종과 함께 널리 울려 퍼지길 소망하죠."

순수한 열정과 성실한 노동으로 탄생시킨 그라스마이어의 종소리는 오늘도 사람들의 마음을 울린다. 천년의 소리가 공기 속으로 퍼져나간다. 사람들의 감성, 삶의 희로애락과 함께한 종소리는 쉽게 사라지지 않을 것이다. 그라스마이어의 시간도 미래를 향해 퍼져나갈 것이다.

1. 아름다운 종소리를 만드는 기술

좋은 종소리는 정확한 종 틀에서 나온다. 치밀한 계산으로 재단된 종의 형태는 이곳만의 경쟁력이다. 종의 크기와 상관없이 일관된 종소리를 만들어내는 것이 비결이다. 이렇게 완성된 그라스마이어 종은 오케스트라에서 악기로 연주될 만큼 아름다운 선율을 자랑한다.

2. 가업과 전통을 소중히 여긴다

과거의 자료가 미래의 지침이 된다는 걸 알기에 그라스마이어는 지금껏 만든 종에 관한 자료를 모두 보관하여 지침으로 삼는다. 가게에는 그라스마이어의 역사를 볼 수 있는 박물관이 있어 사장 자리에서 물러나면 이곳의 가이드 역할을 자처한다.

3. 연구와 혁신

그라스마이어는 훌륭한 울림을 주는 종을 만들어내기 위해 연구를 게을리하지 않는다. 금속을 녹일 때 필요한 나무 기둥 역시 대학과의 연구를 통해 최적의 목재를 찾았다. 또한 시대의 변화에 맞추어 혁신을 이어간다. 이제는 계산기와 컴퓨터로 설계하며 크기와 두께를 더 과학적으로 측정할 수 있다.

4. 지역민들과의 소통

주물 작업을 하는 날은 곧 인스부르크 마을의 축제가 열리는 날이다. 쇳물 붓는 것을 구경하러 온 지역 사람들과 언론 등 수많은 사람들이 모여 종이 잘 만들어질 수 있도록 기도한다. 또한 사람들이 보다 잘 이해할 수 있도록 사장이 종의 주조 과정을 설명해준다. 주조를 마친 후에는 전통에 따라 빵과 술을 함께 나눠 먹으며 지역민들과 어울린다.

I N F O R M A T I O N

주 소　Leopoldstraße 53 6020 Innsbruck Tirol, Austria
홈페이지　www.grassmayr.at
전 화　+43-512-59416-37
영업시간　월-금 9:00~17:00(5월-9월에는 토요일만 영업)

222년 전통으로 빚는 도자기

폴란드 도자기 명가
치미엘루프

"우리는 내일이면 없어질 회사가 아니다.
222년을 지켜온 치미엘루프의 기술력은
앞으로도 수백 넌이 넘도록 고객들을 만족시킬 것이다."

- 치미엘루프 대표이사, 잉가 카민스카

　　　폴란드의 수도 바르샤바는 13세기에 건설된 이후, 폴란드의 정치 경제 문화의 중심지 역할을 하는 도시다. 국토 대부분이 평야 지대로 비옥한 토양이 풍부했던 폴란드는 예로부터 도자기 문화가 발달했다.

　　폴란드인이라면 누구나 알고 있고 갖고 싶어 하는 도자기를 만드는 회사, 치미엘루프Ćmielów는 바르샤바에서 남쪽으로 약 180킬로미터 떨어진 농경 도시 '치미엘루프'에 있다. 1790년, 폴란드 유명 도예가 보이타스와 동료 도예가들이 모여 문을 연 이래, 지난 222년 동안 이 도시의 이름을 걸고 도자기를 만들어왔다. 이제는 폴란드에서 가장 오래되고 유명한 도자기 회사다.

　　폴란드의 도자기는 일반적으로 강렬한 색상과 화려한 문양이 특징이다. 그런데 치미엘루프의 도자기는 화려함과는 거리가 멀다. 흰색 바탕 위에 단 한 가지 색만을 사용해 장식한 도자기다. 치미엘루프의 도자기 디자인은 매우 단순하지만 우아하다. 문양과 색상 사용을 최대로 절제한 치미엘루프의 도자기를 폴란드인들은 단순한 그릇을 넘어, 집 안의 품격을 높이는 예술품이라 여긴다.

　　치미엘루프는 고난의 역사 속에서도 전통을 굳건히 지켜왔다. 그 전통을 바탕으로 간결하고도 우아한 백색의 도자기를 빚어왔다. 치미엘루프는 전통과 현대의 미가 조화된 아름다운 디자인으로 소비자의 마음을 사로잡는다.

폴란드인들이 사랑하는 보물

　　폴란드 바르샤바에 위치한 왕궁박물관에는 특별한 방이 하나 있다. 1926년부터 1939년, 즉 제1차 세계대전이 끝난 후 제2차 세계대전을 겪

왕궁박물관 집무실에 전시된 치미엘루프 찻잔

기 전까지 폴란드가 독립국가로 평온한 시기를 보내던 당시에 이그나치 모시치츠키 대통령이 사용했던 집무실이다.

이 방에는 폴란드의 상징인 독수리와 월계수 잎이 금장으로 아름답게 장식된 치미엘루프의 도자기가 소중하게 전시되어 있다. 찻잔의 바닥에는 치미엘루프의 표식이 선명하게 새겨져 있다.

치미엘루프의 대표이사 잉가 씨는 회사의 철학은 매우 단순하다고 말한다. '최고의 만찬에 어울리는 최고의 도자기를 만드는 것'이다. 흰색 자기와 다양한 색의 조화가 아름다운 치미엘루프의 도자기는 식탁을 아름답고 우아하게 꾸며준다. 폴란드인이라면 집집마다 한두 가지쯤은 가지고 있을 정도로 사랑받는 도자기다. 컵과 찻잔 그리고 작은 주전자로 구성된 흰색의 도자기 세트는 대를 물려 전해주는 가보이기도 하다.

치미엘루프는 2008년에 이어 2009년에도 폴란드의 언론사와 시민단체에서 수여한 고객만족상을 받았다. 폴란드에서 유일하게 치미엘루프만 거둔 성과다. 그러나 이 상에 만족하지 않는다고 한다. 현재에 만족하면 더 나은 미래를 꿈꿀 수 없기 때문이다.

간결하지만 특별한 디자인

회사 한편에 자리한 전시관은 현재 제작해 판매하는 제품을 소개하는 곳이다. 이곳에서 치미엘루프 특유의 간결한 디자인을 볼 수 있다. 놀라운

점은 이 모든 디자인이 222년
전과 다름없다는 것이다.

치미엘루프는 화려한 꾸밈
없이, 도자기가 지닌 고유의 멋
을 살리는 것을 창업 당시부터
철칙으로 고집해왔다. 간결한
디자인의 치미엘루프 도자기는
폴란드의 왕족이나 많은 귀족

치미엘루프, 잉가 카민스카 사장

들의 식탁을 빛냈을 뿐 아니라 오랜 시간 동안 수많은 사람들이 사용해
왔다.

언뜻 단순해 보이지만 색조가 특별하다. 빛에 비쳤을 때 밝은색을 띠어
야 하는데 이런 도자기를 '백색황금'이라고 한다.

이를 만드는 첫 번째 비결은 진흙이다. 창업 당시 치미엘루프는 늪지대
가 많았던 이 지역에서 양질의 진흙을 쉽게 얻을 수 있었다. 그러나 현재는
프랑스와 독일 등에서 공급해온 백토 반죽을 사용한다. 좋은 백토를 선별
해서 세 가지 종류의 도자기 반죽과 유약을 만든다.

백토 반죽은 높은 압력으로 다시 한 번 반죽해서 사용한다. 입자를 더
욱 곱게 다지고 점성을 높이기 위해서다. 반죽 안에 공기가 들어가면 불량
품이 된다.

30년 경력의 재료 관리 반장은 반죽이 완료되는 즉시 점성을 확인한
다. 손으로 10분 이상 주물러도 갈라짐이 없어야 한다. 점성이 떨어지는
반죽을 사용하면 가마에 구울 때 공기가 팽창하면서 도자기가 부서진다.
그러니 확인 작업이 중요하다.

도자기 제작의 비밀 '백토 반죽'

반죽은 도자기의 성패를 좌우하는 첫 번째 조건이다. 치미엘루프는 도자기의 형태별로 각기 다른 반죽을 사용한다. 1차 검수를 마친 반죽 중 30퍼센트는 물과 배합해 묽은 형태로 만든다. 이물질이 완벽히 제거되지 않거나 반죽이 제대로 되지 않으면 다시 처음 공정으로 돌려보낸다. 모든 조건이 맞아야만 도자기 제조 과정으로 넘길 수 있다.

섬세하고 철저한 작업 공정

제조소 한편에서는 성형 준비가 한창이다. 먼저 플라스틱의 모형을 이용해 석고 틀을 만드는 작업을 한다. 석고 틀에 붓으로 기름을 바르는데, 나중에 틀에서 반죽을 꺼낼 때 거품이나 흠집 없이 표면이 매끄럽게 되도록 하기 위해서다. 도자기의 품질은 석고 틀의 완성도에 따라 달라진다고 해도 과언이 아니다. 석고 틀을 만드는 일은 전체 제작 공정 중 가장 큰 노동을 요구하기에 남성 직원들이 맡고 있다.

도자기의 품질은 석고 틀의 완성 과정에 따라 달라진다.   작업의 효율성을 위해 고안한 회전 테이블

하루 평균 8시간, 쉴 틈 없이 이어지는 이 공정에 특별한 기구가 사용된다. 도자기들을 늘어놓고 돌려가면서 작업할 수 있게 나무로 만든 회전 테이블로, 20여 년 전 소비자 수요가 늘면서 작업의 효율성을 높이고자 고안해낸 기구다.

석고액은 약 30분이 지나면 단단히 굳는다. 이렇게 완성된 틀은 다시 한 번 손으로 표면을 매끄럽게 다듬어준다. 치미엘루프는 수작업만으로 하루 평균 200개 남짓의 새 틀을 만들어 사용한다.

그런 다음에는 본격적인 성형 작업에 들어간다. 특별한 조형이 필요치 않은 밋밋한 모양의 그릇은 기계를 이용해 성형한다. 그러나 크기가 작거나 입체감이 살아야 하는 도자기는 수작업으로 이뤄진다. 치미엘루프는 이 공정을 모두 여성들의 손에 맡기고 있다. 세밀한 공정은 여자들이 맡아야 능률이 훨씬 더 높다는 판단 때문이다. 도자기 제조소의 400여 명의 직원 중 여성은 무려 80퍼센트에 달한다. 도자기의 주 고객층도 여성이다. 그래서 치미엘루프는 여성 특유의 섬세함으로 소비자가 만족하는 도자기를 만든다.

여성 직원의 섬세한 손길이 필요한 성형 작업

반죽을 붓고 5분이 지나면 틀을 해체한다. 아직 완전히 굳지 않은 상태에서 재빨리 반죽의 표면을 다듬어야 한다. 이 작업의 핵심 기술은 악력 조절이다. 반죽에 미세하게라도 불균형한 힘이 가해지면 도자기를 구울 때 형태가 틀어진다.

성형이 완료되면 반죽이 굳기 전에 무작위로 검수한다. 다시 한 번 반죽의 점성 상태를 확인하는 것이다. 잘라서 단면을 검사하고 괜찮다고 판단하면 제작에 들어간다.

반죽의 무게 또한 검수 기준이 된다. 머그컵 하나의 적정 무게는 180그램이다. 1그램이라도 초과하거나 미달될 경우 곧바로 폐기한다. 이렇듯 철저한 시스템은 치미엘루프가 창업 당시부터 고수해온 원칙이다.

222년 역사의 치미엘루프를 함께 만들어가는 직원들

치미엘루프는 1790년, 지역 도예가들의 모임으로 시작되었다. 주민들을 가족으로 맞이했던 치미엘루프는 직원들에게 교육의 장이자 삶의 터전이었다.

치미엘루프는 가족 간의 수공업으로 시작됐고 그 방식은 대대로 이어지고 있다. 이곳에서 탄생하는 모든 그릇 하나하나에 만드는 이의 마음이 담긴다. 단순한 원형의 접시를 제외한 대부분의 그릇은 숙련된 직원들이 마무리한다. 거의 20년 동안 유약 작업을 맡아온 직원들의 능숙한 손이 도자기를 완벽하게 마무리한다.

직원들은 1시간의 작업 후 한자리에 모여 차를 마시고 휴식을 취한다. 평균 일곱 명이 한 팀을 이뤄 근무하는데 약 40퍼센트는 20년 이상의 경력을 갖고 있다. 대부분 열여섯, 열일곱 정도의 어린 나이에 기술학교를 졸업하자마자 생애 처음으로 시작한 일을 이어오고 있다.

여성 직원이 많기 때문에 임신과 출산을 할 경우에는 잠시 쉬었다가 돌아온다. 자리를 비운다고 해서 불이익은 없다. 출산 전과 똑같은 근무 조건과 지위를 유지할 수 있다. 그래서 직원들은 자신의 삶과 일의 균형을 맞추며 오랫동안 이곳에서 일할 수 있다.

십대 소녀로 만나 30년가량 함께 일한 이들은 이제 중년이 되었다. 수십 년간 한 팀을 이뤄 호흡을 맞춰온 직원들의 풍부한 경험과 회사가 지닌 전통 그리고 가족 같은 분위기가 안정된 품질의 아름다운 도자기를 생산한다. 그리고 이들은 집에서도 치미엘루프 그릇을 사용한다. 직원으로서의 자부심 때문만이 아니다. 치미엘루프의 간결한 디자인이 음식의 풍미를 더해주는 것을 알기 때문이다. 만드는 이들이 직접 사용한다는 사실 자체가 제품의 우수성을 말해준다.

오전 근무조의 직원들은 오후 2시가 되면 퇴근한다. 각 팀은 퇴근 전,

자신만의 작업 일지를 작성한다.

직원들은 자신의 손으로 폴란드 도자기의 역사를 함께 만들어가는 일에 누구보다 큰 자부심을 느낀다. 능력을 인정받으면 장인이 되거나 책임자가 되어 존경받고 돈도 만족할 만큼 번다. 자신의 일이 존중받으며 능력에 대한 보상이 따른다는 것은 더할 나위 없는 동기부여가 된다.

우아한 도자기의 멋

그러나 세월의 흐름에 따라 장비는 현대의 것으로 바뀌었지만 엄격한 품질 관리에는 변함이 없다.

성형을 마친 그릇에는 유약을 바른다. 이 과정은 도자기의 강도를 높이고 광택 효과를 내기 위해 반드시 거쳐야 하는 공정이다. 표면이 조금이라도 매끄럽지 않으면 불량으로 취급한다.

이어서 초벌구이 작업이 시작된다. 총 60미터, 석유가 연료인 긴 터널 형태의 가마를 사용한다. 그러나 10년 전까지만 해도 치미엘루프는 장작을 사용했다. 길게는 사흘에 걸쳐 도자기를 구웠다고 한다. 이제는 가마를 사용하며 전보다 더 빠르게 도자기를 구워낼 수 있다.

초벌구이 작업에는 총 6시간이 소요된다. 특이한 점은 가마의 구간별로 온도가 다르다는 것이다. 섭씨 900도에서 1,630도까지, 시간이 경과할수록 더 뜨거운 열을 가한다. 도자기는 천천히 온도를 높여 구울수록 특유의 흰 빛깔이 살아나기 때문이다.

초벌구이 작업이 완료되면 가장 먼저 도자기의 빛깔을 확인한다. 그릇 전체가 얼룩 없이 백색의 빛을 고르게 띠어야 한다. 이렇게 초벌구이를 마친 도자기는 또 다른 팀의 손으로 옮겨져 옷을 입히는 작업이 시작된다.

직원들은 손과 붓, 염료만을 이용해 도자기에 아름다운 문양을 새긴다.

치미엘루프를 유명하게 만든 것은 '로코코' 디자인이다. 그런데 이 문양은 아무나 그릴 수 있는 것이 아니다. 이 회사에서도 오직 다섯 명만이 로코코 문양을 완벽하게 그릴 수 있다고 한다. 시작은 두껍게, 마무리는 얇게 그려야 하는 로코코 문양은 붓을 적절한 순간에 들어올려 강약조절을 해야 하는데 이는 결코 쉽지 않다. 마무리까지 집중력이 흐트러지면 안 되는 작업이다.

로코코 시리즈는 치미엘루프의 창업 당시, 유럽에서 유행하던 로코코 예술 형식에서 영감을 받아 만든 전통 디자인 중 하나다. 순금 20퍼센트를 녹여 만든 황금색의 염료로 꽃과 넝쿨 문양을 그려 장식하는 것이 특징이다.

치미엘루프는 이 문양 작업을 할 때 한두 가지 색만을 사용한다. 심플하면서도 우아한 멋을 표현하기 위해서다. 그릇의 아름다움을 완성하는 것은

치미엘루프를 유명하게 만든 '로코코' 디자인

화려한 디자인이 아닌, 그릇 위에 담기는 음식이라는 신념 때문이기도 하다. 음식과 조화를 이루는 그릇이 치미엘루프의 제작 철칙이다.

문양 작업을 마친 도자기는 약 15미터 길이의 또 다른 가마에서 재벌구이 과정을 거친다. 백토를 반죽하고 틀을 만들어 성형하는 작업부터 문양을 새겨 재벌구이까지, 총 10단계의 공정 끝에 치미엘루프만의 우아한 도자기가 완성된다.

주민들의 힘으로 되찾은 전통

치미엘루프는 18세기 로코코 양식의 경쾌하고 우아한 멋을 최대로 살린 로코코 시리즈뿐 아니라 90여 년 전, 독립국가 폴란드의 번성을 기원하는 의미로 국가문장 독수리를 새겨 만든 엠파이어 시리즈 등 도자기 디자인 하나하나에 역사와 전통의 의미를 담아왔다. 총 10가지 디자인 섹션 안에서 300여 가지의 다양한 제품을 제작한다.

회사에 보관된 낡은 책 속에는 100년, 아니 그전부터 도자기에 쓰였던 디자인들이 모두 모여 있다. 창업 당시부터 역대 장인들이 수필로 기록해온 디자인이다.

치미엘루프에서 차로 30분 거리에 오스트로비에크 역사 박물관이 있다. 19세기에서 20세기까지의 지역 역사를 소개하는 이곳에 특별한 유품들이 전시되어 있다. 1939년에 시작된 제2차 세계대전 당시, 독일군에 의해 아우슈비츠 수용소에서 강제 학살을 당한 주민들의 소지품이다.

치미엘루프의 수많은 장인들 역시 수용소에서 생을 마감했다. 전쟁으로 인해 치미엘루프의 전통은 단절되는 위기에 처했었다. 그러나 전통은 지역 주민들의 힘으로 다시 이어졌다. 주민들이 자신이 가지고 있는 치미엘루프의 도자기를 하나둘씩 기증한 것이다. 아무런 대가 없이 오로지 폴란드의 오래된 도자기 회사의 명맥을 잇

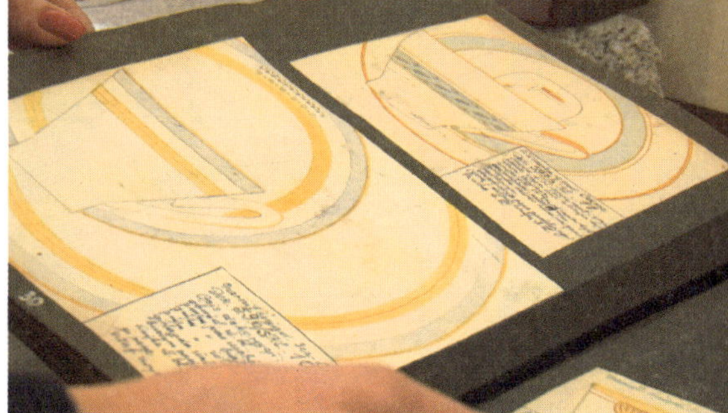

폴란드의 번성을 기원하며 만든 '엠파이어' 시리즈(상)
창업 당시부터 장인들이 남긴 디자인 기록(하)

기 위해 이어진 기증이었다. 그리하여 치미엘루프의 가장 오래된 도자기가 이곳에 전시되었다.

수많은 지역 주민과 도자기 장인들은 도자기가 오랜 시간 동안 손상되지 않고 유지될 수 있도록 보살폈다. 역사적인 도자기들이 나중에 더 높은 가치로 평가받을 수 있도록 한 것이다. 이런 폴란드인들의 전통 의식이 없었다면 소중한 전통은 비극의 역사와 함께 사라졌을 것이다.

치미엘루프는 기증된 이 전시품들의 디자인을 바탕으로 전통을 복원하는 작업을 시작했고 지금도 이어지고 있다.

역사를 복원하다

치미엘루프는 계속해서 옛날 작품을 복원하려고 노력하고 있다. 예전에 사라진 것들을 되살리는 일은 가치 있는 일이며 치미엘루프의 사명이라 여긴다. 누군가는 전통을 낡고 허름한 퇴물처럼 취급하지만 치미엘루프는 그 전통 안에서 무한대의 가치를 발견한다.

경력 11년차의 디자이너 마리우쉬 씨는 1900년대에 그릇과 함께 제작했던 도자기 인형 틀의 복원 작업을 맡고 있다. 1920년에 나왔던 작품으로 전쟁을 겪기 전까지만 해도, 유럽 전역으로 수출되며 선풍적인 인기를 끌었던 도자기 인형이다.

마리우쉬 씨가 앉아 작업하는 의자는 60년 정도 된 것이다. 낡았지만 그는 이렇게 오래된 환경에서 작업할 수 있다는 것에 자부심을 느낀다. 그는 복원 작업을 진심으로 즐긴다. 이 일을 통해 경험을 얻고 예술성을 키울 수 있었으며 업무 능력과 창의력을 한층 더 성장시킬 수 있었다. 무엇보다 사라졌던 것이 자신의 손끝에서 부활한다는 것에 희열을 느낀다.

치미엘루프는 2000년대에 들어 도자기 인형을 재생산하기 시작했다. 100년의 역사를 가진 도자기 인형 '마르키자'를 무려 20여 년의 복원 작업 끝에 재현해냈고 시리즈로 제작하기 시작했다. 마르키자는 꽃을 든 여인을 표현한 도자기 인형이다. 그릇과 달리 인형은 고객의 기호에 따라 색상을 바꿔 제작한다. 한 가지 색이 아닌 몇 겹의 색상을 덧칠해 고객이 원하는 분위기의 조각품을 만들어낸다.

고객의 취향이 모두 다르고 집마다 실내장식을 하는 분위기도 모두 다르다. 인형 역시 거기에 어울릴 수 있도록 만들어야 한다. 고객이 원하는 요구사항에 따라 도자기 인형을 만들기 때문에 똑같은 제품은 나올 수 없다.

20여 년의 복원 작업 끝에 재현한 도자기 인형 '마르키자'

또한 모든 작업을 손으로 하기 때문에 만드는 이의 개인적인 취향이 담기기도 한다. 꼬박 6시간의 채색 작업이 끝나면 100년의 전통 위에 고객이 원하는 멋을 입은 치미엘루프만의 아름다운 도자기 인형이 탄생한다.

첫 복원 작업을 시작으로 치미엘루프는 현재까지 동물의 모형과 더불어 남녀의 모습을 표현한 20여 종류의 인형을 복원했다. 그러나 지금껏 해왔던 것보다 앞으로 해야 할 작업이 더 많이 남아 있다. 치미엘루프는 그 시간 속에서 또 다른 배움을 얻을 것이다.

치미엘루프는 현재 생산량의 40퍼센트를 일본, 영국, 프랑스 등 세계 전역으로 수출하고 있다. 세상 모든 사람들이 치미엘루프의 도자기를 사용하는 것이 목표는 아니다. 다만 222년의 전통 기술로 만든 이 도자기를 통해 폴란드 도자기의 우수성이 뿌리내리길 바랄 뿐이다.

잉가 씨는 말한다.

"우리는 늘 같은 방법과 기술로 도자기를 만들 것입니다. 회사의 건물은 신식으로 바뀔지도 모르지만 그 안에 스며든 오래된 전통 방식과 제작 과정은 바뀌지 않을 것입니다. 유서 깊고 아름다운 자태 그대로를 간직한 도자기를 만들 것입니다."

회사의 미래 그리고 폴란드 도자기의 역사를 위해 치미엘루프는 오늘도 묵묵히 전통을 복원해간다. 치미엘루프의 오래된 제조소에서 전통의 자부심을 담아 빚는 이들의 도자기는 100년이 흐른 뒤에도 폴란드인들의 식탁을 우아하게 장식할 것이다.

1. 아름답고 우아한 디자인

화려한 디자인이 특징인 폴란드의 보편적인 도자기와 달리 치미엘루프는 백색의 도자기에 장식을 최소한으로 한 심플한 디자인을 특징으로 한다. 찻잔 하나로도 집안의 분위기를 바꿀 수 있다는 생각으로 제품을 만드는 치미엘루프의 우아한 그릇은 하나의 예술품이다.

2. 섬세한 수작업

여성 직원들의 섬세하고 정교한 손길이 닿은 도자기로 여성 손님의 마음을 사로잡는다. 400여 명의 직원 중 80퍼센트 이상이 여성이다.

3. 숙련된 직원들의 팀워크

치미엘루프가 오랜 역사를 이어올 수 있었던 비결은 직원들의 오랜 근무 경험에서 나오는 팀워크다. 7명이 한 팀을 이뤄 각 파트에서 근무하는 직원들은 평균 20년 이상의 경력을 지녔다. 수십 년간 호흡을 맞춰 일해온 직원들이 완성도 높은 제품을 생산하는 데 있어 가장 큰 경쟁력이다.

4. 전통을 지키려는 노력

치미엘루프는 늘 같은 방법과 기술로 도자기를 만든다. 장비는 현대화되었지만 그 안에 스며든 오래된 전통 방식과 제작 과정은 바뀌지 않는다. 전통의 제품을 복원하는 작업을 이어오면서 폴란드 도자기의 우수성을 알려온 결과, 현재 생산량의 40퍼센트를 일본, 영국, 프랑스 등 세계 전역으로 수출하고 있다.

INFORMATION

주 소   27-440 Ćmielów, Sandomierska 243 str, Poland
홈페이지   www.en.cmielow.com.pl
전 화   +48-15-861-53-12
영업시간   화-일 9:00~18:00/ 월 8:00~16:00(4월-9월)
　　　　　화-토 9:00~16:00/ 월 8:00~16:00(10월~3월)

- 장 로즈
- 규라이 촘렉칠릭
- 비아르쿠
- 드 그레프
- 벅 나이프
- 후트쾨니히
- 이와타

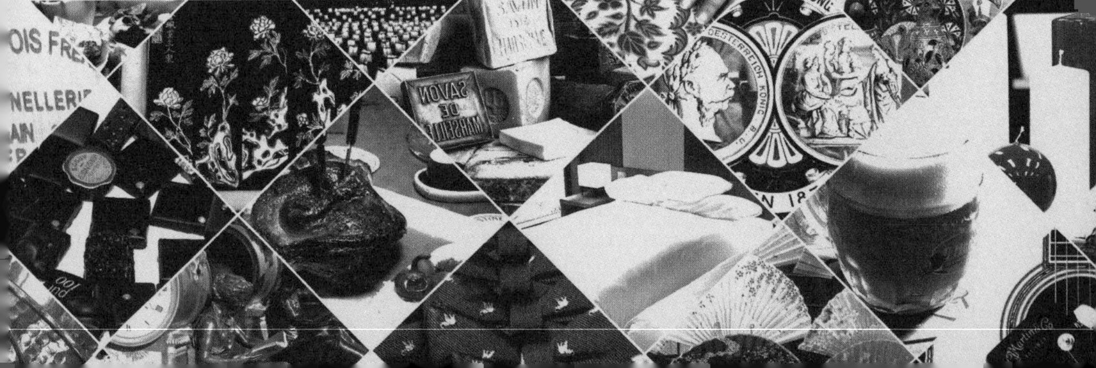

신용으로 인정받는
백년의 가게

역사가 흐르는 직물

프랑스 직물 명가
장 로즈

"우리는 완벽한 직물만 만든다.
우리의 직물이 프랑스를 대표하기 때문이다."
– 장 로즈 12대 사장, 마리 앙투아네트 로즈

빌랑드리 성을 가득 채운 장 로즈의 직물이 그 역사와 전통을 대변한다.

프랑스 중서부, 루와르 지방의 도시 '투르Tours'는 프랑스 직물산업의 출발점으로 이 분야에서 가장 번성했던 곳이다. 도심가를 중심으로 반경 15킬로미터 내외의 고성들에는 1500년대 초, 당시의 국왕 '프랑수와 1세'와 왕실 측근들이 거주했던 성들이다. 그중 투르 빌랑드리 성은 16세기 프랑스의 재정부 장관이었던 장 루브르통과 그의 가족들이 대를 이어 살던 곳으로 현재는 투르 고성 지대를 방문한 관광객들 사이에서 최고의 명소로 각광받고 있다.

관광객들이 이곳을 찾는 데는 특별한 이유가 있다. 18세기 프랑스혁명이 일어나기 전에 성 주인이 사용했던 상태를 그대로 유지하고 있기 때문이다. 당시 프랑스 귀족들은 가구와 커튼, 카펫 등에 화려한 색과 문양의 천을 입혀 실내를 장식해 집 안의 품격을 높였다고 한다. 현대를 살아가는 사람들에게 성 안을 가득 채운 직물들은 프랑스가 지닌 문화를 대변하는 존재이다. 전통 노하우와 상업의 완성이기도 하다.

품질의 우수성을 유럽 전역에서 인정받은 '장 로즈'

그런데 이 성 안의 직물들은 또 다른 특징을 가지고 있다. 바로 이곳 투르 지역의 역사를 품고 있다는 것이다. 성은 이 지역에서 유명한 투르산 천 중에서도 장 로즈Jean Roze 사의 천으로 장식되었다.

궁에서 쓰던 직물을 만들던 장 로즈는 최고급 실을 사용하여 남다른 촉감을 가진 최상급 재질의 직물을 만든다. 362년의 역사가 담긴 유산을 토대로 시대에 맞게 새롭게 만들고 있다. 그렇게 장 로즈는 미래의 또 다른 100년을 준비하고 있다.

12대를 이어온 예술품

고성 지대에서 15분 거리에 직물 공장 장 로즈가 있다. 1650년 무사르 로즈 1대 사장이 설립한 이래 지난 362년 동안 투르에서 직물을 전문적으로 만들어온 '장 로즈'는 현재 프랑스 내 실내장식품 수공업자들 사이에서 최고의 재료 구입처로 손꼽힌다. 유럽 전역으로 수출하고 있으며 그중 영국 왕실은 가장 중요한 고객이다.

1650년, 장 로즈는 궁에 천을 납품하는 방직소로 문을 열었다. 15세기에 프랑스는 궁에서 쓰이는 모든 직물을 이탈리아에서 수입했다. 당시 국왕이었던 루이 11세는 직물의 자국 생산을 위해 투르 지역에 견직 산업을 도입했고, 이후 투르는 주민의 45퍼센트가 방직업에 종사할 만큼 프랑스 최대의 직물 생산지로 번성했다. 뮈리에 거리에는 비단을 만들기 위해

뽕나무를 키우기 시작했다. 그러나 18세기 말 그림을 인쇄해 만든 저렴한 직물이 수입되면서 방직업은 사양길에 접어들었다.

동종 업체들은 문을 닫거나 임금이 낮은 해외로 공장을 옮겼다. 그러나 장 로즈는 변함없이 투르에 남아 지역의 역사를 지키고 있다. 역사와 함께 쌓인 회사의 노하우는 제자리를 벗어나면 무너지고 만다는 신조 때문이다. 15세기부터 18세기까지 투르의 직물 조합이 매주 모여 작성한 회의록이 지금도 남아 있다. 앙투아네트 사장은 그 회의록을 가끔씩 살펴보곤 한다. 각 시대별 직조 방식과 개선점이 세세히 기록되어 있는 귀중한 사료다. 앙투아네트 사장은 선대의 이야기를 잘 알고 있다:

"그들에겐 어려운 시절이 있었지만 해결점을 찾아내 과거를 이겨내고 지금까지 이어왔죠. 이런 선대의 이야기가 제게 용기를 주고 나아갈 방향을 알려주었어요."

12대를 이어온 장 로즈가 나아갈 방향은 시대와의 조화다. 오늘날 장 로즈는 비단에서 얻은 노하우를 면, 인견, 울, 리넨으로까지 확장하며 미래를 내다본다. 세대를 이어 일구어온 가족 사업은 고객들의 기대를 충족시키고 상품의 질에 대한 기대를 한시도 저버리지 않는다.

앙투아네트 사장이 성의 주인 앙리 캬르발로로 씨에게서 직물 제작 의뢰를 받고 고성 지대에 위치한 빌랑드리 성을 찾았다. 의자의 천이 바래기 시작했고 커튼도 빛 때문에 바랬다. 끝 부분도 망가져서 새로운 것으로 바꿔야 한다. 근 200여 년 만에 이뤄지는 직물 교체 작업을 위해 앙리 씨는 망설임 없이 장 로즈를 선택했다.

사진 속에서만 만났던 선조가 제작해놓은 오래된 직물들의 역사를 장 로즈의 12대 사장인 앙투아네트 씨가 이어가려 한다. 이제 곧 성은 새로운 직물들로 채워질 테지만 성이 품은 역사는 변치 않을 것이다. 장 로즈가 그 역사를 완벽히 재현할 것이기 때문이다.

앙리 씨는 장 로즈와의 관계를 계속 유지해나갈 것이라고 말한다. 그는 지역 회사와의 협업을 원하며 장 로즈는 이 지역에 있었던 오래된 직물 회사이기 때문이다. 물론 장 로즈는 품질이 매우 높은 제품을 만들고 서비스도 훌륭해서 시너지 효과가 난다.

앙투아네트 사장 역시 빌랑드리 성이 이 지역에서 장 로즈를 만난 것은 행운이라고 자신 있게 말한다. 10킬로미터만 벗어나도 장 로즈처럼 당시에 사용하던 그대로의 품질을 가진 비단을 만드는 회사는 찾기 힘들다.

회사로 돌아온 앙투아네트 사장이 디자인 작업에 돌입했다. 빌랑드리 성이 지어진 16세기 르네상스 시대 양식의 문양을 선별해 재배열하는 앙투아네트 사장의 손끝에 자부심이 담긴다. 12대를 이어온 노하우 안에서 탄생하는 장 로즈의 직물은 그 자체만으로도 하나의 예술품이라고 평가

교황 요한 바오로 2세의 옷에 쓰인 장 로즈의 직물

받는다. 362년 전통 프랑스 직물 명가 장 로즈는 시대를 초월하는 걸작을 만든다.

옛것에서 짜낸 직물로 현대를 장식한다

장 로즈는 고전의 미를 추구한다. 12대 사장 마리 앙투아네트 로즈 씨 역시 26년 전 아버지로부터 경영권과 함께 옛것의 아름다움을 지키고자 했던 선대의 마음을 물려받았다.

고전적인 디자인을 시대와 동떨어진 진부한 전통이라 생각하는 사람들도 있다. 그러나 장 로즈의 직물은 시대가 흐를수록 그 가치를 발한다. 교황 요한 바오로 2세의 옷을 제작한 비단도 지금껏 남아 있다. 15세기 르네상스 양식을 따른 문양으로 짠 직물로 1996년 교황의 미사복을 만드는 데 사용됐다. 이뿐만이 아니다. 엘리자베스 여왕을 위해서 그녀가 가장 좋아하는 색깔로 만든 비단도 있다. '영국 여왕의 장미꽃'이라는 이름이 붙은 매우 특

1950년대부터 사용한 목조 방직 기계

별한 직물이다.

고전적인 디자인은 장 로즈가 지닌 첫 번째 경쟁력이다. 장 로즈는 18세기의 직물을 재현하는 길을 걷고 있다. 여러 견본들과 오래된 직물 기계를 가지고 목표를 달성하고 있다. 1992년 화재가 난 영국의 윈저궁을 재단장하는 데에도 쓰였다.

다섯 명의 숙련된 직원들이 있고, 그리고 세월의 무게만큼 무거운 소리를 내뱉으며 쉼 없이 돌아가는 오래된 기계들은 앙투아네트 사장의 아버지 대에도 사용했던 것들로 대부분 50년이 넘었다.

목조 방직 기계 역시 1950년대부터 사용해왔다. 이 기계는 세로 방향으로 놓인 날실과 가로 방향의 씨실을 사람의 손으로 수시로 갈아 끼워가며 작동시키는 반자동 직조기다. 컴퓨터에 입력한 정보로 알아서 직물을 짜는 요즘 시대에서는 쉽게 찾아볼 수 없는 골동품이다.

이 기계를 다루는 장 로즈의 직원들 역시 보기 드문 재주와 감각을 지

넜다. 기계 안에는 바늘과 연결
된 수천 개의 끈이 있는데 이
하나라도 끊어지면 품질뿐 아
니라 상품의 가치를 잃게 된다.
33년 경력의 직조공은 직물이
짜여지는 내내 기계 앞을 지키
며 눈으로 결함을 찾아낸다. 결
점은 언제라도 나올 수 있다.
기계가 직물을 짜지만 사람이
눈으로 감시해야 한다.

장 로즈의 직물은 숙련된 직
조공의 노하우와 더불어 또 하
나의 값진 보물을 통해 완성된
다. 천 위에 그림을 형성하기 위

직물의 모든 모양을 만들어내는
디자인 도안 '천공 카드'

한 직조기에 연결된 기다란 종이가 그것이다. 도안이 기계 안으로 들어가
면 줄이 오르락내리락하면서 그림을 형성시킨다.

장 로즈는 직물의 모든 문양을 직조기에 연결된 종이를 이용해 만든다.
천공 카드라고 불리는 이 구멍 뚫린 종이는 19세기 초, 프랑스에서 방직
의 자동화가 시작되며 사용된 디자인 도안이다. 기계는 종이의 구멍 위치
를 인식해 실을 세우고 눕혀가며 복잡한 무늬를 짜낸다.

장 로즈는 200여 년 전부터 선조들이 사용해온 천공 카드 디자인 도안
을 하나도 빠짐없이 보관하고 있다. 대를 이어 물려받은 수천 장의 천공
카드 디자인 도안은 직물 명가 장 로즈가 가진 힘이다.

기계를 현대화하고 작업 공정을 줄인다면 더 많은 돈을 벌 수도 있을 것이다. 조금은 불편하고 느릴지라도 지켜야 할 것을 지킬 때 진정한 아름다움이 완성된다.

고객의 의견을 존중한다

장 로즈의 직물은 수공예 장인들이 선호하는 것으로 유명하다. 이런 고객들을 위해 디자인, 명암, 재질까지 모두 고객의 요구에 맞추는 방식으로 생산한다.

특수한 색상도 많이 만들어야 하기에 항상 주문품 제작에 앞서 견본을 만든다. 고객에게 보내는 주문 확인서 안에 항상 작은 직물 조각을 첨부한다. 그 후 고객이 선명, 중간, 진한 명암의 선명도를 골라서 직물을 결정한다. 고객의 구체적인 생각을 알 수 없으므로 선택권을 주는 것이다.

직물이 결정되면 각 직물의 쓰임새에 따라 최고, 중간, 그 아래 등급의 실을 고른다. 직조공들은 고객이 요청한 실을 선택해서 사용한다. 이렇듯 고객의 의견을 존중해 만든 직물은 1미터당 평균 100유로 정도에 판매된다.

2004년 프랑스에서 최고 장인상을 수여받은 25년 경력의 실내장식 전문가 올리비에 페티보 씨는 3년 전부터 장 로즈의 직물을 이용해 소파와 커튼을 제작하고 있다. 올리비에 씨는 그동안 프랑스는 물론 해외에서 생산된 수많은 직물들을 접해왔다. 그런 그가 장 로즈의 직물을 선택한 이유는 한마디로 설명할 수 없다. 촘촘한 실의 밀도, 부드러운 촉감, 어느 각도에서도 빛나는 색, 수백 년 전의 예술 양식에서 비롯된 문양. 그러나 무엇보다 중요한 것은 그의 고객이 장 로즈의 직물을 원한다는 것이다.

장 로즈는 바탕색부터 모든 것을 철저하게 오트쿠튀르맞춤 제작 방식으로 만든다. 고객이 먼저 실내장식 전문가에게 장 로즈 사에서 만든 직물로 만들어달라고 요청하기도 한다.

아무리 유서 깊고 훌륭한 기업도 고객에게 만족을 주는 것이 최고의 가치다. 그래야 고객이 찾아오고 고객이 찾아야 기업은 살아남는다.

장 로즈만의 특별한 기술

수백 년이 지나도 변함없이 아름다운 촘촘한 직물 안에는 대를 이어 한 길을 걸어온 가문의 노하우가 담겨 있다.

실내장식품 수공업자들이 장 로즈의 직물을 선호하는 이유는 천 위에 그림을 인쇄하거나 그리는 것이 아니라 실을 이용해서 짜는 문양 때문이다. 꽃과 과일 등의 식물을 사실적으로 표현한 15세기 르네상스 양식부터 소용돌이와 물결, 넝쿨무늬 등으로 곡선의 미를 살린 18세기 로코코 양식까지 장 로즈의 직물 디자인에는 각 시대를 풍미했던 예술의 역사가 담겨 있다. 실내장식 장인 올리비에 페티보 씨가 25년째 장 로즈에서 일하고 있는 이유도 이런 점 때문이다.

"무엇보다 기품 있는 천의 품질이 보석과 비교할 수 있을 만큼 특별하죠. 이 천은 20년이 지나도 유행과 상관없이 아름다울 거예요."

실을 선정하는 작업이 끝나면 곧바로 염색 작업에 들어간다. 장 로즈는 2000년에 염색 작업장을 열어 실내장식자들의 요구에 더 전문적이고 능동적으로 대응할 수 있도록 했다. 그들과 재료, 디자인, 특수 직물, 색깔 등을 함께 작업한다.

장 로즈는 직물에 사용되는 모든 실을 직접 염색해 사용한다. 면과 마,

예술의 역사가 담긴 장 로즈의 직물

모, 인조 양모 등 총 여덟 종류의 실을 중국과 남미 등 세계 각지에서 수입해 사용한다. 가볍고 질길 뿐 아니라, 광택이 나는 비단실은 화려한 문양의 직물을 만드는 최고의 재료다.

실은 뜨거운 물로 한 번 세탁한 후 일련의 화학처리 과정을 거친다. 염기성분의 표면활성제는 산성의 염료를 중화시켜, 염색이 부드럽게 되도록 돕는다. 장 로즈가 실을 염색하는 과정에서 가장 중요한 조건은 염료의 양이다. 0.01그램의 미세한 차이에도 실의 색깔은 달라진다.

염료는 실의 종류와 무게에 따라 비율을 달리해 사용한다. 반드시 지켜야 할 또 다른 조건은 색의 배합이다. 장 로즈는 하나의 색을 얻기 위해 총 세 가지의 색을 배합한다. 배합 비율은 창업 당시부터 직접 실을 염색해오며 습득한 장 로즈만의 비법이다.

염색 작업은 정확한 공식에 따라 진행된다. 온도가 맞지 않으면 염색약이 완벽하게 직물에 스며들지 않는다. 염색약이 제대로 스며들지 않으면

원하는 색상이 나오지 않는다.

각각의 실은 반드시 정해진 온도와 시간에 맞춰 삶는다. 비단실은 섭씨 100도, 면은 60도의 온도에서 삶아야 한다. 온도와 시간에 오차가 발생하면 화학약품과 염료가 잘 섞이지 않아 얼룩이 생기는 것은 물론 실이 삭을 수도 있다. 장 로즈는 원하는 색조가 나타날 때까지 몇 번이고 이 염색 작업을 반복한다.

이렇게 완성된 실은 물레에 감은 후 다시 작은 실타래로 옮겨 감는다. 한 번의 염색 과정 끝에 만들어지는 실은 많아야 실타래 열 개 분량이다. 장 로즈는 1년 평균 400여 가지 색상의 실을 염색한다. 부족한 색의 경우, 하루 종일 염색 작업을 반복해 조달하지만 그래도 모자라는 상황이 종종 발생한다.

공장 한편에서 날실을 감는 작업이 한창이다. 얼핏 봐도 엄청난 양이다. 직물은 실의 굵기와 밀도에 따라 그 강도가 달라진다. 쉽게 말해 굵기

장 로즈와 협력하며 새로운 문양을 디자인하는 티에리 베롱 씨

가 얇은 실을 많이 사용해 치밀하게 짤수록 직물의 수명이 길어지는 것이다. 밴드 하나당 1106개의 실이 필요하다. 이곳에서는 66개의 실감개를 사용하고 있다. 실이 가늘고 촘촘할수록 직물의 촉감 또한 부드러워진다. 긴 수명과 부드러운 촉감을 완성하는 것은 높은 실의 밀도다. 이는 장 로즈의 직물이 가진 또 하나의 경쟁력이다.

창조적인 시도가 미래를 만든다

섬유 디자이너 티에리 베롱 씨는 2년 전부터 장 로즈와 협력해 일하고 있다. 그의 일은 직물의 짜임이나 모양을 보고 색감을 넣어 다시 만들거나 유행에 맞게 재구성해서 실내장식 업자나 장식품을 만드는 장인들에게 새로운 디자인을 제공하는 것이다.

장 로즈는 6주에 한 번 티에리 씨와의 만남을 통해 직물에 사용할 실의 색상을 새로이 선정한다. 문양은 유지하되, 실색에 변화를 주어 직물을 현대적으로 재탄생시키기 위해서다. 티에리 씨와 앙투아네트 사장은 여러 가지 색상을 골랐다. 이제 이 색을 변형시켜 직물에 수를 놓을 것이다.

위기에서 벗어나려면 판매 전략에 힘을 쏟고 새로운 제품을 만들어야 한다. 그래서 색감을 개발하거나 새로운 원단에 창조적인 시도를 많이 하고 있다. 2, 3년 전부터는 아랍 시장에 진출하기 시작했고 현재는 러시아 진출을 목표로 삼고 있다. 현재 장 로즈는 생산량의 80퍼센트를 영국, 이탈리아, 독일 등 세계로 수출하고 있다. 연간 수출액만 100만 유로에 달한다.

장 로즈가 해외시장에 나서는 이유는 비단 매출을 올리기 위해서만이 아니다. 가장 큰 목표는 전통 직조 방식으로 만든 프랑스 직물의 우수성을 알리는 것이다.

공장장 루카 씨와 염색 담당 직원 베릴 씨는 실험을 준비한다. 며칠 전 새로운 색을 만들어달라는 고객의 의뢰가 들어왔다. 먼저 고객이 원하는 색과 가장 가까운 색을 만드는 공식을 바탕으로 염료의 양과 배합 비율을 조절한다. 장 로즈는 이미 사용하고 있는 염색 방법만 고집하지 않는다. 늘 새로운 실험을 한다.

평균 일주일 동안, 스무 번 이상의 실험 끝에 하나의 색이 완성된다. 이러한 노력으로 장 로즈는 또 하나의 값진 노하우를 얻게 된다. 앙투아네트 사장은 장 로즈를 더 오랜 시간 이끌어가기 위해서 그런 노력이 중요하다고 생각한다.

"전통적인 문양의 방식에 현대적인 색상을 입힌다는 것은 어려운 일이에요. 하지만 적합한 균형을 찾는다면 시간을 초월하는 작품이 탄생하죠. 후대에 물려줄 수 있는 훌륭한 작품이 되는 것이죠."

장 로즈는 중세부터 근대까지 프랑스의 예술사를 품은 디자인에 현대적 감각을 더해 완성한다. 오늘도 장인의 섬세한 손길로 프랑스의 역사를 품은 직물을 만들며 그 아름다운 역사를 장식한다.

1. 고전적인 디자인

장 로즈는 대를 이어 내려온 디자인 도안과 오래된 기계들로 고전의 미를 재현한다. 장 로즈처럼 예전 그대로의 비단을 만드는 회사가 거의 없기 때문에 그들의 직물은 시대가 흐를수록 그 가치를 발한다.

2. 고객의 요구에 부응하는 맞춤 제작

장 로즈는 고객의 의견을 존중하며 선택권을 준다. 고객의 요구에 맞춰 특수한 색상을 만들며 항상 주문품 제작에 앞서 견본을 만들어 확인한다. 고객이 명암의 선명도를 골라서 직물을 결정하고 고객이 요청한 실을 선택해 직조한다.

3. 한길을 걸어온 가문의 노하우

장 로즈는 천 위에 그림을 인쇄하거나 그리는 것이 아니라 오로지 실을 이용해서 문양을 만든다. 완성도 높은 직조 기술과 염색 기술, 배합 비율 등 창업 당시부터 직접 실을 염색하며 습득한 비법을 이용한다.

4. 새로운 실험을 한다

이미 사용하고 있는 염색 방법만 고집하지 않고 늘 새로운 실험을 한다. 또한 판매 전략에 힘을 쏟고 새로운 제품을 만들기 위해 노력한다. 전통적인 문양의 방식에 현대적인 색상을 입혀 시대의 변화에 대응한다.

INFORMATION

주 소   10, rue Joliot-Curie, Z.I. B.P. 701 37557 Saint-Avertin, France

전 화   +33-2-47-28-02-15

터키 전통 도자기 공방
규라이 촘렉칠릭

"사라져가는 전통에 혼을 불어넣고
 새로운 변화의 기회를 받아들이는 것,
 그것이 규라이 촘렉칠릭이 지금까지 이어진 이유다."

– 규라이 촘렉칠릭 5대 사장. 무스타파 규라이 투이슈즈

카파도키아의 기묘한 바위 '요정의 굴뚝'

터키 중남부의 기암 지대, 카파도키아는 버섯 모양의 독특한 바위들이 들어찬 신비의 땅으로 매년 3000만 명에 달하는 관광객들이 찾아오는 곳이다. 자연이 멋지게 깎아놓은 기묘한 바위들은 일명 '요정의 굴뚝'이라 불린다. 그 말대로 요정이 걸어 나올 법한 만화 같은 풍경이 여행자들을 설레게 한다. 또한 카파도키아에는 과거, 박해를 피해 숨어 지내던 기독교인들의 동굴 주거지가 많다. 그 바위 동굴들 가운데 하나를 개조해 만든 호텔이 하나 있다.

해외 관광객들이 많이 찾는 이 동굴 호텔의 내부를 장식한 것은 터키의 전통 도자기, 규라이 촘렉칠릭Guray Comlekcilik의 도자기다. 품질이 좋아서 수년간 사용해도 색이 변하지 않기에, 호텔 안의 터키식 목욕탕 하맘 역

도자기로 유명한 아바노스 마을의 '규라이 촘렉칠릭'

시 규라이 촘렉칠릭의 도자기 타일로 장식했다. 하나의 그림을 이루는 타일 장식은 훌륭한 예술 작품이다. 원래는 벽에 아무것도 없었지만 무미건조하던 벽을 타일로 장식하자 공간이 아름다워졌고 손님들도 좋아했다. 화려하고 아름다운 문양은 터키의 색을 느끼도록 만드는 최고의 장식으로 통한다.

규라이 촘렉칠릭은 카파도키아에 있는 도자기 마을 '아바노스'에서 관광객들이 꼭 찾는 곳이다. 동굴 안에 만들어진 공방 입구부터 천 가지 이상의 다양한 도자기가 전시된 매장은 보는 이의 눈을 사로잡는다. 이곳의 장인들은 매일같이 물레를 돌려 도자기를 만들며 터키 도자기의 전통을 이어가고 있다.

세계를 홀린 화려함

카파도키아의 북쪽에 위치한 아바노스 마을의 옆으로는 터키에서 가장 긴 강인 크즐 강이 지나간다. 수천 년부터 강바닥의 흙으로 도자기를 만들어온 마을로 지금도 마을 사람의 70퍼센트가 도자기를 만든다. 마을을 찾아오는 도자기 공방 투어가 따로 있을 정도인데, 사람들이 많이 찾는 곳은 마을에서 가장 크고 오래된 공방, 규라이 촘렉칠릭이다. 169년의 역사를 가진 이곳으로 1843년부터 도자기를 만들었다. 아바노스 마을에서 만든 도자기들의 무늬와 형태는 이곳에서 시작된다.

바위를 깎아 만든 동굴 속의 2층 공방은 겉모습부터 위엄을 보인다. 유적지에 온 것 같은 가게를 들어서면 아름다운 도자기의 세계가 펼쳐진다. 위층은 전시장과 매장을 겸한다. 미로처럼 생긴 공방 안에 장식품, 그릇, 조명 등 수백여 종류의 도자기 제품들이 빼곡하게 전시되어 있다.

벽을 가득 메운 화려하고 컬러풀한 문양의 접시들이 먼저 눈길을 사로잡는다. 사장은 특별한 도자기들을 들고 그 역사를 설명한다.

169년 동안의 열정으로 완성된 색채의 예술은 세상의 모든 색을 담아내는 화려함으로 사람들을 매료시킨다. 흙으로 전통을 빚어내고 장인의 숨결로 현대를 그려내는 규라이 촘렉칠릭은 똑같은 도자기는 허락하지 않는다. 오로지 '다름'으로써 생명을 얻는다. 매장에 전시된 도자기들은 단 한 개도 같은 디자인이 없다.

세밀한 문양과 다채로운 색감이 특징인 규라이 촘렉칠릭의 도자기는 늘 변화하는 현대적인 디자인을 추구하지만 그 중심에는 언제나 전통이 있다. 13세기 터키인들은 이스탄불과 부르사를 오가며 도자기를 판매했다. 이즈니크 문양의 도자기는 전 세계의 다양한 박물관에 전시되어 있다.

벽을 메운 화려한 문양의 접시들

좋은 흙으로 만드는 튼튼한 도자기

동굴의 옥상에는 흙을 배합하는 작업장이 있다. 좋은 도자기를 만드는 첫째 조건은 양질의 흙이다. 채취한 진흙의 불순물을 걸러내는 건 기계도 도구도 아닌 노인의 주름진 손이다. 마치 체에 거르듯 빈틈없이 걸러내는 솜씨는 한두 해만에 완성되지 않는다. 아젤레 씨는 아바노스에서 열두 살 때부터 진흙을 걸러내는 일을 했다. 20년 이상 이곳에서 일한 전문가다. 평생 흙을 묻혀온 그의 손에서 완벽한 도자기의 바탕이 만들어진다. 불순물을 거른 진흙은 열흘 정도 굳혀야 비로소 단단해진다.

아바노스가 도자기 마을로 유명해진 건 천혜의 환경 덕분이다. 이곳의 대지는 도자기 재료로 적합한 황토가 지천이다. 규라이 촘렉칠릭 역시 선조 때부터 이 지역에서 재료를 얻었다. 규라이 촘렉칠릭은 터키에서 가장 긴 강인 크즐 강 주변의 진흙을 1년에 여섯 번에서 열 번 채취해 도자기를 만든다. 지인 소유의 땅에서 채취한 단단한 황토, 이 질 좋은 진흙은 크즐 강의 선물로 1400도 이상의 고온에서도 견딜 수 있는 특별한 흙이다.

크즐 강은 이곳에서 1킬로미터 정도 떨어져 있는데 비가 많이 오는 겨울이나 봄에는 강이 범람하여 물이 이곳까지 내려

불순물을 거른 진흙을 열흘 정도 굳힌다.(상)
규라이 공방에서만 쓰는 귀한 흙(하)

온다. 여기에 물이 가득 찬 후 나중에 빠지면서 질 좋은 진흙이 남는다. 흙 안에 돌이 전혀 없고 철 성분 함유량은 많다. 또한 토양 입자가 매우 작다. 이 흙을 쓴 뒤로 도자기가 부서지는 일이 크게 줄었다고 한다. 반죽을 4, 5개월 정도 숙성시키면 도자기를 빚기에 적합해진다.

장인의 손끝에서 탄생하는 도자기

동굴의 지하에 있는 성형 작업실에서는 세 명의 장인이 전동 물레를 이용해 도자기를 빚는다. 규라이 촘렉칠릭 공방의 5대 사장이자 도자기 장인인 무스타파 규라이 사장은 할아버지에서 아버지를 이어 대대로 도자

기를 빚으며 가업을 잇고 있다. 그는 방문객들에게 작업실까지 모두 공개한다. 대를 이은 긍지와 수작업에 대한 자부심 때문이다. 이곳에서 만드는 제품들은 다른 작업장의 제품들과 다르고 사용하는 진흙도 다르다. 그래서 전통 도자기들을 복원하기도 하고 현대식으로 작업하기도 한다.

눈과 손으로 하나하나 섬세하게 작업하는 과정은 굉장히 수고스러운 일이다. 여섯 살 때부터 물레를 돌렸다는 아이든 씨는 규라이 촘렉칠릭 최고의 성형 장인이다. 그는 힘들지만 가치 있는 전통 도자기의 복원을 위해 5년 전부터 함께 일했다. 전통 도자기 복원에는 그의 손이 꼭 필요하다.

히타이트 시대의 작품을 만들기도 하는데 오랜 경력의 그에게도 4000년의 역사를 지닌 도자기를 재현하기란 쉽지 않다. 하지만 22년의 세월이 담긴 손끝으로 세심하게 완성해간다. 찰스 왕세자가 이곳을 방문했을 만큼 세계적인 명성을 떨치는 이유다.

성형 작업을 제외한 작업장은 모두 동굴 위층에 있다. 도자기의 핵심인 문양 작업을 포함해 재료 준비, 굽기, 판매까지 대략 50명의 직원이 함께 일한다. 건축가가 지은 이 공방은 도자기 제작에 좋은 조건을 갖추었다. 동굴 안의 습도가 늘 일정하게 유지되어 대형 도자기를 작업하는 데 더없이 알맞다. 채색 작업장에서는 제품이 가마에 들어가기 전과 가마에서 나온 후의 작업을 한다.

가마 작업장은 전기 가마에 도자기를 구워내는 곳이다. 규라이 촘렉칠릭의 도자기는 다양하지만 가장 큰 자랑거리는 대형 도자기다. 크기뿐 아니라 정교한 문양과 화려한 색감이 보는 이를 압도한다.

대형 도자기는 얼마 전까지도 쉽지 않은 시도였다. 예전에는 기계도 없고 기술도 없어서 이렇게 큰 도자기를 만들 수 없었다. 한자리에 머물지

더 크고, 더 화려한 도자기 제작을 위해서 디자인 작업은 1년가량 소요되기도 한다.

않는 계속된 발전의 결과물이다.

제작 과정을 꼼꼼하게 확인하던 무스타파 규라이 사장은 손가락 마디로 도자기를 쳐보면서 품질을 체크한다. 그는 소리만 듣고서도 품질을 알 수 있다. 좋은 제품은 손가락을 튕겼을 때 단단하고 청명한 소리가 난다. 잘못 구워진 도자기는 소리부터 다르다.

더 다양하고 새로운 디자인을 위한 도전

도자기 수요가 급격히 줄어드는 위기를 겪으면서 규라이 촘렉칠릭은 디자인에 주력했다. 단순한 디자인과 한정된 쓰임의 도자기로는 더 이상 사람들을 사로잡을 수 없었다. 이전보다 더 크고, 더 화려한 도자기를 만들려면 몇 배의 노력과 시간을 감수해야 한다. 밑그림을 그리는 데만 2개월, 완전히 색을 칠하는 데 4개월이 걸린다. 그리고 광택을 내는 데 7개월이 더 걸린다. 결국 하나의 작품으로 완성되는 데 1년가량 소요된다.

대량생산에는 전통 가마를 사용한다.

도자기의 디자인을 결정할 때 고객은 보이지 않는 디자이너다. 언제나 고객의 의견에 귀 기울이고 그들이 선호할 만한 디자인을 고민한다. 디자인은 의견 조율을 통해 결정된다. 네페르 씨는 도자기에 그림을 그린 지 27년이 된 장인이지만 대학에서 도예를 전공한 올자이 튜이슈즈 씨에게 기꺼이 전문적인 지식을 얻는다. 그래야 공방의 수준이 높아진다고 믿기 때문이다.

현재 공방에서는 전기 가마를 사용한다. 환경과 품질을 위해서다. 예전에는 장작을 태우는 가마를 사용했지만 이제는 법으로 금지됐다. 전통 가마는 시외에서만 사용할 수 있기 때문에 여기서는 전기 가마를 사용해야 한다.

대량생산이 필요할 때는 시외에 있는 거래처에 맡긴다. 옛날 아바노스 마을에서는 모두 장작을 태우는 전통 가마에서 도자기를 구웠다. 할아버지와 아버지가 쓰던 전통 가마는 이제 많이 사라졌지만 아직도 수백 개 이상의 도자기를 구울 때는 전통 가마가 효과적이다.

가마는 2층으로 되어 있다. 위에서 도자기들을 정렬해놓고 아래에서 불을 때는 전통 방식이다.

대학에서 도예를 전공하고 공방의 디자인 책임자로 일하는 올자이 씨는 무스타파 사장의 동생이다. 사장의 누나이자 올자이 씨의 언니인 귤라이 씨 역시 이곳에서 일한다. 중요한 도자기의 디자인을 결정할 때는 이

세 남매의 의논과 최종 판단으로 이루어진다. 이들은 가족이자 동료다. 집에서도 좋은 아이디어가 생기면 전화를 걸어 이야기를 나누며 새로운 도자기 무늬를 구상한다.

아이디어가 있을 때는 서로 도우며 구체화시키지만 아이디어가 떠오르지 않으면 잠이 오지 않을 정도로 항상 새로운 아이디어에 목말라 있다. 밤낮으로 도자기만을 생각하는 열정, 가업을 잇는 가족의 힘으로 규라이 촘렉칠릭은 지난 세월을 이어왔다.

과거의 지혜와 현대의 상상력이 만나다

시간이 흐르고 전통은 희미해지지만, 그래도 과거를 기억하려는 이들이 있기에 전통의 불씨는 사그라지지 않는다. 과거에 뿌리를 두지만 새로운 시도를 향한 노력 또한 멈추지 않는다. 초벌구이한 도자기에 유약을 칠하는 작업장은 도자기의 새로운 색을 만들어내는 실험실이기도 하다. 직원들은 더 새롭고, 더 아름다운 도자기 제품을 창조해낸다.

회사는 장인들의 도전을 기꺼이 지원한다. 대형 도자기를 만들기 위해서라면 기계도 특별 제작한다. 그래도 견고하게 만드는 일은 장인의 몫이다. 물레를 돌려가며 가장자리에 빈틈없이 흙을 붙여줘야 한다. 또한 미세한 틈 하나로 큰 도자기가 부서질 수 있기 때문에 작은 기포가 생기면 일일이 공기를 빼주어야 한다.

규라이 촘렉칠릭만의 디자인은 과거의 지혜와 새로운 상상력이 만나 탄생한다. 올자이 씨는 터키의 화려한 전통 디자인을 현대적으로 되살리는 데 중점을 두고 있다. 옛날 형태의 도자기를 현대적으로 해석해 새롭게 만들기도 한다. 오스만 시대의 디자인을 계속 이어서 사용하는 동시에 새

다리로 물레를 차는 작업 방식 '킥더힐'

로운 디자인을 개발하기 위해 노력을 기울이고 있다. 매장에서 만날 수 있는 수천 가지의 디자인이 그 증거이다.

공방은 새로운 것에 무척 개방적이며 늘 새로운 물건을 생산해내도록 격려한다. 5년 경력의 엘마스 악쉬트 씨는 도자기로 등을 만드는 시도를 했다. 벽에 걸어 설치하고 안쪽에 조명을 넣어서 불을 밝혔다. 규라이 촘렉칠릭은 최근에 인테리어용 타일에 주력하고 있다. 주택의 장식용으로 타일을 찾는 고객들이 갈수록 늘고 있다.

무스타파 사장은 하루 중 10시간을 공방에서 보낸다. 항상 매장에 있으면서 손님들과 얘기도 하고 관찰도 한다. 그러면서 생각을 한다. 단순해 보이지만 가게를 발전시키는 가장 궁극적인 방법이다.

규라이 촘렉칠릭은 견학과 체험을 활성화해서 많은 이들이 찾아오게 한다. 작업 방식을 보여주는 방에서 '킥더힐다리로 물레를 차는 방식'을 보여주고 직접 체험할 수 있도록 한다. 체험을 통해 도자기 제조 과정뿐 아니라 터키의 전통과 삶을 공유한다.

규라이 촘렉칠릭을 찾는 방문객은 매년 늘어나고 있다. 장인들의 수작업 과정을 볼 수 있고 도자기 빚는 체험까지 해볼 수 있다는 입소문이 나면서 한 해 수만 명의 사람들이 찾아온다. 그들은 모두 잊지 못할 여행의 추억을 안고 돌아간다.

히타이트 제국에서 기원한 고리 모양의 도자기

체험 자체로도 의미가 있지만 실질적인 이익을 준다는 것도 무시하지 못한다. 체험은 곧 판매로 이어지기 때문이다. 실제로 매출 가운데 60퍼센트 이상을 해외 관광객들이 차지한다. 그래서 해외 배송 서비스를 철저하게 시행해서 이들의 구입을 더욱 북돋는다. 관광객들이 깨질 위험이 큰 것을 가지고 다니다 보면 문제가 생길 수 있고 그런 위험 때문에 구입을 꺼릴 수 있다. 그래서 고객이 더 편하게 휴가를 보낼 수 있도록 구입을 하면 해외라도 배송 해준다. 고객들이 편하게 여행을 즐기길 바라는 작은 배려, 작은 투자지만 이런 것들이 고객에게 큰 감동으로 다가온다.

다음 세대를 위한 선물

고리 모양의 독특한 형태를 띤 도자기는 기원전 18세기경에 형성된 히타이트제국에서 만들기 시작했다. 히타이트 시대는 터키의 도예 기술이 절정을 이룬 시기로, 중앙이 텅 빈 도자기는 이 당시에 생겨난 형태로 추정된다. 고대제국의 영화는 사라졌지만 과거의 유산을 보존하고 전통을

5대 사장, 무스타파 규라이 투이슈즈

잇기 위한 노력은 규라이 촘렉칠릭에서 여전히 계속된다.

커다란 접시 모양의 대형 도자기는 다양한 패턴이 원을 이루며 겹겹이 쌓여 마치 공작새의 깃털 같다. 이 문양은 규라이 가문의 무늬다. 중앙의 작은 원은 도자기 장인들의 시초를 상징한다. 도자기의 각 원, 즉 고리는 한 세대를 대표한다. 아버지에서 그 아들을 지나 오늘날까지 이어졌다는 것을 보여준다.

세대를 이어온 고리는 1843년 아바노스 마을에서 처음 시작됐다. 풍부한 진흙으로 마을의 남자들이 도자기를 빚기 시작했고, 3대 사장 때 마을을 대표하는 공방이 되었다. 하지만 시대가 변하면서 식기 위주의 도자기는 설 자리가 없어졌다. 플라스틱이 우리 삶에 들어오고 가볍다는 이유로 선호하게 되면서 도자기는 외면당하기 시작했다. 수요가 줄면서 도자기 공방도 사양 산업이 됐다. 그런데 마침 운이 좋게도 터키에 관광 열풍이 일면서 마을에 사람들이 찾아왔고 공방의 도자기도 엄청나게 팔리기 시작했다.

세대의 고리가 끊이지 않았던 것은 무엇보다 공방이 문을 닫을 위기에서 손자와 함께 가게를 지킨 3대 사장의 열정과 지혜가 있었기에 가능했다.

현재 사장 무스타파 씨의 할아버지는 가게 앞 10미터 정도 떨어진 곳에 손자를 위한 자리를 만들어주고 물건을 팔게 했다. 그는 정말 행복했고 즐거웠다고 한다. 팔면 팔수록 더 재미있었고 그 나이에 돈을 벌 수 있다는 것이 기뻤다. 나중에 알았지만 할아버지가 당신의 고객들을 그에게 보낸 것이었다. '가서 저 아이에게 사라'고 말이다. 할아버지는 그에게 만드는 법만 가르쳐준 것이 아니라 직접 손님을 대하고 판매를 하면서 재미를 느끼게 해주었다. 그 모든 것이 예방접종 같은 것이었다. 그는 아주 중요한 가치들을 할아버지에게서 배웠다.

무스타파 사장은 할아버지의 가르침으로 사장이 되어 회사를 잘 이끌고 있다. 그리고 그 역시 다음 세대를 위한 선물을 준비하고 있다. '아바노스 지하 도자기 박물관 프로젝트'로 공방 옆의 동굴에 박물관을 지을 것이다. 여기에 고대 히타이트부터 로마, 셀주크, 오스만 시대의 작품들을 전시할 것이다. 도자기 마을 아바노스에 처음으로 세워질 도자기 박물관이기도 하다.

무스타파 사장은 자신이 이어받은 일을 딸 셀마 씨에게 가장 멋진 방식으로 물려주고 싶다고 한다. 이제 세계에 터키 도자기를 알리는 일은 다음 세대의 몫이기 때문이다.

사실 딸이 6대로 이어가길 바랐지만 딸은 아무런 대답도 하지 않았었다. 그러던 중 박물관 프로젝트를 진행했고 다행히도 딸은 반겼다. 이제 딸이 일을 이어가게 되었고 무스타파 사장은 무척이나 기쁘다.

그는 자신이 떠나더라도 규라이 촘렉칠릭의 도자기를 통해 이 세상에 발자국을 남기고 싶다고 말한다.

"세상에 선물을 남기고 싶습니다. 다음 세대가 이 작업장과 박물관을 잘 이어가길 원합니다. 인생은 아주 빠르게 흘러가니까요."

세대에서 세대로 이어지는 고리는 아름다운 변화의 물결이다.

1. 좋은 흙을 사용한다

철 성분이 함유된 크즐 강의 진흙으로 만든 규라이 촘렉칠릭의 도자기는 1400도 이상의 고온에서도 견디며, 견고하고 튼튼하기로 유명하다. 또한 최소 4, 5개월에서 길게는 1년까지 숙성 기간을 거친 진흙 반죽은 특유의 좋은 질감을 선사하다.

2. 장인들의 수작업

규라이 촘렉칠릭은 전통 도자기를 복원하기도 하고 현대식으로 작업하기도 한다. 세 명의 도자기 장인이 전동 물레를 사용해 도자기를 빚는다. 히타이트, 오스만 시대부터 전해 내려온 전통 무늬부터 현대식 디자인까지 도자기에 그려진 아름다우면서도 화려한 무늬가 장인들의 수작업을 통해 완성된다.

3. 대중과의 소통

규라이 촘렉칠릭은 작업 방식을 보여주고 직접 체험해볼 수 있게 개방한다. 장인의 작업실까지 모두 공개하여 도자기 제조 과정뿐 아니라 터키의 전통과 삶까지 공유한다. 덕분에 수많은 관광객들이 찾아오고 이는 곧 판매로 이어진다. 또한 이들을 위한 해외 배송 서비스도 시행한다.

4. 새로운 제품 개발

규라이 촘렉칠릭은 새로운 것에 개방적이고 장인들의 새로운 시도를 지원한다. 계속 새로운 물건을 창안하며 인테리어용 타일도 생산하여 고객들이 늘고 있다. 사람의 마음을 읽고 세상의 변화를 읽는 데 시간을 아끼지 않으며 새로운 도전을 두려워하지 않는다.

I N F O R M A T I O N

주 소 Eski Nevşehir Yolu Üzeri İmam Hatip Lise Karşısı No:44 50500 Nevsehir, Turkey

홈페이지 gurayceramic.com

전 화 +90-384-511-2374

포르투갈 연필 회사
비아르쿠

그림을 그리고 숫자를 쓰고 글을 배우고. 사람의 삶 속에서 사람의 성장과 함께하는 도구인 연필. 처음 학교에 들어가 연필로 또박또박 꾹꾹 눌러 글씨를 쓰던 기억은 누구에게나 있을 것이다. 그러나 조금만 자라면 금방 샤프펜슬을 쓰고

일하는 사람의 도시 '상 조앙 다 마데이라'

싶고 펜을 쓰고 싶어지는 것도 누구나 비슷했을 것이다. 그리고 요즘에는 그조차 쓰는 일이 많지 않다. 컴퓨터와 스마트폰이 종이와 연필을 대신하고 있기 때문이다.

그러나 연필이 사라진다면 그보다 슬픈 일도 없을 것이다. 포르투갈의 유일한 연필 회사 비아르쿠Viarco의 연필은 100년이 넘는 세월을 살아남으며 지금도 새로운 제품을 내놓는다. 지금을 살아가는 포르투갈 사람들의 삶 한 부분을 채우고 또한 지나온 삶을 추억케 하는 상징물이 되었다.

포르투갈 북부에 위치한 포르투는 포르투갈 건국의 기원이 된 유서 깊은 도시다. 수백 년 전의 유럽 예술 양식의 건축물이 그대로 남아 있는 리베르다드 광장과 주변 거리는 과거로 회귀한 듯한 분위기를 자아낸다. 변화하지 않은 도시. 그 안에서도 포르투갈 사람들의 삶은 이어지고 있다.

포르투에서 남쪽으로 약 40킬로미터를 가면 도착하는 아베이루 주에 위치한 도시 '상 조앙 다 마데이라'는 포르투갈에서 두 번째로 큰 도시다. 이 이름은 우리말로 '일하는 사람의 도시'라는 뜻이다. 19세기부터 생활용품 생산의 중심지로서 포르투갈의 산업 발전을 주도해왔으며 도시 곳

곳에는 신발 장인 동상이나 모자 장인 동상 등이 있다. 한 가지 일에 열정을 바쳐 일하는 사람들을 얼마나 높이 평가하는지 알 수 있다. 그리고 지금도 변함없이 제 역할을 이어가고 있다.

산업 지역인 만큼 이곳에는 성이나 기념물이 없고 산도 없다. 가진 것은 공장들뿐이다. 예로부터 땅이 작고 그 안의 공장들도 소규모라 제품의 품질을 끌어올려야만 살아남을 수 있었다. 가치만이 유일한 경쟁력인 것이다. 그리고 가장 중요한 가치는 창조성에서 나온다. 이 도시에 105년 전통의 포르투갈 연필 명가 비아르쿠가 있다.

역사를 잊지 않는 가게

시가지 골목에는 주로 지역 주민들이 찾는 생필품 가게가 있다. 그런데 이곳에서 판매하는 제품은 공통점을 갖고 있다. 모두 포르투갈에서 생산된 제품이라는 것이다.

26년 전 유럽연합에 가입한 이후 포르투갈 산업은 수입품의 공세에 침체기를 겪었다. 상점 한편을 채운 연필들은 당시의 힘들었던 상황을 기억하는 포르투갈 사람들에게 남다른 의미가 있다. 어렸을 때부터 비아르쿠의 연필을 쓴 엄마는 아이에게도 이 연필을 사 준다. 긴 세월의 노하우로 만든 비아르쿠의 단단한 연필 한 자루에는 만드는 이의 희망, 사용하는 이의 꿈이 담겨 있다.

포르투갈 연필 산업의 역사를 고스란히 간직하고 있는 105년 전통의 연필 회사 비아르쿠는 1907년에 창업했다. 5대 사장으로서 회사를 이끌고 있는 주제 비에이라 씨는 "비아르쿠는 꿈을 만드는 공장"이라고 생각한다. 아직 존재하지 않는 새로운 것을 만들며 정체되지 않기를 희망하기 때

5대 사장, 주제 비에이라

문이다.

비아르쿠는 지역주민뿐 아니라 타지에서 온 방문객들을 위해 언제나 개방한다. 본사 2층에는 전시관이 있다. 손님들이 제품을 소개받고 테스트해보며 구매까지 할 수 있는 장소다. 필기용 일반 연필, 미술용 색연필, 크레용 등 현재 비아르쿠가 생산하는 100여 가지의 제품과 더불어, 회사가 수십 년 전 만들어 판매했던 낡은 디자인의 다양한 제품들까지 전시관 안을 가득 메운 연필들 그 자체만으로 회사의 역사를 가늠케 한다. 어린이용 구구단 연필은 창업 당시부터 생산하고 있는 제품으로 지난 105년 동안 어린이들의 필수품이었다.

반으로 나뉘어 한쪽은 파란색, 다른 한쪽은 빨간색인 연필도 마찬가지다. 한 자루로 두 가지 색을 다 쓸 수 있어 편리하다. 하지만 여기에는 서글픈 역사가 담겨 있다. 군사 독재 당시, 검열관들이 신문의 모든 기사와 잡지를 읽으면서 이 연필로 검열을 했다고 한다. 그래서 '검열 연필'이라고 불렀다. 50여 년 전부터 생산해온 이 연필은 어두웠던 과거 역시 역사

라는 것을 온몸으로 말하는 듯
하다. 또한 그 역사를 잊지 않으
려는 회사의 신념을 보여준다.

비아르쿠의 역사를 만들어온 사람들

본사 건물 뒤편에는 공장이
있다. 역사를 지키는 노력은 이
곳에서부터 시작된다. 기계음
가득한 연필심 작업장에서 연
필을 만드는 첫 공정이 이루어
지고 있다. 비아르쿠는 창업 당
시부터 기계를 이용한 반자동
화 방식으로 연필심을 만들어

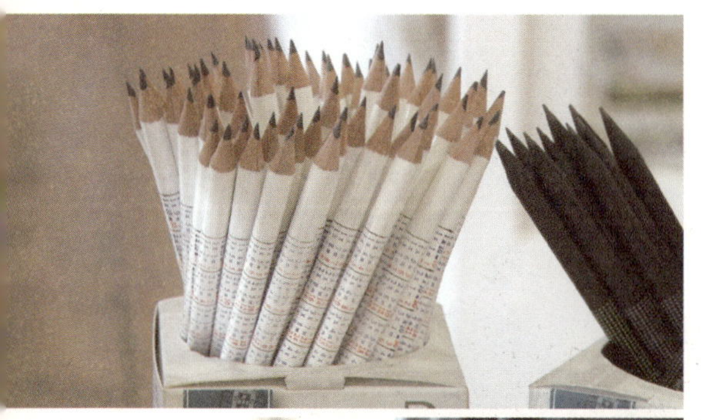
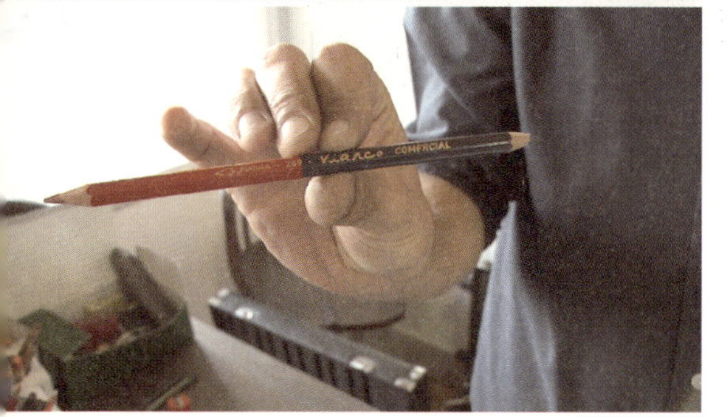

어린이들의 필수품 '구구단 연필'(상)
군사 독재 당시 검열에 쓰였던 '검열 연필'(하)

왔다. 제작의 핵심이 되는 연필심 공정은 37년 경력의 아메리쿠 씨가 책
임진다. 기계를 사용한다지만 대부분은 사람의 손으로 이루어진다. 연필
심 제작에 앞서 아메리쿠 씨가 점토를 반죽한다.

점토 가루가 골고루 반죽되면 흑연 가루와 섞어 다시 2차 반죽을 한다.
이때 점토와 흑연 가루의 배합 비율에 따라 연필심의 강도가 달라진다. 여
기서 연필심의 강도를 결정짓는 또 하나의 비법이 있다면, 틈틈이 물을 섞
어주는 아메리쿠 씨의 노하우다. 물을 넣고 섞으면 연필심의 강도가 높아
진다. 이 역시 그의 경험에서 나온 것이다.

색연필의 심은 점토와 흑연 가루 반죽에 착색제를 넣어 만든다. 이 작

37년간 연필심 공정을 맡고 있는 아메리쿠 씨

업을 거치면 반죽은 작고 단단한 알갱이 형태가 된다.

연필심 생산 준비가 끝나면 반죽 알갱이를 성형기에 넣고 압착, 곧바로 긴 막대 모양의 연필심이 완성된다. 쉴 틈 없이 돌아가는 기계처럼 기계를 다루는 아메리쿠 씨의 손 역시 잠시도 멈추지 않는다.

"저는 원래 장갑을 끼지 않고 일해요. 그게 더 편합니다"라고 말하는 그의 손이 거칠다. 연필심에 새까매진 손 마디마디에 세월을 따라 더 깊어진 책임감이 배어 있다. 비아르쿠는 이렇게 매일 천여 개 분량의 연필심을 제작한다.

우선 긴 연필심을 만들고 측정해서 잘라 쓴다. 이곳의 기술은 자동화되지 않았지만 폭넓은 작업이 가능하다. 긴 연필심을 가지고 굵거나 얇은 또는 직사각형의 심을 만들 수 있다.

연필심의 형태는 고객의 주문에 따라 연필심의 굵기와 길이, 모양을 조절해 제작한다. 길이를 조절해 연필심을 절단하는 이 일은 올해로 경력 40

년차에 접어든 마리아 리스 씨가 맡고 있다. 40년 전, 열여덟 살의 어린 소녀는 이곳에서 일하며 결혼하고, 아이를 키우고 삶을 유지해왔다. 그녀는 이제 60세가 다 되었다. 그러나 이곳에서 일하다가 생을 마감하고 싶다고 말한다.

세기를 넘어 고수해온 전통 제작 기술과 일평생 그 기술을 품어온 장인의 주름진 손이 만든 연필은 오늘도 아이들의 고사리 같은 손에, 예술가들의 부드러운 손에도 쥐어지고 있다.

포르투갈의 살아 있는 연필 박물관

비아르쿠에는 한 달 평균 백여 명의 방문객들이 찾는다. 멀리 영국에서 찾아온 관광객들은 낡은 기계들이 신기한 모양이다. 105년 전 창업 당시부터 사용해온 이 기계들은 포르투갈의 산업 유산이다. 아메리쿠 씨는 이제 기계가 자신에게 이야기를 하는 것 같다고 한다. 주제 사장은 자신이 가진 이 오래된 기계들이 포르투갈 산업 고고학의 일환이라고 생각한다.

"우리가 살아 있는 박물관 하나를 가지고 있는 거죠. 단지 전시만을 위한 박물관이 아니라 제품도 생산하는 그런 박물관이요."

1907년, '포르투갈리아'라는 이름으로 문을 연 비아르쿠는 포르투갈 최초의 연필 회사로 창업과 동시에 빠른 성공을 거뒀다. 그러나 1929년, 세계대공황과 함께 도산 위기에 처했다. 당시 모자 공장을 운영하며 새로운 사업을 구상하던 비에이라 가족이 위기의 연필회사를 인수, 즉시 공장을 재정비했다. 당시 상황에 의해 공장은 폐쇄 직전이었고 작업에 필요한 많은 지식들을 잃은 상태였다. 그래서 모든 걸 처음부터 다시 시작해야 했다.

비에이라 가족은 회사의 상호를 '비아르쿠'로 변경하고 사용하던 기계

비아르쿠의 전신 '포르투갈리아'

를 포함해 공장 전체를 상 조앙 다 마데이라로 이전했다. 가족과 직원들은 밤을 새며 기계 사용법을 익혔고, 이후 색연필, 크레용 등 다양한 제품을 생산하며 포르투갈 대표 연필 회사로 자리 잡았다. 그러나 1986년 포르투갈이 유럽연합에 가입하면서 시장은 대량으로 생산된 저가의 수입품에 잠식되었다. 그럼에도 회사는 기존의 제작 방식을 고수했다.

또한 더 작은 기계들로 교체할 수도 있었지만 그대로 유지하고자 했다. 기계들은 기본적인 생산능력을 가지고 있었다. 현재 가진 지식과 장비들을 가지고 할 수 있는 것 그리고 다르게 만들 수 있는 것들을 고민해야 했다. 모두가 변화하는 상황에서 오래된 제작 방식을 고집했던 이유는 포르투갈 최초의 연필 회사로서 오랜 시간 동안 축적한 기술력이 비단 회사만의 것이 아니라는 생각 때문이었다. 포르투갈의 역사이며 인류의 역사를 보존해야 한다는 사명감이 그들에게 있었다.

연필심과 나무판을 합체하는 작업에는 공장에서 근무하는 15명의 직

고객의 주문에 따라 다양하게 제작되는 연필심(상)
평균 일고여덟 번 색깔을 입혀 완성하는 연필(하)

원들이 모두 참여한다. 먼저 나무판에 풀을 바른 후, 홈 안에 심을 하나하나 넣어준다. 홈의 모양은 연필의 종류에 따라 달라진다. 심을 넣은 다음에는 나무판을 반대쪽에도 붙인다. 심을 가운데 두고 나무판 두 개를 샌드위치처럼 맞붙이는 것이다. 이렇게 합체가 완료되면 압착틀로 조인 후, 하루 동안 건조해 완벽히 접착시킨다. 이렇게 접착된 나무판을 기계에 넣고 육각형 모양으로 깎아내면 비로소 연필이 완성된다. 이때 나무판에 심이 딱 맞아야 한다. 그렇지 않으면 기계에서 잘리지 않는다. 연필의 형태가 완성되면 평균 일곱 번에서 여덟 번에 걸쳐 색을 입힌다. 미세한 틈 하나라도 발견하면 다시 작업한다. 코팅이 완벽해야 연필의 수명도 길어진다.

조금 더 긴 시간을 투자해 조금 더 견고한 연필을 만들려는 노력은 모든 제작 공정에 녹아 있다. 이제는 이런 방식을 사용하는 회사는 물론 만들 줄 아는 사람들도 흔치 않다.

아이디어로 승부한다

비아르쿠는 옛 제작 방식을
고수하는 대신, 생산 방식에 변
화를 시도했다. 똑같은 제품을
대량으로 만들어 판매하지 않
고 고객이 원하는 때에, 원하는
디자인, 원하는 크기의 연필을
소량 생산하기로 한 것이다. 검

비아르쿠의 아이디어 상품 '멍청이 연필'

은색이든 노란색이든 상관없이 고객이 주문하는 대로 만들 수 있다. 연필
에 들어갈 문양은 주문서에서 확인하고 새긴다.

비아르쿠는 보통의 회사들처럼 대량생산을 하지 않는다. 하지만 소량
생산을 하기 때문에 작은 부분까지 창의적으로 만들 수 있고 그 안에 고객
들이 원하는 것들을 충분히 담아낼 수 있다.

치열해진 시장 속에서 회사가 살아남을 수 있었던 두 번째 이유는 아이
디어다. 현재 비아르쿠는 20여 가지의 아이디어 제품을 선보이고 있다. 팽
이 모양의 '팽이 연필', '부러뜨려 쓰는 연필' 등 재미있는 제품들을 선보인
다. 그중에는 '세상 최악의 연필'이라고 불리는 '멍청이 연필'도 있다. 흑연
을 넣지 않은 심으로 만들어 아무것도 써지지 않는 이 연필은 2년 전에 장
난감으로 개발한 것이다.

그러나 진짜 용도는 따로 있다. 이 연필을 본 아이들은 학교에서 친구
가 자신에게 연필을 빌려달라고 하면 놀려야겠다는 생각에 산다. 기능적
인 의미를 넘어 유쾌한 장난감이 되고, 홍보 효과도 얻을 수 있었다.

연필은 이제 사람들에게 새로운 상상을, 또 다른 도전을 실현케 하는

도구로 거듭나고 있다. 회사의 이러한 노력은 그림을 그리는 예술가부터 이제 막 글을 배우는 어린아이까지 다양한 소비자층의 구매를 이끌고 있다. 더 이상 사람들은 필기구를 예전처럼 많이 필요로 하지 않는다. 이제 연필은 단순히 글을 쓰는 기능만으로는 부족하다. 그보다는 사람들의 감성을 자극하고 놀이나 미학적인 부분을 가미해야 한다.

비아르쿠는 시대가 변한다고 해서 시대를 탓하며 주저앉아 있지 않는다. 사람들의 변화하는 욕구를 잡아내고 매혹한다.

연필의 새로운 가능성

건축가로 활동하고 있는 주영 파울루 씨는 1년 전 비아르쿠의 연필을 처음 접했다고 한다. 그리고 그 연필은 이제 늘 지니고 다니는 필수품이 됐다. 그는 비아르쿠의 모든 제품을 하나씩 샀다. 아이들이 가지고 놀 용도와 여러 종류의 전문가용 제품도 샀다.

그는 특히 그림을 그릴 때 비아르쿠의 소프트 카본 연필을 사용한다. 섬세한 표현이 가능해서 그림을 그리는 것이 즐겁다고 한다. 스케치용 연필인 소프트 카본은 색감이 숯처럼 진하고 종이에 닿았을 때 부드럽게 미끄러지므로 미술학도들과 예술가들이 주로 사용하는 비아르쿠의 대표 상품이다.

지난 2006년부터 전문가용 제품을 생산하기 시작했다. 흑연 반죽을 압착해 네모난 형태로 만든 이 제품은 재단사가 옷감에 선을 그릴 때 쓰는 분필에서 영감을 얻었다. 비아르쿠는 끊임없이 새로운 제품 개발에 도전하고 있다. 역시 도전으로 얻은 결실이다. 묵직한 흑연 덩어리는 엑스엘XL 제품이다. 마치 석탄 덩어리로 그림을 그리는 것과 같다. 이는 큰 작품을

예술가들의 작업에 쓰이는 묵직한 흑연 덩어리 '엑스엘'

만들려고 했던 한 예술가의 제안으로 만들게 됐다. 종이 외에 바위와 벽에도 그림을 그릴 수 있고, 선보다는 면을 만들어내는 연필이다. 주제 사장은 이 제품들을 통해 연필이 지닌 다양한 가능성을 보여주고자 했다.

"최근의 수십 년을 돌아보면 예술가들에게 새로운 도구란 디지털 도구뿐이었어요. 우리가 이러한 새로운 도구를 출시하면 예술가들은 이것으로 할 수 있는 작업을 자문하게 됩니다. 이것이 우리의 목적입니다."

제품 개발은 한순간에 이루어지지 않는다. 먼저 제품을 직접 사용할 예술가들에게 조언을 구했다. 그중 물을 묻혀 물감처럼 사용하는 제품을 만들기 위해 비아르쿠는 2002년에 연구를 시작했고, 수천 개의 시제품을 만들어가며 결점을 보완했다. 그렇게 4년간의 시행착오 끝에 선보인 제품은 출시와 동시에 예술가들 사이에서 큰 반향을 일으켰다.

예술가들이 사용하는 기법에는 사람의 성격처럼 그 고유한 특성이 드러나기 마련이다. 그래서 비아르쿠는 진하고 옅게, 굵고 얇게, 흑연이 낼 수 있는 모든 색과 질감의 단계를 표현하는 도구를 만들고자 했다. 남들이 이미 만들어놓은 것이 아닌, 실패를 반복하더라도 끊임없이 창조하고자 하는 비아르쿠의 의지가 여기에 담겨 있다.

주제 사장이 이런 제품들을 만들기 시작했을 때 사람들은 미쳤다고 생각했다. 심지어 직원들도 그랬다. 하지만 그는 이렇게 말했다.

"우리가 생각해야 할 것은, 첫 번째로 이 제품이 제대로 만들어질 수 있느냐, 두 번째로 이 제품이 사용될 수 있느냐, 그다음은 사람들이 돈을 내고 살 만한 가치가 있느냐입니다."

비아르쿠는 2년 전 한 대학 연구원과의 협력을 통해 또 다른 제품을 선보였다. 일상에서 불편을 겪는 색각 이상자들을 위해 색상 기호를 도입한 것이다. 비아르쿠는 이 기호가 전 세계에서 통용되는 색상 언어가 되어 세상에 기여하기를 바란다.

연필의 가능성이 이렇게 무궁무진할지 누가 알았을까? 고민하고 연구하는 자에게는 답이 찾아온다. 연필의 무한한 가능성을 바탕으로 비아르쿠는 또 다른 100년의 역사를 써 내려가고 있다.

연필 그 이상의 것을 꿈꾸다

비아르쿠는 연필을 생산한다. 초등학교에 공급하든 순수예술에 사용되든 호텔에 납품하든 비아르쿠가 하는 사업은 연필을 만드는 것이라는 점을 잊지 않는다. 그러나 그 외에도 더 많은 일을 할 수 있다고 생각한다. 그들은 연필 회사, 그 이상의 존재가 되기를 바란다. 사장은 그 꿈을 반드시 이루고자 한다.

주제 사장의 노력에 시가 응답했다. 상 조앙 다 마데이라의 시장 카스트로 알메이다 씨는 한 달에 한 번 정기적으로 타 지역의 지방자치 관계자들과 해외의 수입 상인들을 이끌고 회사를 찾는다. 비아르쿠의 경쟁력을

포르투갈의 유일한 연필 회사 '비아르쿠'의 로고가 보인다.

홍보하기 위해서다. 비아르쿠는 대량생산에는 경쟁력이 없지만 작은 규모 안에서 품질과 혁신으로 경쟁력을 갖추었다는 점에서 좋은 사례가 되고 있다. 상 조앙 다 마데이라에 사는 모든 이가 비아르쿠가 보존되길 원한다. 포르투갈의 유일한 연필 회사라는 자부심을 모두가 공유하고 있다.

그래서 시에서는 비아르쿠에서 일하고 생산하는 모습을 산업 관광 코스로 만들었다. 포르투갈의 유일한 연필 회사 비아르쿠를 보존하고 알리는 것은 지역의 역사를 잇고 나아가 포르투갈 산업의 역사를 지키는 일이기 때문이다. 이렇듯 많은 이들의 관심과 애정을 바탕으로 비아르쿠는 새로운 꿈을 꾼다.

"우리는 가까운 미래에 비아르쿠가 세계 시장의 틈바구니에서 잘 운영되는 소규모 회사의 표본이 되기를 바랍니다."

이렇게 말하는 주제 사장은 제품의 창의성과 새로운 기능들을 통해 회사가 계속 살아남기를 바란다. 그리고 이를 위해 매우 정력적으로 움직인다.

누군가에게는 연필이 흔하고 단순하며 굳이 골라서 살 만큼 중요하지 않을 수도 있다. 비아르쿠는 그 생각을 바꾸고자 한다. 이 작은 연필 회사는 작은 연필이 가진 무한한 가능성을 세상에 알리겠다는 목표를 갖고 오늘도 분주한 하루를 시작한다.

1. 오래된 기계와 제작 방식을 고수한다

100여 년 전의 기계를 그대로 사용해 연필을 생산한다. 전통을 고수하며 손으로 연필을 만드는 직원들의 모습은 마치 20세기 초반으로 되돌아간 듯하다. 옛것의 소중함을 알고 공장을 살아 있는 박물관이라고 여기며 오래된 기계와 제작 방식을 보전한다.

2. 독창적인 제품 생산

1986년, 포르투갈이 유럽연합에 가입한 이후 다국적 기업의 진입과 중국산 저가 제품의 공세에 많은 기업이 사라졌다. 하지만 비아르쿠는 살아남았다. 그들은 독창적인 아이디어 제품을 생산했다. 구구단 연필, 예술가용 연필, 색각 이상자를 위한 연필 등 다양한 계층의 소비자를 위한 아이디어 상품을 만들었다.

3. 소비자 맞춤의 소량 생산

자동화 기계로 많은 양의 제품을 만들기보다 작은 양의 제품이라도 소비자가 원하는 제품을 만드는 것이 비아르쿠를 이끄는 힘이다. 소량 주문도 마다하지 않고 소비자를 위한 맞춤 디자인 연필을 생산하여 포르투갈 연필 산업의 명성을 이어가고 있다.

4. 지역 발전을 이끈다

비아르쿠가 있는 '상 조앙 다 마데이라'는 포르투갈의 산업 발전을 이끌어온 '노동자의 도시'로 유명하다. 현재 이 도시에서는 지역 경제의 활성화를 위해 '산업 관광' 시스템을 구축하고 있다. 이를 통해 옛 방식을 고수해 연필을 생산하는 비아르쿠는 도시를 찾은 관광객들이라면 꼭 들러봐야 할 명소로 인정받고 있다. 포르투갈은 물론 해외 방문객들의 발길이 끊이지 않고 있다.

I N F O R M A T I O N

주 소	Apartado 454 3701-914 S. João da Madeira, Portugal
홈페이지	www.viarco.pt
전 화	+351-256-830880

벨기에 보석 가게
드 그레프

"우리의 목표는 유행을 좇지 않고
우리만의 방식으로 멈추지 않고 성장하는 것이다."

– 드 그레프 6대 사장, 쟈크 · 아르노 위트만

브뤼셀 오뵈르 거리에 위치한 '드 그레프'

벨기에의 수도 브뤼셀, 약 천 년의 세월을 품은 브뤼셀은 프랑스와 네덜란드 등의 지배를 받은 벨기에의 역사 속에서 유럽의 다채로운 문화가 꽃핀 도시다. 중세 유럽의 전성기를 연상케 하는 건축물들과 유서 깊은 기념물들이 자리 잡은 곳. 브뤼셀은 벨기에 제일의 관광도시로 해마다 천만 명이 넘는 방문객들이 찾는다.

브뤼셀의 또 다른 명칭은 '유럽의 수도'다. 세계무역센터부터 유럽연합 본부까지 1500여 개에 달하는 국제기구들이 있는 이곳은 19세기 초부터 유럽의 경제를 이끌어왔다. 브뤼셀은 도심의 증권거래소를 중심으로 번영했다.

도심 한편에 자리한 오뵈르 거리는 증권거래소가 설립된 1801년 이후 형성된 보석 거리다. 소위 돈이 모이고 사람이 모여들며 교역이 활발히 이뤄지던 도시의 지난 역사를 상징하는 곳이다. 이 거리에 165년, 6대째 브뤼셀을 지켜온 보석 가게 드 그레프De Greef가 있다.

이곳은 표준화된 기성품이 아닌 독창적인 디자인의 보석을 선보이기로 유명하다. 현재 가게의 6대 운영자는 위트만 형제로 형인 쟈크 위트만은 영업을, 동생인 아르노 위트만은 디자인을 담당한다. '고객 한 사람 한 사람을 위한 보석을 창조한다'는 목표로 끊임없이 새로운 디자인의 보석을 선보이는 드 그레프는 2006년 '벨기에 왕실 전용 보석상'으로 지정받으며 명성을 높여가고 있다.

보석이란 화려하고 단단하며 쉽게 얻을 수 없을 만큼 희귀하고 시간이 흘러도 변질되지 않아야 한다. 그리고 무엇보다 한 사람 한 사람의 마음을 표현할 수 있어야 한다.

"아버지와 할아버지가 해오셨던 것처럼 저는 무언가를 창조할 때 다른 것을 모방하지 않고 독창적이며 의미 있는 보석을 만들어왔습니다." 6대 사장 아르노 씨는 독창적인 생각을 바탕으로 정교하게 다듬어진 보석을 만들어, 그것을 지닌 이의 가치를 높이고 싶다고 한다.

164년 전통 '드 그레프'에서는 오늘도 오래도록 사라지지 않을 아름다움이 창조되고 있다.

오랜 역사에서 탄생한 아름다운 보석

1848년에 창업한 드 그레프는 오뵈르 거리에서 가장 오랜 역사를 지닌 보석 가게다.

매일 오전 8시, 출근 시간이 되면 아르노 씨와 직원들은 문 닫힌 가게 앞에서 누군가를 기다린다. 매일 밤 가게의 열쇠를 안전하게 보관하는 보안 업체의 직원이다. 가게 문이 열렸다 해도 아르노 씨가 매장 안을 확인하기 전까지는 누구도 들어갈 수 없다.

보안은 보석 가게의 생명이다. 드 그레프는 영업이 끝나면 진열장에서 보석을 꺼낸 후 금고에 넣어 보관하고, 매일 아침에 모든 제품을 다시 꺼내 진열한다. 고가의 보석들을 진열대에 계속 두는 것은 위험하기 때문이다. 보험사들 또한 귀중품들이 금고 안에 안전하게 보관되기를 원한다. 또한 매장은 두 개의 철문을 거쳐야 들어갈 수 있는데 두 번째 문은 안에서 열어주어야 한다. 고가의 물건을 파는 가게인 만큼 입구부터 철저한 보안을 유지하는 것은 당연하다.

드 그레프에는 하루 평균 스무 명의 고객들이 찾아온다. 고객 응대는 형 쟈크 씨의 몫이다. 수시로 해외를 돌며 유행하는 보석의 정보를 수집하는 그는 보석 선택을 어려워하는 고객들에게 쉽고 상세하게 조언한다. 고객들은 드 그레프의 보석을 지니고 다니면서 기쁨을 얻는다. 예술 작품은 벽에 걸지만 보석은 몸에 지니고 함께 살아가는 존재다. 드 그레프의 보석은 그것을 지닌 이의 삶을 이야기하는 상징물이 될 것이다.

매장의 한쪽 벽에는 다이아몬드 목걸이를 비롯해 지난 몇 년 동안 아르노 씨가 만든 작품들을 전시해놓았다. 이 진열장을 통해 가게의 컬렉션을 엿볼 수 있다.

사파이어, 에메랄드, 루비, 다이아몬드 등의 보석을 이용해 만든 반지와 목걸이, 귀걸이 그리고 브로치와 넥타이핀까지 몸을 치장하는 모든 장신구를 판매한다. 제품의 종류는 여느 상점들과 다르지 않다. 그러나 드 그레프는 남다른 특징을 지니고 있다. 모든 제품을 직접 디자인하고 수작업으로 세공해 선보인다는 점이다. 단 하나뿐인 작품의 가치란 쉽게 가늠할 수 없다. '유일무이'는 드 그레프의 보석을 부르는 또 다른 이름일 것이다.

천연 사파이어와 화려한 다이아몬드로 만든 반지 역시 보석의 크기나

노란 빛깔 다이아몬드가 박혀 10만 유로에 달하는 반지

질에 있어서 단 하나뿐인 작품이다. 다섯 개의 줄로 정렬한 다이아몬드에 둘러싸인 사파이어는 눈부시게 아름답다. 그리고 또 하나의 특별한 반지가 있다. 중앙에 선명한 노란 빛깔을 지닌 다이아몬드가 박힌 반지다. 비교적 클래식한 디자인으로 구성되었지만 그 특별한 빛깔이 엄청난 가치를 더한다. 금액으로 가치를 매긴다면 10만 유로에 달한다.

드 그레프는 1848년, 당시 증권거래소를 중심으로 부흥하던 브뤼셀 중심가에, 1대 프로스페르 드 그레프의 창업으로 첫 문을 열었다. 여성 고객들이 주를 이뤘던 가게는 2대부터 딸에게 경영권이 물려졌고 3대 오규스타 사장의 결혼과 함께 위트만 가문의 가업으로 자리 잡았다.

5대에 이르러 남성에게 이어진 가게는 규모를 확장할 만큼 성장했지만, 1970년대에 도시 상권이 이동하며 위기를 맞았다. 당시 주위 상점들은 새로운 번화가를 찾아 보석 거리를 떠났다.

15년 전에 5대 사장이자 형제의 아버지가 세상을 떠났을 때 경영컨설턴트는 가게를 팔고 그 돈으로 먹고사는 것이 어떠냐고 조언했다. 하지만 그와 형은 그 말을 듣지 않았다. "우리가 원하는 일을 할 것"이라고 말했다. 10년 후 그들은 수익을 남김으로써 스스로의 말을 증명했고 이 일에 열정을 가지고 임한다는 것을 보여줬다.

어린 시절부터 아버지 밑에서 일을 배워온 형제는 가게 경영에 앞서 각

6대 사장, 쟈크 위트만(좌)·아르노 위트만(우)

각 미국과 영국에서 보석 시장의 흐름과 세공 기술을 익힌 뒤, 1993년부터 본격적으로 가업을 잇기 시작했다. 오랜 전통과 독창적인 디자인을 앞세운 경영으로 가게는 빠르게 명성을 얻었고 2006년에는 벨기에 왕실 전용 보석상으로 지정되며, 국가적으로도 전통과 기술력을 인정받았다.

한 사람만을 위해 만드는 예술 작품

흔히 보석의 가치는 광채, 내구성, 희귀성 그리고 유행에 따라 결정된다고 한다. 그러나 드 그레프가 말하는 보석의 진정한 가치는 보석을 지니는 이와 얼마나 아름다운 조화를 이루느냐에 달려 있다. 보석이란 매우 개인적인 것으로 자신뿐 아니라 타인에게 메시지를 전하는 도구이기도 하다. 독창적인 보석은 사람에게 개성을 더해준다. 드 그레프는 가게를 찾는 모든 고객이 그런 점을 발견하기를 원한다.

그래서 드 그레프의 제품은 100퍼센트 맞춤으로 제작된다. 이 작업은

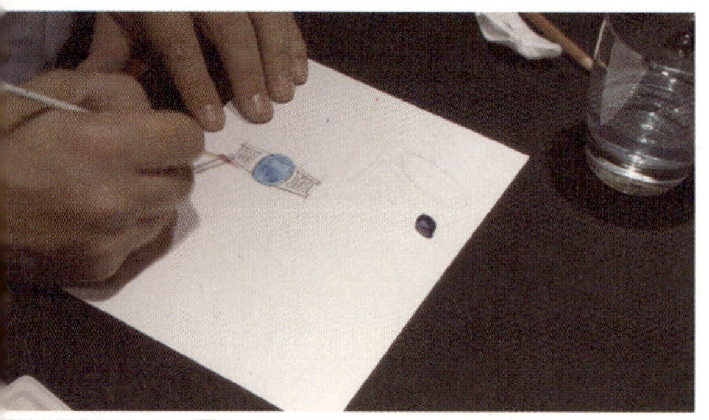

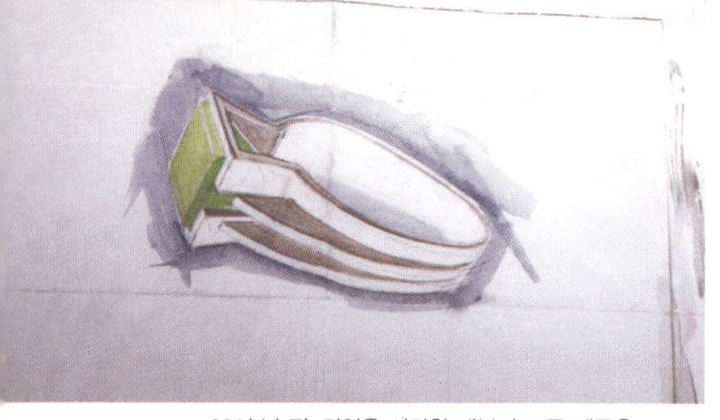

20여 년 전, 경영을 시작할 때부터 모든 제품을 아르노 씨가 직접 디자인한다.

전적으로 동생인 아르노 씨가 책임진다. 그는 귀금속 세공으로 유명한 영국에서 4년간 보석 디자인과 세공을 공부한 전문가다.

어느 유명한 보석 가게들을 봐도 그들의 보석에서 개성을 찾아보기란 힘들다. 전 세계의 고객들을 만족시켜야 하므로 맞춤으로 제작하기가 힘들다. 반면 드 그레프는 몸을 낮추고 고객과 대화하면서 그들이 정말 원하는 것을 느끼고 만든다. 단지 몸을 치장하는 보석을 넘어, 두고두고 바라보며 간직하고 싶은 단 한 사람을 위한 예술 작품을 선사한다.

먼저, 고객이 방문하면 고객이 선택한 보석을 크기와 명도에 따라 다양한 종류로 소개한다. 고객이 원하는 바를 말하면 그에 대해 제안을 한다. 그는 끊임없이 고객과 대화하며 고객이 원하는 형태로 그 자리에서 직접 디자인한다. 제품이 만들어지고 나면 디자인 수정이 어렵기 때문에 최대한 완성품에 가깝게 색감과 형태를 입체적으로 표현한다.

다른 보석 가게에 가면 이미 완성된 표준형 반지를 골라야 하지만, 여기서는 개인의 기호에 맞춘 세상에서 하나뿐인 반지를 얻을 수 있다. 개인의 취향에 맞춘 단 한 사람만을 위한 보석, 이는 드 그레프가 추구하는 첫 번째 원칙이다.

아르노 씨는 20여 년 전 형과 함께 가게 경영을 시작할 당시부터 모든 제품을 자신의 손으로 직접 디자인해 제작하는 방식을 고수해왔다. 그는 고객들을 위해 디자인 노트를 제작해왔다. 한 명의 고객을 위해 디자인하고 제작한 후에는 절대 다시 같은 제품을 만들지 않기 위해서다. 남이 만든 것을 모방하지도 않고 같은 제품을 다시 만들지도 않는다. 드 그레프는 이러한 원칙을 바탕으로 현재 서서히 쇠퇴해가는 보석 거리 안에서 도시를 대표하는 보석 가게로 성장할 수 있었다.

새로운 디자인으로 고객을 만족시키고 가치 있는 물건을 발견했다고 기뻐하게 만들어야 한다. 그런 신념으로 디자인을 계속한 결과 입소문이 퍼지기 시작했고 그 효과는 대단했다. 드 그레프는 그렇게 고객들을 확보해왔다.

왕국에 납품하는 가게로 지정된 드 그레프는 국왕의 70세 생일에 독창적인 선물을 창조하기도 했다. 국왕 알베르 2세의 이니셜을 문양화해 만든 단추였다. 남성용 셔츠 단추에 상징적인 의미를 부여해 좋은 반응을 얻었다. 이렇듯 개성을 표현하는 드 그레프의 제품은 유행을 따라 움직이던 벨기에 보석 시장에 큰 반향을 일으켰다.

최고의 보석을 만드는 원석

2주에 한 번, 아르노 사장은 외출에 나선다. 목적지는 브뤼셀에서 북쪽으로 40킬로미터가량 떨어진 플랑드르 지방의 항구 도시, 안트베르펜이다. 15세기부터 유럽의 무역 중심지 역할을 해온 이곳은 세계 최대의 다

까다롭게 품질을 확인하는 아르노 사장

이아몬드 시장이다. 그래서 지금도 보석 가게들이 많다. 크기가 큰 다이아몬드부터 외알박이 다이아몬드까지 접근이 용이한 진정한 다이아몬드 1번지다.

이곳은 16세기에 종교 탄압을 피해 정착한 유대인들이 다이아몬드를 가공해 수출하며 발전하기 시작했다. 무려 1600여 개에 달하는 다이아몬드 거래 업체가 밀집해 있으며 현재 세계 다이아몬드의 약 60퍼센트가 이 도시를 통해 거래된다. 드 그레프는 창업 당시부터 이곳 안트베르펜에서 직접 다이아몬드를 구입했다. 최고의 보석으로 여겨지는 다이아몬드 중에서도 최고의 1퍼센트를 찾기 위해 까다롭게 품질을 확인한다.

다이아몬드의 가치를 평가하는 기준은 총 네 가지다. 첫 번째와 두 번째 기준은 크기와 무게다. 다이아몬드 원석은 크기와 무게에 따라 분류하는데 예를 들어 1캐럿에서 1.5캐럿까지 그리고 1.5캐럿에서 2.5캐럿까지, 이런 식으로 보통 열 가지에서 열두 가지 정도의 크기로 분류한다.

세 번째 기준은 투명도다. 불순물에 따라 투명도가 달라지는데 가장 흔한 불순물인 질소가 포함되면 황색을 띤다. 불순물은 다이아몬드의 광채를 감소시키기 때문에 드 그레프에서는 그런 다이아몬드를 절대 사용하지 않는다. 다이아몬드는 무색에 가까울수록 가치 있다.

그러나 노랑, 빨강, 파랑 등 선명한 색을 가진 것은 오히려 무색보다 두 배 이상의 가치가 있다. 이런 다이아몬드는 0.0001퍼센트 정도로 희귀하

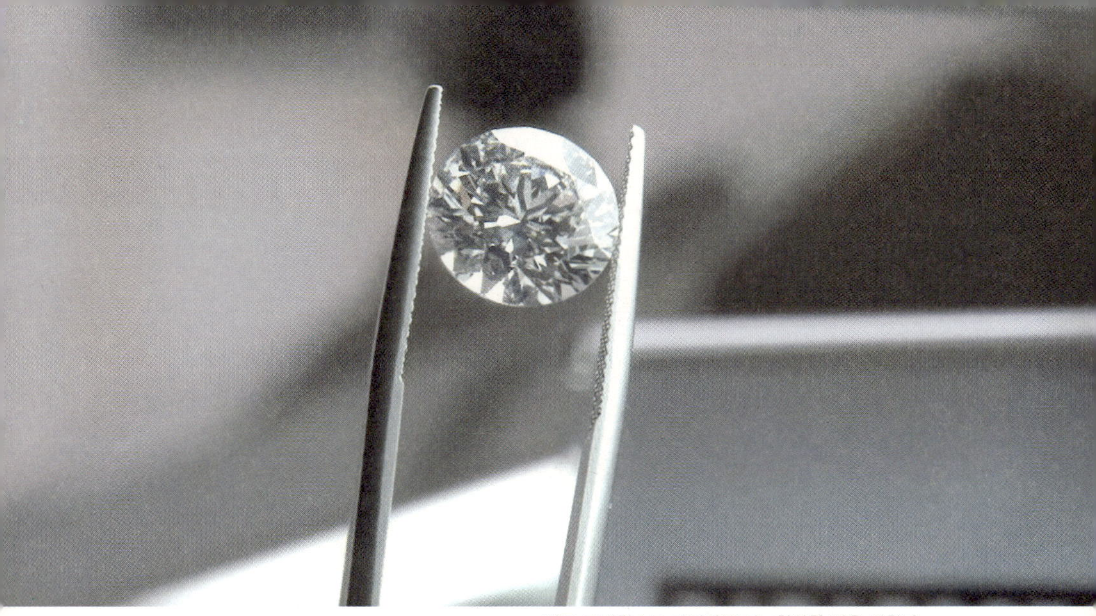

맑고 투명할수록 다이아몬드는 찬란한 빛을 발한다.

다. 그것이 보석의 희귀성이다.

마지막 기준은 연마 기술이다. 광산에서 얻은 돌멩이 모양의 원석을 깎아 빛의 굴절을 최대로 살리는 것이다. 안트베르펜에서 연마된 다이아몬드는 그것만으로도 세계 최고라 일컫는다. 맑고 투명할수록 더 찬란한 빛을 발하는 다이아몬드의 아름다움은 사람의 손을 통해 완성된다.

손끝에서 탄생하는 아름다운 보석

안트베르펜에서 차로 3시간 거리에 있는 코르트리크에는 세공 거래처가 있다. 올해로 3대째 세공을 가업으로 잇고 있는 이곳은 100년에 가까운 역사를 지니고 있다. 평균 경력 30년 이상의 세공 장인들이 일하며 기계 생산이 보편화된 벨기에 보석 시장에서 유일하게 수작업을 고수하고 있다. 그들은 보석 하나하나를 직접 확인하고 손으로 고정한다. 드 그레프 역시 보석을 수작업으로 만드는 몇 안 되는 곳이기에 이런 세공 업체를 찾

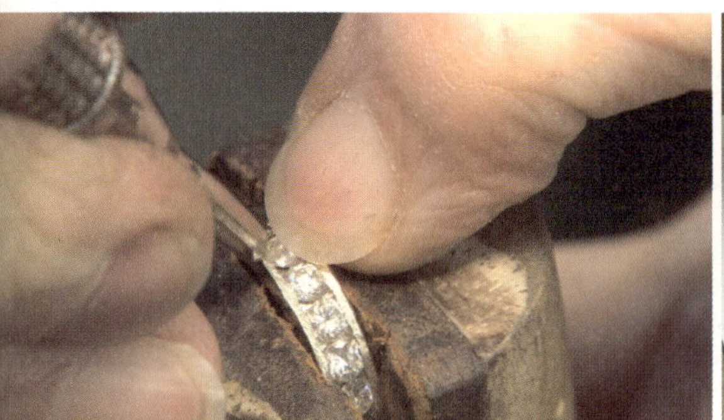
금속의 빈 자리에 보석을 채워 넣는 세팅 과정

제작의 첫 과정은 보석의 크기를 확인하는 것이다.

은 것이다. 기계를 사용하면 고품질이 나오기 어렵다고 생각하기 때문에 60여 년 전부터 이곳 장인들의 손에 보석 세공을 맡기고 있다.

아르노 사장은 고객이 직접 고른 사파이어를 건네고 세공을 의뢰한다. 제작의 첫 과정은 보석의 크기를 확인하는 것이다. 크기가 맞지 않는 보석은 금속에 고정하는 과정에서 부서진다. 이어서 금, 은, 백금 등 보석과 가장 조화로운 금속을 다듬어 제품의 몸체가 되는 장신구를 만든다. 반지를 돌려가면서 날쌔고 유연한 손동작으로 다듬어야 한다.

장신구 제작이 끝나면 보석 세팅이 시작된다. 세팅은 보석을 금속의 빈자리에 채워 넣는 것으로 금속과 보석 사이에 틈이 생기지 않도록 균형을 맞춰 고정시킨다. 자칫 실수하면 보석이 깨질 수도 있는 위험한 작업이기에 장인은 눈을 깜빡이는 것도 잊은 채 손 안의 보석에 집중한다. 각 부위를 둥글게 갈아 다이아몬드가 부드럽게 미끄러져 들어가도록 다듬질한다.

제작의 마지막 과정은 보석의 먼지를 없애고 윤을 내는 일이다. 이렇게 하나의 보석이 완성되기까지 평균 3주의 시간이 소요된다. 영롱한 빛을 뽑어내는 보석 안에는 보석의 진정한 가치를 아는 장인들의 마음이 담겨 있다.

가족의 힘으로 미래의 빛을 발하다

164년 전 보석 거리의 수많은 가게들 중 하나로 시작한 드 그레프는 이제 벨기에를 대표하는 보석 가게로 자리매김했다. 한 사람만의 노력으로는 이룰 수 없었다. 매년 새로운 디자인 개발을 앞두고 형제는 머리를 맞댄다. 집중적으로 투자해야 할 보석의 종류와 디자인을 논의하는 것이다. 동생은 시장 흐름에 밝은 형의 안목을 믿고 형은 어김없이 독창적인 디자인을 만들어낼 동생을 믿는다.

사람들이 드 그레프의 보석을 보면 금방 알아챌 만한 개성 있는 보석을 추구해온 형제는 이제 자신들만의 스타일을 가지게 되었다. 쟈크 씨는 동생 아르노 씨의 공이라고 말한다. 서로에게 공을 돌리고 서로의 능력과 가치를 존중했기에 형제는 균형을 이루며 회사를 끌어올 수 있었다. 가족의 신뢰를 바탕으로 이어온 가게의 역사는 이제 자연스럽게 7대를 향해 흘러가고 있다.

쟈크 씨의 아들 브리스와 아르노 씨의 아들 사샤는 아직은 확실하지 않지만 아버지 형제가 해왔던 것처럼 함께 이끌어갈 가게의 미래를 그리고 있다. 브리스는 올해 나이 스물여덟의 청년이고 사샤는 열네 살의 동생이다. 이들도 미래에는 좋은 파트너가 될 것이다.

브리스는 매일 오후에 보석 공부를 하러 가게를 찾아온다. 아르노 씨는 보석들이 어떻게 분류되는지, 보석을 볼 때 무엇을 보고 이야기해야 하는지 등을 설명해준다. 브리스는 앞으로 1년 후 본격적으로 가게에 입사해 경영을 배울 계획이다.

사실 브리스는 요리를 전공했고 현재 브뤼셀에서 레스토랑을 운영하고 있다. 그런 그가 자신의 가게를 접고 가업을 잇기로 결심한 이유는 아버지 형제의 모습에서 대대로 내려온 전통의 중요성과 발전 가능성을 읽었기 때문이다. 그는 아버지와 삼촌과 이야기를 나누면서 여러 가능성을 발견해가고 있다. 또한 가족이 함께 해낼 수 있는 것들을 보고 가업을 잇는 쪽으로 마음을 굳혔다. 굉장히 자연스럽게 이루어진 일이기 때문에 이대로 좋은지 혹은 잘못된 선택인지에 대해 자문해본 적도 없다고 한다. 강요하지 않아도 자연스럽게 이어지는 것이 가업일 수도 있다.

아르노 씨는 드 그레프의 경영철학을 단 하나로 정의한다. 바로 고객 존중이다. 이 목적을 위해 노력한다면 드 그레프는 길지 않은 시간 안에 더 발전할 것이라고 믿는다. 제품에 대한 열정과 사랑만 있다면 나머지는 따라올 것이고 손님들은 가게의 역사 속에서 만드는 이의 마음을 느낄 것이라고 확신한다.

드 그레프는 가게를 이끄는 모든 사람의 마음을 담아 가게를 찾는 한 사람 한 사람의 마음을 채워왔다. 고귀한 보석에 담긴 그 영원의 가치는 앞으로 펼쳐질 드 그레프의 역사 속에서도 흔들림 없이 빛을 발할 것이다.

1. 세상에 단 하나뿐인 보석을 만든다

개인의 취향을 존중하는 드 그레프는 100퍼센트 맞춤 제작을 원칙으로 한다. 가게를 방문한 손님들은 직접 원석을 고르고 디자인에 참여한다. 보석 세공을 전공한 아르노 사장은 고객과의 충분한 대화를 통해 제품에 사용되는 보석 한 알 한 알의 크기와 배치 방식을 고려해 단 한 사람을 위한 제품을 선물한다.

2. 최고급 원석을 사용한다

드 그레프는 2주에 한 번 브뤼셀에서 1시간 거리에 있는 유서 깊은 다이아몬드 거래 시장, 안트베르펜에서 직접 원석을 구매한다. 크기와 무게, 투명도, 연마 기술을 철저히 확인해서 최고 중에서도 최고의 원석을 택한다.

3. 정교한 수작업

보석의 가치를 결정짓는 중요한 요소 중 하나는 세공 기술이다. 원석은 평균 경력 30년 이상의 세공 장인들의 손에서 하나하나 깎이고 붙여지는 과정을 거친다. 이렇게 제품 하나를 만드는 기간만 평균 3주가 걸린다. 디자인부터 세공까지 100퍼센트 수작업으로 완성되는 드 그레프만의 보석은 시간이 지나도 퇴색하지 않는 독창적인 아름다움을 지닌다.

4. 신뢰로 함께 회사를 경영하는 형제

현재 가게는 위트만 형제가 운영한다. 형인 쟈크 위트만은 영업을, 동생인 아르노 위트만은 디자인을 담당한다. 5대 사장이 세상을 떠났을 때 경영 컨설턴트는 가게를 팔라고 제안했지만 형제는 가업을 이었다. 시장 흐름에 밝은 형과 독창적인 디자인을 만들어내는 동생은 서로를 신뢰하고 힘을 더해서 새로운 역사를 이루었다.

I N F O R M A T I O N

주 소   Rue au Beurre 24–26 Boterstraat 1000 bruxelles Brussel, Belgium

홈페이지   www.degreef1848.be

전 화   +32-2-511-95-98

영업시간   월-금 10:00~13:00/ 14:15~17:45

         토 10:00~17:45

평생 품질 보증, 110년 전통

미국 휴대용 칼
벅 나이프

"평생 쓸 수 있는 칼로 소비자의 신뢰를 얻는 것,
그것이 우리가 바라는 미래다."

– 벅 나이프 4대 사장, 시제이 벅

쇼핑몰에 따로 매장이 있을 정도로 인기가 많은 '벅 나이프'

미국 북서부에 위치한 아이다호 주는 로키 산맥이 주의 대부분을 차지하는 산간 지역이다. 산이 깊고, 폭포와 호수가 많아 대자연의 아름다움이 그대로 간직되어 있다. 지리적 특성상 사냥과 캠핑 등 레저 문화가 발달했고 레저 용품만을 구비한 대형 전문 쇼핑몰이 있을 정도다. 특히 사냥을 즐기는 이들이 많은데 험난한 산길을 오가며 사냥감을 제대로 포획하기 위한 몇 가지 필수품이 있다. 소총과 함께 휴대용 칼을 여러 개 지니고 있어야 한다.

휴대용 칼을 만드는 벅 나이프Buck Knives는 쇼핑몰에 따로 자리가 마련되어 있을 정도로 인기가 많다. 나이프의 최대 시장인 미국에서도 인지도가 높은 브랜드다. 남녀를 막론하고 야외 활동뿐 아니라 일상용으로도 벅 나이프의 칼을 선호한다.

1대 사장 호이트 벅은 벅 나이프가 문을 연 1902년부터, 평생을 일주일에 25개의 칼을 만들며 벅 나이프의 역사를 만들어왔다. 현재는 그 전통성을 인정받아 미국뿐 아니라 전 세계 레저 활동가들에게 필수품으로 손꼽히며, 미국 최고의 전통 칼 회사로 자리매김하고 있다.

아이다호의 레저 문화와 함께 성장하다

벅 나이프의 역사는 대장간 견습생이던 호이트 벅이 1902년 첫 칼을 만들면서 시작되었다. 그리고 2대 사장 알 벅이 1963년 원텐 나이프를 개발하면서 회사는 도약의 계기를 맞았다. 하지만 2000년대에 들어서면서 재료 원가와 생산비의 상승으로 미국 내에서 생산을 계속하기 힘든 위기가 찾아왔다.

2002년에 벅 나이프는 100주년을 맞이했다. 그때를 기점으로 남캘리포니아에서 오하이오로 이전을 준비했다. 미국 내에서 제조를 계속하기 위해서는 어쩔 수 없는 선택이었다. 캘리포니아에서는 엄청난 에너지 비용을 감당하기가 힘들었기 때문이다. 반면 아이다호는 수력으로 전기를 공급받기 때문에 전기세가 저렴했다. 3년여의 준비 끝에 벅 나이프는 2005년에 이곳 아이다호 주로 이전했다. 60여 명의 직원과 함께 100년의 노하우도 그대로 옮겨왔다. 그 결과, 비용을 크게 절감할 수 있었고 로키 산맥의 도시 아이다호의 레저 문화와 함께 발전해왔다.

벅 나이프의 칼은 무엇보다 질이 좋고 튼튼해서 3, 4대를 거쳐 사용하는 것이 일반적이다. 아버지에게 물려받은 것을 다시 아들에게 물려주는 식이다. 한 세대에서 다음 세대로 이어지는 벅 나이프의 단단함은 100년의 교감을 가능하게 한다.

벅 나이프가 만드는 건 그냥 칼이 아니라 할아버지가 손자에게 주는 선물이며 아버지와의 오랜 추억이 깃든 향수다. 그래서 4대를 이어온 벅 나

4대 사장, 시제이 벅(좌)

이프의 정신은 곧 아버지의 마음이다. 벅 나이프는 사람들에게 동질감을 갖게 해주고 정서적으로 서로 연결해준다.

아이다호의 장점은 10분 거리만 나와도 실전 같은 야외 테스트가 가능하다는 것이다. 3대 사장과 4대 사장 그리고 4대 사장의 아들, 이 3대가 함께 야외로 나와 신제품의 성능을 테스트하곤 한다. 제품의 기능성과 품질을 직접 느껴보는 것이 무엇보다 중요하기 때문이다. 머지않아 출시될 벅 나이프의 신제품으로 고기를 썰어 장작불에 구워 먹는다. 이 칼에 도입된 새로운 잠금 방식은 특허를 받을 것이다.

이제는 자신의 열정을 손자에게 물려줄 때다. 시제이 사장의 아들 조시 벅은 벅 나이프 사의 다섯 번째 세대로 회사의 재고 부서에서 일하면서 아버지와 함께 늘 캠프나 사냥을 다닌다. 3대 사장 척 벅 씨는 가족들이 회사에서 책임을 지고 계속 이끌어가고 있는 것이 더할 나위 없이 기쁘다. 이 가업을 이어가야 한다는 사명감은 말하지 않아도 전 가족 구성원이 공유

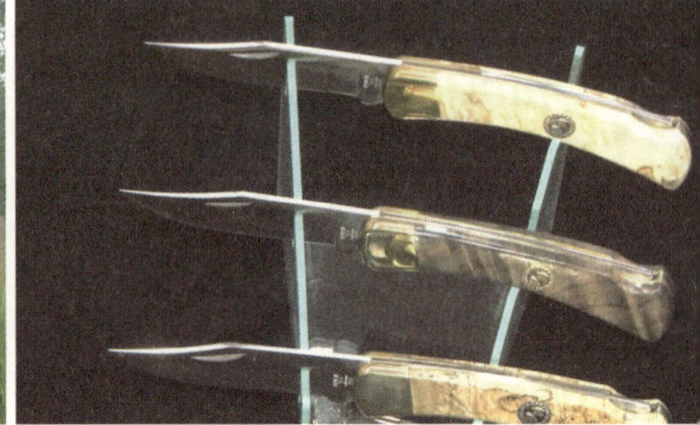

아이다호 주 북쪽 포스트폴스에 위치한 '벅 나이프'　　벅 나이프를 대표하는 '원텐'

하는 가치다. 이제 머지않아 5세대의 조시가 사장이 되면 그는 또다시 자신만의 방식을 펼쳐갈 것이다. 전통을 이어가되 똑같은 방식을 강요하지는 않는다. 그보다는 새로운 세대의 새로운 아이디어를 원한다. 회사도 시대에 발맞추어 변화를 이어가야 한다는 생각에서다. 4대 사장과 3대 사장은 5대 사장과 함께 맞이할 새로운 날을 기대하고 있다.

벅 나이프가 쌓아올린 110년의 시간은 온 가족이 함께 연마해온 것이다. 기능성과 독창성이라는 양날을 언제나 날카롭게 다듬어왔다. 벅 나이프의 칼은 단순한 칼이 아니다. 4세대에 걸친 노력과 기술이 응집된 시간의 결정체다.

벅 나이프의 대표 제품, 원텐

벅 나이프 공장은 아이다호 주에서도 북쪽, 포스트폴스에 있다. 1902년 첫 번째 칼을 만들기 시작해 110년이 지난 지금, 300여 명의 직원들이 칼을 만들고 있다. 사냥용, 아웃도어용, 일상용, 서바이벌용 등 종류별로 100여 가지의 칼이 생산된다. 그중 대표적인 칼은 접이식칼 '원텐[110] 폴딩 헌터'이다.

이 칼은 2대 사장 알 벅이 개발한 사냥용 접이식칼이다. 1963년에 개발되어 1964년에 판매를 시작해 2014년이면 50년이 된다. 회사에서 가장 주력하는 제품으로 지금의 벅 나이프를 있게 한 칼이기도 하다. 스테디셀러 원텐은 미국 칼 산업의 혁명을 일으키며 벅 나이프를 칼 제조 분야의 선두주자로 올려놓았다. 지난 50년간 전 세계에서 가장 많이 팔린 접이식칼이다. 한정판 기념품까지 제

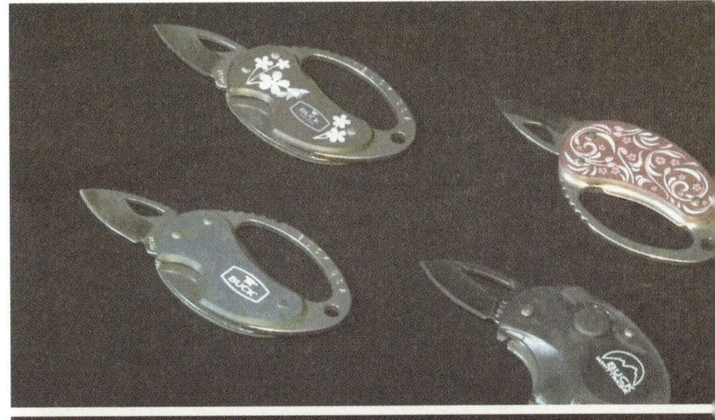

작고 독특한 여성용 칼(상)
튼튼한 서바이벌용 칼(하)

작될 정도로 반응이 대단했고 지금도 하루에 천 개가량의 원텐 나이프가 생산된다.

원텐은 매우 튼튼할 뿐 아니라 놋쇠로 적당한 무게를 주었고 무엇보다 아름답다. 또한 접을 수 있어서 휴대하기에 안전하다. 실용성과 디자인도 우수하지만 이 나이프의 강점은 잠금장치에 있다. 스프링의 탄성으로 칼날을 고정시키는 획기적인 방식이다. 이 독창적인 아이디어 하나로 벅 나이프는 업계 최고의 자리에 올랐다.

그 이후 무겁지 않으면서도 이동성이 용이한 사냥용, 작고 독특한 디자인의 여성용과 다기능 접이식칼, 탐험가나 구조대를 위한 튼튼한 서바이

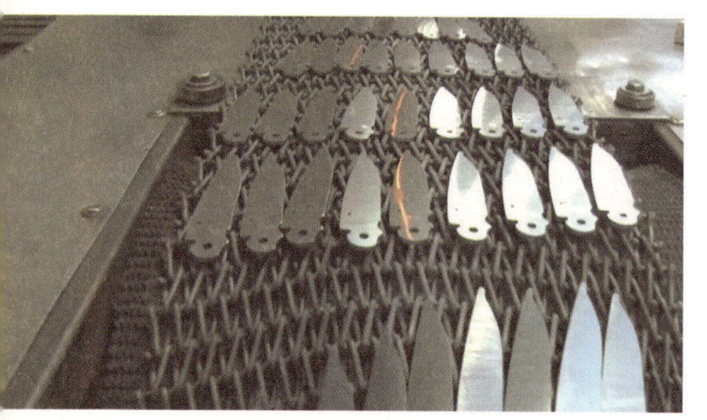
약 1100도의 온도에서 고온 처리한 칼날

벌용 칼까지 혁신을 거듭해왔다. 칼의 용도에 따라 쓰이는 재질도 달라진다. 서바이벌 전용 칼은 강하고 내구성이 높은 고급 강재를 사용한다. 두꺼운 강재를 칼날의 형태로 오려내기 위해 많은 시행착오를 거쳤고 결국 지금의 레이저 커팅을 도입했다. 온종일 가동되는 레이저로 한 시간에 60~80개 정도 잘라낸다. 레이저 커팅을 통해 자재의 손실률이 줄고 정교한 가공과 대량생산이 가능해졌다.

대를 이어 전하는 칼 제작 비법

사냥용 칼이나 가벼운 아웃도어용 칼은 연한 재질의 강재를 사용해 프레스로 찍어내는데 그렇게 형태를 잡은 칼날은 열처리 단계로 들어간다. 이는 칼 제작의 핵심 과정으로 4대 사장의 증조할아버지인 1대 사장 때부터 내려온 비법이 결정적인 역할을 한다. 열처리 단계를 엄격하게 따르면 아주 좋은 결과를 얻게 된다.

열처리는 세 가지 단계를 거친다. 높은 열에서 시작해서 아주 낮은 온도로 내렸다가 중간 열로 마무리한다. 열처리를 하는 이유는 칼이 충분히 강해지도록 하기 위해서다. 열처리는 잘 부러지지 않게 하며 부식도 방지해준다. 칼날의 경도가 높아지며 절삭력을 좋게 하고 칼등이 부러지는 것을 방지할 수 있다. 이 열처리가 벅 나이프가 가진 최고의 경쟁력이다.

칼날의 경도를 확인하는 과정

열처리에는 온도와 그 온도를 유지하는 시간, 두 가지가 중요하다. 약 1100도의 온도에서 고온 처리한 칼날은 분자 구조가 강하게 바뀐다. 고온에서 꺼내자마자 액체 질소에 담가 급속 냉각시킴으로써 바뀐 구조를 유지시키는 게 원리다. 같은 재료라고 해도 열처리 방법에 따라 칼의 특성이 달라지는 만큼 열처리 과정은 매우 중요하다.

고온과 급랭을 거치면 이제 세 번째 단계로 화씨 370~375도^{섭씨 약 188~190도}의 낮은 온도를 오랫동안 유지해준다. 이 단계에서 칼날이 강해진다. 이 마지막 단계를 거치지 않으면 칼날이 원하는 만큼 강해지지 않는다.

각 단계별로 열처리가 끝날 때마다 제대로 작업이 이뤄졌는지 확인한다. 칼날의 경도가 일정한 기준에 도달했는지 테스트하는 것이다. 칼날의 경도가 높을수록 내구성도 높아진다. 보통 레저용 나이프는 55도 이상이면 단단한 편인데 벅 나이프에서는 58도로 정확하게 유지한다. 휴대용 칼은 200개마다 칼날을 검사하고 큰 칼은 50~100개의 칼날을 검사하는데 경도가 충분치 않을 때는 첫 번째 열처리 과정부터 다시 거친다. 완벽해질 때까지 이 과정을 반복해야 한다.

열처리 작업이 끝나면 비로소 칼의 생명인 칼날을 세우는 작업에 들어간다. 양면을 깎아서 칼날 부분이 움푹 파이게 만드는 작업이다. 이때 양면 칼날의 너비가 동일하도록 맞추는 것이 중요하다.

칼날의 마무리 작업인 연마 과정에서는 날의 각도가 가장 중요하다. 한쪽이 13도씩이면 의도한 대로 양날의 합계가 26도가 된다.

손의 압력은 최소화하고 절삭력은 극대화하려면 13도가 가장 최적이다. 가장 날카로워지는 각도를 찾아낸 것은 벅 나이프의 오랜 경험과 연구 끝에 얻은 결실이다. 이는 2000년도부터 정한 벅 나이프 사의 기준이다. 기준에 들어맞는 칼이 완성되면 제품을 식별할 수 있는 고유번호가 새겨진다. 나중에 보증을 위해서도 필요한 숫자다.

사용자의 입장에서 만드는 칼

칼의 기능적, 외형적 측면을 완성하는 것은 칼의 손잡이다. 벅 나이프에서 쓰는 재질은 동물의 뿔, 자작나무 같은 천연 재료에서 플라스틱, 알루미늄까지 그 종류가 다양하다. 특히 사슴뿔은 견고하고 감촉이 좋아서 칼 마니아들에게 인기가 높다.

특별한 칼을 원하는 고객은 칼날의 모양부터 손잡이까지 주문 제작할 수 있다. 손잡이의 재료는 수백 가지가 넘는다. 특별 주문을 받으면 특정 재료들이 필요한데, 그중 일부는 회사에 있지만 대부분은 주문한다.

이곳에서는 진주, 상아, 자개 등 화려한 손잡이와 독특한 디자인의 칼

날까지 원하는 대로 맞춤 제작
이 가능하다. 세상에 단 한 자
루뿐인 나만의 칼이다. 벅 나이
프는 최근 새로운 재질의 손잡
이로 칼을 만들고 있다. 페이퍼
스톤이라는 종이 재질로 만든
인공이다. 주로 건축용으로 쓰
일 만큼 단단하고 내구성이 있

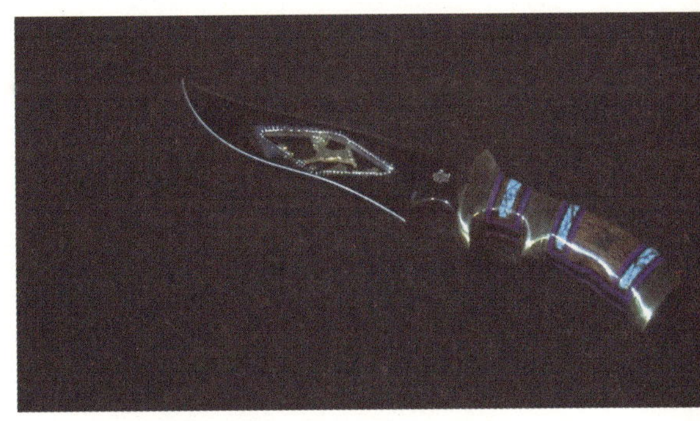

고객을 위한 맞춤 제작이 가능한 '벅 나이프'

는 소재로, 미래를 위한 벅 나이프의 새로운 도전이다. 페이퍼 스톤은 열
과 습도에 굉장히 강해서 아주 좋은 칼 손잡이를 만들 수 있다. 게다가
재활용한 종이이기 때문에 친환경적이기도 하다.

시대와 환경의 변화에 따라 칼의 디자인도 변화한다. 하지만 핵심은 기
능을 극대화하는 데 있다. 따라서 벅 나이프의 디자인에서 중요한 것은 제
품의 기능을 잘 구현하는 것이다. 이를 위해 서바이벌 게임, 낚시, 사냥 등
다양한 분야의 전문가들과 협력하고 있다. 신제품을 개발할 때는 레저 활
동 전문가들을 초빙해 디자인 회의를 갖는다. 회사 내 각 공정별 책임자들
도 참여해서 이들의 의견에 귀를 기울이고 작업 과정에 반영한다. 현장에
서 칼을 사용하는 이들의 경험이 곧 최고의 아이디어인 셈이다.

여성용 칼을 개발하고 있는 캐런 후드 씨는 남편과 함께 활동했던 유명
한 부부 서바이벌 전문가다. 그녀는 여자와 남자가 함께 쓸 수 있는 겸용
칼을 디자인하고자 한다. 여자가 좀 더 작은 손을 가지고 있지만 남자 중
에도 작은 손을 가진 사람이 있기 때문에 같이 사용할 수 있을 것이다. 또
한 생존에 필요한 부분을 포함하고자 한다. 예를 들어 야생에서 도움이 될

수 있는 나침반 같은 것이다.

그녀는 일 년 전 세상을 떠난 남편 론 후드 씨의 제안으로 서바이벌용 칼을 만들었다. 기능을 고려한 세심한 디자인이 특징이다. 야생용 칼은 여러 가지 기능을 가져야 하기 때문에 칼 손잡이 부분은 망치로 쓸 수 있도록 만들었고 뼈를 자르는 부분도 넣었다. 또한 들통 등을 불에서 들어 올릴 수 있도록 칼등에 홈을 팠다.

기능을 중시한 칼은 또 있다. 다른 칼에는 없는 손잡이 부분의 기능을 강조한 칼로 손가락들을 편하게 위치시키는 부분들이 있다. 이는 전형적인 론 후드의 디자인이다. 또한 손잡이와 칼날이 만나는 부분은 칼날을 앞으로 찌르거나 돌릴 때 손을 지탱할 수 있도록 잡기 쉽게 만들었다.

이처럼 사용자의 편의를 세심하게 고려한 디자인이 나올 수 있는 것은 직원들 역시 실제 레저 활동을 경험하기 때문이다. 직원들이 현장에서 직접 체험하며 얻은 지식과 아이디어는 벅 나이프의 혁신적인 새 제품을 개발하는 원동력이 된다.

고객이 칼을 더 오래 쓸 수 있도록

벅 나이프 공장을 이전한 후, 회사를 홍보하고 제조 과정을 공개하는 견학 프로그램을 시작했다. 신청해 방문한 이들은 이곳에서 벅 나이프의 110년 역사와 만난다. 강철을 담금질하듯 위기에서도 제작을 멈추지 않았던 벅 나이프가 아버지에서 아들로, 다시 또 그 아들로 이어오면서 반드시 지키고자 한 것은 단 하나다. 평생 보증 제도다.

벅 나이프가 문을 연 처음부터 시작된 평생 보증 제도는 한 번 제품을 구매하면 끝까지 쓸 수 있도록 고쳐주겠다는 약속이다. 평생 보증을 처음 시작한 당시에, 회사는 광고를 통해 이 약속을 많은 사람들에게 알렸다. 사람들은 이 제도에 매혹되어 제품을 구매했고 써보고 품질을 확인한 다음에 충성 고객이 되었다. 평생 보증 제도는 이제 세계적으로 알려진 벅 나이프의 강점이 되었다.

칼 수리는 36년 경력의 데이비드 씨가 전담한다. 가끔은 아주 오래된 칼이 들어오기도 하는데 1967년도에 구입한 칼이 날이 부러졌다며 수리가 들어온다. 그래도 부러진 칼날을 완전히 새것으로 바꿔준다.

이처럼 사용 중에 문제가 생긴 칼은 대부분 무상 수리가 원칙이다. 하지만 고의적인 파손이나 오남용으로 인한 손상은 재료비 정도의 적은 비용을 지불해야 한다.

수리비는 거의 없지만 대신 고객들로부터 귀중한 보상을 받는다. 사람들이 감사의 편지나 카드를 보내온다. 감쪽같이 고쳐진 칼을 받고 기뻐하는 마음들이 편지에 고스란히 담겨 있다. 데이비드 씨가 이 일을 계속하는 이유이기도 하다. 칼을 완벽하게 수리해서 사람들을 기쁘게 하는 것이 그가 느끼는 최고의 보람이자 자부심이다. 새로운 물건을 더 팔기보다는 한 번 산 칼을 오랫동안 사용하기를 바라는 진실한 마음이 벅 나이프에는 담겨 있다.

역사는 돌고 돌아, 할아버지가 손자에게 칼을 물려주고 그 손자는 또다시 아들에게 물려준다. 할아버지가 산 칼을 손자가 수리를 맡기기도 한다. 한 가족의 역사를 품은 칼을 갈고 닦는 손길로 인해 칼은 다시 새 생명을 얻는다. 데이비드 씨는 낡은 칼을 수리하는 일은 새 칼을 만드는 일 못지않게 가슴 두근거리는 일이라고 말한다. 데이비드 씨의 능숙한 손을 통해 오래되고 망가진 칼이 앞으로 50년은 너끈히 쓸 수 있을 새로운 칼이 된다. 벅 나이프의 평생 보증 제도를 통해서 이제 다시 반짝이는 새것이 된 것이다. 처음 사용했을 때의 만족감 그대로. 이것이 벅 나이프가 110년 전 통을 이어온 비결이다.

1. 혁신과 신제품 개발

2대 사장 알 벅이 개발한 접이식칼 원텐은 세계에서 가장 많이 팔린 칼이다. 벅 나이프는 스프링의 탄성으로 칼날을 고정시키는 획기적인 방식의 잠금장치를 원텐에 적용해 미국 칼 산업에 혁명을 일으켰다. 이후에도 무겁지 않으면서도 이동성이 용이한 사냥용, 작고 독특한 디자인의 여성용과 다기능 접이식칼, 탐험가나 구조대를 위한 튼튼한 서바이벌용 칼까지 혁신을 거듭하며 지금의 명성을 이루었다.

2. 대대로 전해진 제작 비법

벅 나이프의 칼이 튼튼하고 질이 좋은 이유는 1대 사장 때부터 전해 내려온 비법 덕분이다. 먼저 열처리 단계에서 가장 중요한 두 가지인 온도와 그 온도를 유지하는 시간을 엄격히 지킨다. 또 칼날을 연마하는 과정에서도 오랜 경험과 연구 끝에 찾아낸 최적의 각도를 따른다. 이렇게 만들어진 칼은 변하지 않는 최고의 품질을 자랑하며 고객 역시 대를 이어 벅 나이프의 칼을 사용한다.

3. 전문 산악인의 경험을 바탕으로 만든 디자인

벅 나이프는 산악인 등 전문가의 사용담을 토대로 칼을 만든다. 사용자의 실제 경험이 칼 제작에 중요한 역할을 한다는 철칙하에 그들과 꾸준히 디자인 회의를 거쳐 신제품을 개발한다. 직원들 역시 직접 야외활동을 경험해서 디자인한다. 칼의 외형보다 기능을 중시하며 디자인은 기능을 극대화해야 한다는 신념으로 사용이 편한 칼을 디자인한다.

4. 평생 수리를 보증하는 고객 중심 기업

벅 나이프는 모든 제품에 평생 보증 제도를 도입해 칼을 구입하면 평생 수리를 보증해준다. 1대 사장부터 지켜온 고객과의 약속이다. 한 번 구입한 제품을 오래 사용할 수 있도록 하는 마음이 고객들의 만족을 끌어내고 또다시 벅 나이프를 찾게 만든다.

INFORMATION

주 소   660 S. Lochsa Street Post Falls, ID 83854-5200, USA
홈페이지 www.buckknives.com
전 화   +1-800-326-2825

독일 모자 명가
후트쾨니히

독일에서 유일하게 수제 모자를 만드는 '후트쾨니히'

푸른 물결의 도나우 강이 흐르는 도시, 독일의 레겐스부르크는 중세의 분위기를 그대로 간직하고 있다. 신성 로마제국 시대의 정치적 중심지로 세계문화유산에 등재되기도 했다. 도시 한가운데에 자리한 레겐스부르크의 최대 번화가라 불리는 마르크트 광장에서는 멋스러운 도시의 신사들을 쉽게 만날 수 있다. 저마다의 중절모를 쓴 신사들에게 모자를 어디서 샀냐고 물으면 하나같이 '후트쾨니히Hutkönig'를 가리킨다.

독일 내에서 유일하게 수제작으로 모자를 만드는 곳으로 유명한 후트쾨니히는 우리말로 '모자의 왕'이란 뜻이다 그 이름에 걸맞게 각국의 왕족, 유명인사들뿐만 아니라 교황 베네딕토 16세도 사랑한 모자로 알려지면서 더욱 유명해졌다. 중후한 멋의 남성용 모자부터 화려하게 장식한 여성용 모자까지 후트쾨니히는 무려 1만 2000여 종에 달하는 모자를 판매하고 있다.

5대를 이은 선조의 기술을 품은 정직한 손끝에서 탄생하는 수제 모자로, 선대 때부터 해오던 방식에서 변한 것이 없다. 모든 방식이 옛날 그대로이기에 이곳의 모자들은 더욱 특별하다.

후트쾨니히는 레겐스부르크에서 수작업으로 모자를 만들어 판매해온 수제모자 전문점이다.

5대를 이어온 가족의 가게

가게는 눌산 형제가 공동으로 맡고 있다. 형 로베르트 눌산 씨는 고객 관리와 마케팅을 담당하고 동생 안드레아 눌산 씨는 모자 제작 장인이다. 그의 어머니 베르타 눌산 씨 역시 65년째 회사에서 일하며 판매를 맡고 있으며 딸 베티나는 모자 장식을 담당하고 있다. 여든을 바라보는 할머니부터 스물네 살의 어린 손녀 베티나까지, 후트쾨니히는 지난 137년 동안 늘 가족이 함께 지켜왔다. 가게의 오랜 역사를 함께한 사람은 비단 가족뿐만이 아니다. 요셉 체크 씨는 약 40년 전부터 후트쾨니히의 모자를 구입해온 단골고객이다. 이곳에서 겨울에 한 번, 여름에 한 번 매년 두 개의 모자를 구입한다. 만족스런 고객 상담, 선택할 수 있는 모자가 많은 점 그리고 친절한 서비스 때문이다.

가게 2층에는 모자 창고가 있다. 1대부터 5대에 이르는 오늘날까지 후트쾨니히가 만들어온 대표적인 모자들이 걸려 있다. 그 어떤 값을 치르더라도 살 수 없는 역사적인 모자이며 가보다.

1880년에 만든 실크 재질의 접이식 모자 샤포클랑은 130여 년 전, 마차를 타는 신사들이 짐의 부피를 줄이기 위해 사용했던 모자다. 교황 베네딕토 16세를 위해 만든 모자도 있다. 안쪽에 '베네딕토 16세'라고 적혀 있는 이 모자는 5년 전, 교황 베네딕토 16세의 여든 번째 생일을 축하하기

가게를 함께 꾸려가는 눌산 형제

위해 제작한 모자다. 레겐스부르크에서 태어난 교황과 그의 형제들은 오래전부터 후트쾨니히의 맞춤 제작 모자를 애용해왔다고 한다.

매일 밤, 바쁜 일과를 마무리한 가족이 한자리에 모여 가족회의를 연다. 가게에서 매일 고객이 평가한 내용을 전달받는다. 어떤 날은 하루에도 몇 번씩이나 고객의 평가를 공유하고 모자 제작의 방향을 의논한다. 작업에 들어가기 1, 2주 전에 정보를 미리 받아야 제작에 반영할 수 있기 때문에 아주 중요한 절차다.

30년 전 갑작스럽게 돌아가신 아버지를 대신해, 어린 나이에 가게를 물려받은 두 아들. 이제는 무리 없이 제몫을 해낼 만큼 장성했지만 어머니는 여전히 걱정이 앞선다.

아들들이 완벽하길 바라지만 개선해야 할 부분은 아직도 많다. 그래서 의견이 어긋날 때도 있다. 그러나 늦지 않게 해결점을 찾는다. 목표는 같기 때문이다.

모자 제작의 근간이 되는 '나무 틀'

"여기저기 파도가 치기 때문에 배의 균형을 잘 잡아야 합니다. 이게 문제인 거죠. 대기업을 운영하는 데는 비용과 시간이 많이 듭니다. 하지만 우리는 규모가 작은 게 행운이라고 생각해요."

안드레아 씨의 말처럼 작은 규모의 가족 경영은 이들에게 가장 큰 강점이다. 규모를 키우려는 욕심보다 가족끼리 운영하며 적당한 크기를 유지하고자 했기에 오랜 시간 동안 행복한 항해를 계속할 수 있었다.

최고의 재료로 수많은 제작 공정을 거친다

완성된 모자는 총 70단계라는 수많은 제작 공정을 거쳐 탄생된다. 수천 개에 달하는 원재료들의 성질에 맞춰 내구성과 보온성, 패션의 트렌드까지 넣은 디자인으로 완성된다.

모자 제작에 앞서 장인이 가장 먼저 하는 일은 나무 틀을 고르는 것이다. 대략 1만 개 정도의 틀이 있다. 나무 틀은 창업 이후부터 지금까지 수시로 만들어 사용하는데 고객이 원하는 모자 모양과 머리 크기에 맞춰 만든 것으로 모자를 성형하는 도구로 쓰인다. 수작업으로 모자를 만드는 장인의 노하우는 이 나무 틀을 고르는 작업 안에도 녹아 있다. 예를 들어, 62사이즈의 모자를 만들기 위해서는 63사이즈의 틀이 필요하다. 만드는 과정에서 모자의 크기가 줄어들기 때문이다.

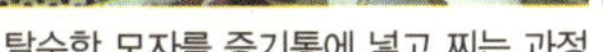
탈수한 모자를 증기통에 넣고 찌는 과정 　　　유연해진 천을 잡아당겨 늘이는 과정

나무 틀을 고른 후 안드레아 씨가 찾는 곳은 작업실의 지하, 후트쾨니히의 재료 창고다. 이곳에는 양모와 토끼털을 가공해 만든 약 10만 개의 천이 보관되어 있다. 후트쾨니히는 남아프리카와 호주 등 세계 각지에서 수시로 질 좋은 재료를 수입해 사용한다. 여기에 저장해서 사용하는 원자재는 대략 100년 전부터 지금까지 모아오고 있는 것들이다. 이 중 후트쾨니히가 손꼽는 최고의 재료는 겨울을 지낸 토끼의 등에서 얻은 털이다. 부드러우면서도 두꺼운 이 토끼털은 비나 눈을 맞아도 쉽게 망가지지 않는다.

토끼털은 사람의 털처럼 단단하고 깊숙이 박혀 있어서 물이 안에 들어갈 수 없지만 양털은 부드럽고 촘촘하지는 않아서 털 사이로 물이 들어갈 수 있다. 그래서 양털은 물을 90퍼센트 정도 흡수하지만 토끼털은 20퍼센트 정도만 흡수한다.

좋은 모자의 첫 번째 조건은 물에 강해야 한다는 것이다. 이를 위해 후트쾨니히는 모자를 성형할 때, 물을 필수 요소로 사용한다. 먼저 펠트를 적셔 탈수한 후, 증기통에 넣고 찐다. 증기통을 사용해서 증기가 모자에 흡수되면 털의 조직이 느슨해진다. 증기통 안에서 약 10분간 뜨거운 증기를 머금은 천은 이전보다 두 배는 더 부드러워진다.

그다음부터 본격적으로 모자 성형이 시작된다. 그 첫 단계는 유연해진 천을 잡아당겨 늘이는 것이다. 그런데 이 작업에 쓰이는 기계는 모양이 좀 특이하다. 발로 강도를 조절해 천을 늘이는 기계로 70년 전부터 사용해온 골동품이다. 그런데 이 기계로는 정교한 원 모양의 모자는 만들 수 없고 단순한 타원형만 만들 수 있다. 더욱 정교한 작업은 손을 사용할 수밖에 없다.

수작업으로 만드는 견고한 모자

거친 천을 사용하는 경우를 제외한 대부분의 모자 성형은 수작업으로 늘인다. 100도를 웃도는 뜨거운 증기가 손으로 고스란히 전해진다. 모자를 나무 틀에 씌운 후, 손으로 차양 부분을 잡아당겨 늘이는 작업을 거치면 모자는 약 2센티미터가량 늘어난다. 이렇게 손으로 늘린 모자를 다시 24시간 동안 건조시킨다. 열을 가해 건조시킬수록 표면은 수축되고 빈틈이 없어진다. 그렇게 되면 더는 물을 흡수할 수 없게 된다.

건조하기 전 모자의 차양은 11센티미터지만 건조 후에는 대략 9.5센티미터다. 열을 가해 늘리고 다시 건조하는 작업을 반복하면서 모자는 줄어들고 조직은 더욱 견고해진다. 이렇게 여러 번의 수작업 과정을 거쳐 백 퍼센트 변형되지 않는 모자를 만든다. 수도꼭지에서 나오는 센 물줄기로 흥건히 적셔도 모자의 형태에는 변함이 없고 모자 안으로 물이 흡수되지도 않는다. 비가 와도 4시간 동안은 물이 새지 않고 버틸 수 있다. 이것이 공장에서 만든 모자와 수작업으로 만든 모자의 차이다.

1875년 창업한 이래로 현재에 이르는 5대까지 오로지 수작업만을 고

열을 가하고 늘이는 과정을 반복할수록 모자는 견고해진다.

집해온 후트쾨니히는 137년이 지난 지금, 독일 내에서 전통 수공 기술을 사용하는 유일한 모자 가게가 되었다. 모두가 기계화된 시스템을 좇는 상황에서도 굳건히 수작업을 고수하는 이유는 사람이 사용하는 물건은 사람의 손으로 만들어야 한다는 신조 때문이다.

모자 성형 작업만 해도 평균 사흘의 시간이 소요된다. 그렇게 성형이 마무리되면 불필요한 털들을 정리하고 미세 먼지를 세척해 모자의 표면을 매끄럽게 다듬어준다. 일을 하던 손으로 얼굴을 문지르고 싶지는 않지만 토끼털이 자꾸 붙어 얼굴을 긁게 된다. 하루 12시간 이상 이어지는 고된 작업이다. 전통을 이어가는 일이 이렇게 쉽지 않지만 그렇다고 다른 방법은 없다. 기계로 모자를 예쁘게 만들어줄 수는 있지만 좋은 상태를 오래 유지해주지는 못한다. 그래서 수작업은 꼭 필요하다.

모자의 장식까지 마무리되면 마지막으로 다시 증기를 이용해 모자에 주름을 잡아준다. 그러면 비로소 모든 작업이 완료된다. 이렇게 꼬박 나흘

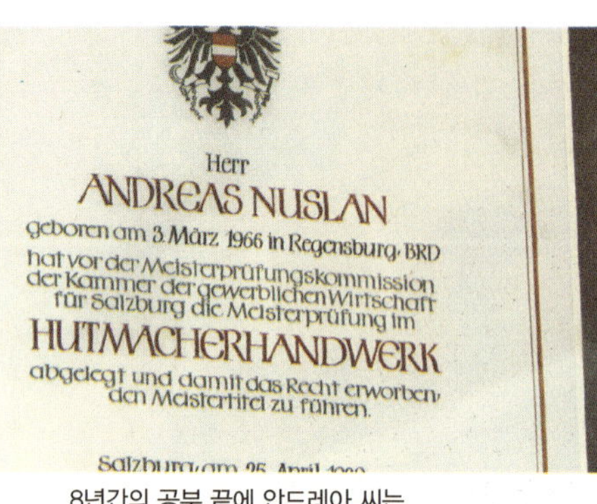

8년간의 공부 끝에 안드레아 씨는
남성용 모자 장인이 되었다.

의 수작업 끝에 완성된 모자는 평균 200유로, 우리 돈으로 약 30만 원에 판매된다.

오랜 시간 함께해온 직원들

매일 아침 로베르트 씨는 가게에서 차로 10분 거리에 있는 후트쾨니히의 작업실을 찾는다. 로베르트 씨의 동생, 안드레아 눌산 씨가 모자를 제작하는 곳이다. 로베르트 씨는 안드레아 씨에게 주문서를 넘긴다. 가게에서 판매하는 모든 모자는 안드레아 씨의 손을 거쳐 만들어진다.

자신의 일에 누구보다 큰 자부심을 느끼는 장인 안드레아 씨는 30년 전, 열여섯 살의 어린 나이로 오스트리아 유학길에 오른 후, 8년간의 공부 끝에 남성용 모자 장인으로 인증 받았다. 그리고 2년 후 여성용 장인 시험까지 통과하며 유럽을 대표하는 모자 장인이 되었다.

그는 열다섯 살 때, 어머니가 커서 뭐가 될 거냐고 물었을 때 모자 장인 말고는 다른 직업을 생각해보지 않았다고 한다. 그런 만큼 아주 자연스러운 결정이었다. 어려서부터 모자 만드는 작업장에서 항상 놀았던 그다.

후트쾨니히에서 일하는 장인은 안드레아 씨뿐만이 아니다. 20년 경력의 토밋자 신들라 씨는 모자 장식과 재료관리를 맡고 있다. 그녀는 가게의 또 다른 가보를 보관하고 있다. 선대가 쓰던 밴드인데 질이 좋아서 지금도 사용하고 있다.

평균 50년의 세월을 품고 있는 재료들은 후트쾨니히의 역대 장인들이

50년의 세월을 품고 있는 재료들

가게 운영이 어려운 시기에도 다음 세대를 위해 미리 구입해놓은 것들이다. 1964년에 생산된 것도 있고 61세인 토밋자 씨의 나이보다 더 오래된 것들도 있다. 대를 물려 내려온 재료로 모자를 장식하는 토밋자 씨는 가게의 역사를 함께 만들어가는 자신의 일에 남다른 자긍심을 갖는다.

후트쾨니히에서 일하는 대부분의 직원들은 은퇴를 하는 65세까지 평균 30년 이상 근무한다. 원한다면 사장과 의논해 더 일할 수 있다. 이 회사에서 50년 동안 일한 에르나 카스너라는 직원은 어릴 적에 로베르트 사장의 기저귀도 갈아줬다고 한다. 순전히 경험을 바탕으로 만들어지는 장인의 노하우가 후트쾨니히의 역사를 이끄는 진정한 힘이다.

로베르트 사장은 오래된 직원들을 자랑스럽게 생각한다. 전문 지식을 직원들에게 전수하면 그 직원들이 계속 발전시켜 또 다른 직원에게 전수하기 때문이다. 오랜 시간 함께하기 때문에 책임감을 갖고 기술을 잃지 않고 이어갈 수 있다.

머리 크기를 재는 오래된 기구 '콘퍼마튜어'

고객만족의 경영철학

137년 역사의 모자 명가 후트쾨니히가 추구하는 것은 단 하나다. 바로 모자를 쓰는 고객의 아름다움이다. 고객들이 이곳의 모자를 써서 즐거움을 느끼고 자신감을 얻기를 바라는 마음으로 매일 가게 문을 연다.

후트쾨니히는 '콘퍼마튜어'라는 머리 크기를 재는 오래된 기구를 아직 보관하고 있다. 모자처럼 생긴 이 틀을 머리에 쓰고 고정시킨 후 크기를 잰다. 100여 년 전 선조들은 이 기구로 머리 둘레는 물론 사람마다 다른 머리 모양까지 측정했다. 고객 한 사람 한 사람의 특성에 맞춰 모자를 만드는 가게의 철학이 이 오래된 도구 안에도 깃들어 있다. 고객 만족의 철학은 순식간에 이루어진 것이 아니라 대를 이어 전해오며 몸에 배었다.

옷의 경우 바짓단을 줄이거나 팔 길이를 조절하듯 이곳에서 만드는 모자는 개인에게 맞춰 제작한다. 손님 개개인의 개성과 선호도에 맞는 모자를 제작하기 위해 많은 노력과 비용을 들인다.

매일 어김없이 아침 9시에 출근하는 형제의 어머니 베르타 눌산 씨는 새 상품이 입고된 날이면 더 분주하게 하루를 시작한다. 그녀의 첫 번째 업무는 상품 진열이다. 올해로 63년째 가게를 지키고 있는 베르타 씨는 1만 2000여 종에 달하는 모자의 진열 위치를 모두 외우고 있는 유일한 직원이다. 베르타 씨의 또 다른 업무는 고객 상담인데 그 목적은 판매가 아니다. 모자를 쓰지 않는 요즘 사람들은 무엇을 어떻게 써야 할지 잘 모르기 때문에 조언을 해준다.

손님들은 모자를 세척하기 위해 찾아오기도 한다. 알코올로 모자를 깨끗하게 닦아주는 것도 서비스의 일종이다. 20년을 사용해온 모자라도 로베르트 사장은 직접 성심성의껏 모자를 닦아준다. 후트쾨니히의 서비스에는 유효기간이 없다. 고객을 위한 서비스 역시 후트쾨니히가 가장 우선시하는 경영 철칙이다. 고객 만족은 여기서 시작된다.

또한 후트쾨니히는 40여 년 전부터 일대일 맞춤 방문 서비스를 제공하고 있다. 몸이 불편하거나 바쁜 고객들을 위해 로베르트 사장이 직접 집과 직장을 방문해 모자를 주문받고 배송까지 해준다. 모자를 보호하기 위한 포장 상자까지 개발했다. 후트쾨니히는 이 서비스를 통해 돈으로는 환산할 수 없는 고객의 신뢰를 얻는다. 원하는 제품을 주문하고 배달까지 받는다는 것은 고객이 받을 수 있는 최고의 대우다. 배송 서비스를 통해 고객에게서 직접 얻은 의견은 수시로 제품 제작에 반영된다.

고객의 개성을 살린 모자를 만드는 가게

"100년이 넘도록 가게를 이어가는 동안 오래된 전통이 중요한 역할을

하는 것은 사실이지만, 과거에만 머물지 않고 변화에 따라 새롭게 만들어
내는 것도 중요해요."

로베르트 씨의 말처럼 137년간 한결같이 지켜온 이 철칙 덕분에 후트
쾨니히는 독일을 넘어 세계인들의 많은 사랑을 받고 있다. 전통 방식으로
제작하지만 시대의 변화를 외면하지 않는다. 1990년대에 들어 여성용 모
자 시장이 급속도로 성장했고 유행도 빨리 바뀐다. 그래서 후트쾨니히는
12년 전에 여성용 모자를 따로 만드는 여성 모자 전문가를 고용했다. 여
성용 모자 장인이자 수석 디자이너인 멜라니 씨다.

실용성을 중시하는 남성용과 달리 여성용은 디자인이 모자의 가치를
좌우한다. 새의 깃털과 동물의 뼈, 가죽으로 장식하는 후트쾨니히는 매년
3000여 개의 새로운 디자인을 선보인다.

작업실에는 멜라니 씨를 포함해 세 명의 직원이 있지만 디자인은 모두
다르다. 회사는 장인들이 각자의 개성에 맞게 자유롭게 디자인하도록 해
준다. 회사가 원하는 것을 강요하기보다 장인의 창작욕을 충족할 수 있도
록 하는 것이다. 만약 모두 같은 디자인을 한다면 언젠가는 손님들이 떠날
것이라는 게 이들의 생각이다. 그래서일까? 후트쾨니히의 여성용 모자는
고풍스러우면서도 세련된 디자인으로 정평이 나 있다. 모자를 쓰는 고객,
모자를 만드는 장인의 개성을 존중하며 시대의 흐름을 맞춰가고 있는 것
이다. 장인의 손길과 개성이 담긴 후트쾨니히의 모자는 현대의 멋을 완성
한다.

137년을 이어온 전통 기술에 현대의 미를 더해 창조한 모자의 가치는
시간이 흐를수록 빛을 발한다. 독일에서 모자는 유행하는 보석과도 같다.
최근에 사람들은 다시 모자를 쓰기 시작했고 여성들의 눈길을 끌게 하는

물건이 됐다. 끊임없이 변화를 시도하는 후트쾨니히의 도전 정신은 또 다른 결실을 맺었다.

2년 전, 후트쾨니히는 할리우드 영화사에 모자를 만들어 납품했다. 그 모자는 영화 〈이상한 나라의 앨리스〉에서 조니 뎁이 연기한 미친 모자장이의 모자로 쓰였다. 이 작업을 계기로 가게는 세계적 명성을 얻었다. 대량생산을 하지 않고 순수하게 맞춤 수제작으로 모자를 만들었기 때문에 독특한 모자를 요구했던 영화사의 주문에 맞출 수 있었다. 그런 주문을 받을 준비가 되어 있다는 것을 세월과 고집으로 보여준 것이다.

깊은 밤에도 안드레아 씨는 책상 앞을 지키는 경우가 세계 각국의 고객으로부터 주문받은 모자를 디자인하기 위해서다. 세계 속에 수제 모자의 우수성을 알리고 싶다는 형제의 꿈도 이루어질 날이 머지않았다. 300여 개의 업체가 참여하는 독일의 모자 박람회에 참가하며 후트쾨니히는 새로운 고객을 확보할 계획이다.

〈이상한 나라의 앨리스〉에서 조니 뎁이 쓴 '미친 모자장이의 모자'도 후트쾨니히 제품이다.

안드레아 씨는 가능하면 세상 모든 사람에게 모자를 팔 것이라고 한다. 직원들이 뭉쳐서 부지런하게 일한다면 멋진 모자를 제공할 수 있다고 자신한다. 그러기 위해서는 오늘 하루, 멋진 모자를 만들어 손님들에게 제공하는 것이 중요하다. 5년 혹은 10년, 그보다 더 긴 시간이 필요할 수도 있다. 그렇다 해도 형제는 포기하지 않을 것이다.

"부모님과 조부모님에게 물려받은 소중한 전통을 다음 세대로 이어가고 유지하는 것이 중요해요. 그리고 고객들이 50년 후에 다시 모자를 써도 현재를 경험하는 듯한 기분이면 좋겠어요."

전통에 머물지 않고 끊임없이 미래를 향해 나아가는 후트쾨니히는 과거를 재현하기보다 현대를 표현하고 싶어 한다. 뒤처지지 않고 현대를 살아가며 동시대의 고객들을 만족시키는 것이 미래로 가는 유일한 길이라 믿기 때문이다. 고객을 빛나게 하는 모자, 고객이 만족하는 모자를 만들기 위해 후트쾨니히 가족은 오늘도 어제와 같은 마음으로 각자의 자리를 지킨다.

1. 한 사람을 위한 맞춤 모자

후트쾨니히에는 '콘퍼마튜어'라는 머리 크기를 재는 아주 오래된 기구가 있다. 선조들은 이 기구로 고객의 머리 둘레와 머리 모양을 측정한 다음 고객 한 사람 한 사람의 특성에 맞춰 모자를 만들었다.

2. 고객만족을 위한 서비스

5대 사장의 어머니 베르타 씨는 고객 상담을 맡고 있다. 목적은 판매가 아니다. 요즘 사람들은 모자에 익숙하지 않기 때문에 모자를 멋지게 쓰는 법을 조언해준다. 또 이곳에서 산 모자를 가져오면 알코올로 세척해준다. 40여 년 전부터 일대일 맞춤 방문 서비스도 제공하고 있다. 몸이 불편하거나 바쁜 고객들을 위해 집이나 직장을 방문해서 모자를 주문받고 배송해준다.

3. 수작업으로 만드는 견고한 모자

후트쾨니히의 모자가 유명한 이유는 수작업 제작 때문이다. 총 70단계라는 수많은 제작 공정을 거쳐 탄생하며 수천 개에 달하는 원재료들의 성질에 맞춰 내구성과 보온성, 트렌디한 디자인의 제품까지 만들어낸다.

4. 견고한 유대관계를 자랑하는 가족과 직원들

후트쾨니히는 가족기업이다. 형과 동생, 어머니가 각자의 분야에서 일하며 매일 그날의 일에 대해 바로 의견을 나눌 수 있다는 것이 가족기업의 장점이다. 또한 이 가게에서 평균 10~20년을 일한 직원들을 가족처럼 생각하고 대하기에 수직이 아닌 일직선상에서 소통이 이루어진다. 이러한 가족경영은 후트쾨니히가 힘든 시기를 지나 지금의 자리에 오를 수 있었던 가장 큰 원동력이다.

5. 현대화에 발맞춘 제품 개발

후트쾨니히는 1990년대부터 크게 성장한 여성용 모자 시장을 위해 여성용 모자 전문 장인을 고용해 제품 개발에 주력해왔다. 또한 할리우드 영화에서 소품으로 사용되면서 명성을 얻었다. 독일에서 개최되는 박람회에 참가하여 제품을 알리는 데도 열심이다. 현대의 멋을 살리는 디자인을 개발하며 세계적인 수제 모자로 거듭나고 있다.

I N F O R M A T I O N

주 소   Krauterermarkt 1 D-93047 Regensburg, Germany
홈페이지 www.hutmacher.de
전 화   +49-941-51840
영업시간 월-금 9:30~18:00, 토 9:30~16:00

편안한 잠을 위한 182년의 연구

일본 침구 회사
이와타

"기업이 오래 지속되려면 고객을 먼저 생각해야 한다.
만드는 사람보다 고객의 시각이 더 중요하다."
− 이와타 5대 사장, 이와타 아리치카

SINCE 1830

IWATA

KYOTO

교토의 야나기 반바 거리에 위치한 '이와타'

닛케이 산업 지역 연구소에 따르면 자신의 수면에 대해 62퍼센트가 불만을 갖거나 고민이 있는 것으로 나타났다. 또한 NHK 방송문화연구원에서 장기간에 걸쳐 실시한 조사에서는 일본인들의 평균 수면 시간도 점차 감소 경향을 보였다. 이를 두고 경제 불황으로 인한 사회적 불안감과 스트레스로 편안한 수면을 취하지 못하는 인구가 증가하고 있다는 해석이 나오고 있다. 이런 현상 때문인지 일본의 수면 상품 시장이 커지고 숙면을 유도하는 매트리스나 입욕제 등의 수요도 늘고 있다고 한다.

스트레스가 많은 현대인이 점점 더 편안한 수면에 관심을 갖게 되는 것은 어찌 보면 자연스러운 일이다. 우리나라에서도 '침대는 가구가 아니라 과학'이라는 광고가 오랫동안 화제가 되었던 적이 있다.

그런데 일본 교토에는 '수면은 과학'이라는 것을 이미 100년 전에 깨닫고 인간의 수면을 연구하고 고객의 쾌면을 위한 제품을 만들어온 회사가 있다. 단순한 이불이 아닌 좋은 잠을 판매하는 침구 회사 이와타岩田다. 전통과 현대가 공존하는 도시, 교토에서도 마치 과거에서 걸어 나온 듯한 교토의 '야나기 반바 거리'에 자리한 이와타는 1830년에 처음 문을 열었다. 그 후 1964년, 일본 최초로 '다운 프루프' 천, 즉 깃털이 나오지 않도록 극히 조밀하게 짠 천을 개발하며 다운 제품을 본격적으로 생산했다. 수지 코팅 방법을 사용하는 다른 가게들과 달리 일본산 100퍼센트 순면 사용과 자연식 가공법으로 많은 고객들의 사랑을 받고 있다. 좋은 꿈을 꾸게 하는 침구, 수면 과학에 대한 182년의 노력이 이뤄낸 꿈은 무엇일까?

선대의 열정을 이어받다

이와타는 1830년, 교토의 작은 이불 가게로 창업해 깃털 전문 브랜드를 만들었다. 그러다 1920년대 이후 깃털 이불 연구를 시작하면서 전환점을 맞는다. 1889년부터 1940년까지 이와타를 경영한 3대 사장 이와타 이치베이 씨는 깃털 이불에 처음으로 관심을 갖고 연구를 시작했다.

하지만 냄새와 곰팡이 때문에 깃털 이불을 상용화하는 데는 오랜 시간이 걸렸다. 당시 일본에는 좋은 깃털을 만드는 방법에 관한 기준이 없었고 검사 방법조차 없었다. 그래서 이와타는 기본부터 하나하나 만들어야 했다. 5대 사장 이와타 아리치카 씨는 깃털 이불을 개발하는 데 열중이던 아버지와 할아버지의 모습을 눈앞의 일처럼 생생히 기억하고 있다. 할아버지가 물과 깃털을 양동이에 넣으면 아버지가 그것을 막대기로 휘저어 세척했다. 그런 다음, 깃털을 말려 냄새가 나는지 확인하는 것을 반복했다.

아리치카 사장의 아버지는 4대 사장이 되면서 깃털 이불에 대한 3대 사장의 열정도 함께 이어받았다. 연구를 계속한 덕분에 일본 최초로 깃털용 직물을 개발했다. 현재 5대 사장까지, 3대를 이은 노력으로 품질 관리 및 품질 인증을 받았고 깃털의 먼지 제거 기술을 포함해서 현재 50여 개의 특허를 획득했다.

1963년에는 깃털이 빠져나오지 않고 물세탁이 가능한 '다운 프루프' 천을 개발, 깃털 이불 전문점으로 자리매김했다. 그 후 낙타털, 야크 털 등 천연

5대 사장, 이와타 아리치카

소재를 이용한 침구와 기능성 베개까지 계속해서 신제품을 개발해왔다.

보온성과 흡습성이 뛰어나고 가벼워서 덮는 이불로 가장 적합하다는 깃털 이불은 100년의 시간 동안 3대가 함께 노력하고 연구한 끝에 얻은 결실이다. 그래서 아리치카 사장은 자신에게 100년 역사의 비결을 물어도 답하기가 어렵다고 한다. 혼자서 만든 것이 아니기 때문이다.

"꾸준히 판매되는 기본 상품은 한 세대 만에 만들어지는 것이 아니라고 생각합니다. 같은 상품이 30년 이상 지속적으로 판매되고서야 비로소 꾸준히 판매되는 기본 상품으로 자리 잡는다고 봅니다."

회사를 대표하는 베스트셀러이자 스테디셀러는 쉽게 탄생하는 것이 아니다. 이와타를 경영해온 사장들은 당장 눈앞에서 성공을 맛보려 하지 않았고 조바심을 내지 않았다. 사람은 대부분 100년 이상 살지 못한다. 그래서 100년 이상의 역사는 후대를 바라보며 연구를 거듭하는 하루하루가 모여 이루어진다.

아리치카 사장이 집필한 도서
《잘 주무시고 계신가요?》

사장도 직원도 모두 수면 전문가

편안한 잠은 아늑한 이부자리에서 결정된다. 정성스러운 손길과 여문 손끝으로 채워진 이불은 하루의 안녕을 예고한다. 이와타는 제품만 파는 게 아니라 고객에게 좋은 잠을 판매하는 회사라는 철학을 갖고 있다.

"좋은 이불, 좋은 침구, 좋은 침대는 그것을 사용했을 때 푹 잘 수 있어야 합니다. 또한 아침에 일어나서 상쾌하다고 느끼고 오늘 하루도 열심히 일해보자고 생각하면서 일어나게 만드는 것이라고 생각합니다."

이런 생각으로 아리치카 사장은 20년 전부터 수면에 관한 연구를 시작했다. 이불을 만들던 사람이 수면 연구를 한다고 했을 때, 주변의 무시와 비웃음도 적지 않았다. 그럼에도 불구하고 그가 잠에 대한 연구를 시작한 것에는 우연한 계기가 있었다.

20년 전, 신상품을 발표하는 전시회를 열었을 때의 일이다. 한 신입사원이 "올해는 신상품이 하나도 없다"는 말을 했다. 아리치카 사장이 무슨 말이냐고 물었더니 "무늬와 속재료만 달라진 게 아니냐"고 하는 것이 아닌가. 아리치카 사장은 그 말을 듣고 침구의 목적에 대해 생각하게 됐다. 그 답은 잠이었다. 침구는 수면 도구인데 수면에 대해 생각하지 않고 제품을 만들었다는 것을 깨닫고 크게 반성했다. 그때부터 우선적으로 잠과 수면 과학을 공부하자고 생각했다.

그는 이제 잠 전문가가 되어 〈마이니치 신문〉에 수면에 대한 칼럼을 11년간 연재해왔다. 그리고 지금도 여전히 사무실에는 수면에 관한 책들이 잔뜩 쌓여 있다. 아리치카 사장의 공부에 대한 열정은 직원들에게도 그대로 반영되었다. 모든 직원이 수면 교육을 받아 고객의 편안한 잠을 위한 조언자가 되도록 했다.

이와타는 시가 현에 있는 공장의 2층에 연수 센터를 마련해놓고 있다. 바로 '수면 환경 학원'으로 각 방을 모두 이와타의 제품으로 꾸며서 신입사원들이 직접 생활하고 체험하게 해놓았다. 이 공간은 4대 사장이 처음 만든 공간인데 깃털 이불을 만들었던 초기에 생소한 깃털 이불을 직접 사용해보고 제대로 공부할 수 있도록 한 것이다. 신입사원들은 여기에서 2개월 동안 지내면서 회사의 여러 제품을 사용하며 비교해본다.

좋은 침구를 만드는 일은 자세에 대한 이해에서 비롯된다는 게 아리치카 사장의 생각이다. 그래서 아리치카 사장은 직접 침구, 수면, 섬유에 대한 강의를 펼치며 직원 교육에 힘쓴다. 침구를 만들고 파는 일을 가르치기 전에 수면의 기본을 깨닫게 하기 위해서다. 신입사원들은 이와타의 모든 제품을 사용함으로써 회사에 대한 자부심을 갖고, 고객의 입장에서도 생각할 수 있는 기회를 갖게 된다. 전문용어에 익숙해져서 현장에 투입되었을 때 무척 편해지기도 한다.

직원들은 수면환경학원의 커리큘럼을 모두 마친 뒤, 시험에 합격해야만 '수면 개선 강사'로 인정받아 활동할 수 있다. 수면 장애를 겪고 있는 사람들에게 어떻게 하면 쾌적하게 잠들 수 있는지 조언해주는 것이다. 직원들은 모두 이 자격증을 소지하고 있다. 전 직원이 수면 전문가가 되는 것이 이와타의 경영철학이다.

체험해보고 구매하는 침구

천연 소재의 침구로 유명한 이와타의 대표 제품인 깃털 이불은 계절과 지역에 따라 온도와 습도 차이까지 고려한 이불이다. 여름이면 매우 덥고 습한 교토의 기후 특성상 숙면을 위한 이불로 더욱 인기다. 아무도 부정할 수 없는 최고의 상품이건만 이와타는 물건을 쉽게 판매하지 않는다. 오히려 고객들이 더 신중하게 고르도록 배려한다.

회사 2층에는 수면 체험실이 마련되어 있다. 1층 매장에서 마음에 드는 침구가 있으면 이곳에 와서 직접 누워보고 편안한지 확인할 수 있게 했다. 실제 잠잘 때처럼 침구를 체험해보고 구입할 수 있어 고객들의 만족도가 높다. 직원들은 고객의 잠버릇, 생활습관, 수면 환경 등 평상시 수면 상태를 꼼꼼히 상담한 후 알맞은 침구를 제공한다. 또한 침실 환경이나 생활습관 개선 등 최상의 잠자리를 위해 조언한다.

평소 건강 문제로 쉽게 잠들지 못하는 이들도 여기에서는 예외다. 직접 체험하면서 침구를 고른다는 생각을 해본 적이 없던 손님들은 설명을 듣고 체험하면서 침구의 중요성을 알게 된다.

체험실에는 재질의 감촉부터 높낮이와 푹신함이 다른 다양한 침구가 구비되어 있어 취향이나 건강 상태에 따라 가장 잘 맞는 침구를 고를 수 있다. 편안하게 잘 수 있도록 인간의 신체를 고려해 세심하게 만든 침구들이 가득하다. 수면 자세에 중요한 영향을 미치는 베개도 종류별로 다양하다. 그중 한 베개는 겉으로는 여느 베개와 다름없어 보이지만 커버 속에 비밀이 숨어 있다. 가로로 나누어진 세 부분을 하나의 커버로 싸놓았다. 세 부분의 가운데는 머리를 받치고 양끝은 목을 받친다. 머리를 받치는 쪽이 더 푹신하다.

회사 2층에 마련된 '수면 체험실'

잘 때 다리를 올려놓을 수 있는 삼각형 모양의 베개도 있다. 무릎을 살짝 들어 올리면 척추의 곡선이 완만해져서 허리 주변 근육이 느슨해지고 편안해진다. 또 다른 베개는 다리를 올려놓거나 다리 사이에 끼고 자는 베개다. 특히 임산부는 옆으로 누우면 압력이 가해지는데 이럴 때 이 베개 위에 다리를 올리면 압력이 덜 가해진다. 이런 지식들을 모르고 있으면 다 똑같은 베개로 보이겠지만 설명을 들은 고객은 이와타 제품만의 차별성과 가치를 알게 된다.

고객에게 최상의 수면을 제공하려는 노력

인생의 3분의 1이 잠이지만 우리는 평소 수면에 대해 그다지 생각하지 않는다. 그러나 이곳에 오면 이불을 고르면서 잠에 대해 새삼 생각하게 된다. 아리치카 사장이 생각하는 침구의 목적은 단 하나, 숙면이다. 고객이 생각하는 수면의 형태는 하나지만 판매하는 입장에서는 제품이 하나뿐이어서는 안 된다고 믿는다. 그래서 고객 한 명 한 명의 잠자는 습성이나 선호도에 맞추고자 다양한 제품을 갖춘다.

이와타의 침구는 교토의 전통 숙박업소에서도 인기다. 옛날 귀족이 살던 저택을 개조한 한 고급 여관에서는 고객의 잠자리를 특히 중요시 여겨 이와타와 오랫동안 거래해오고 있다. 이와타는 한 번 침구를 판매하면 끝까지 책임진다. 아리치카 사장이 직접 정기적으로 방문해 침구의 상태를 점검하고 숙박객의 의견까지 확인한다. 가운데가 안 꺼졌는지 엉덩이 부분이 주저앉지 않았는지 등 이불 전체의 균형을 확인한다. 침구를 파는 데서 그치지 않고 쾌적한 수면까지 관리해준다.

아리치카 사장은 누구나 이와타의 침구를 사용하면 반드시 숙면을 취할 수 있게 하겠다는 목표를 갖고 있다. 이를 위해 판매는 물론 서비스까지 마음을 다해서 계속 연구할 것이다. 인간의 수면 자세, 뒤척이는 정도, 적절한 온도와 습도 등 '수면 중인 신체 상태'를 연구하며, 고객에게 최상의 숙면 상태를 제공할 수 있는 제품 개발에 힘쓰고 있다.

"이익만을 생각하다 보면 단기적으로는 성공할지 모르겠지만 오래 가지는 못할 것입니다. 사용하는 분들의 요구와 만족을 생각하는 게 제일 중요합니다."

아리치카 사장의 말처럼 이와타의 모든 노력은 사용자를 배려하는 하나의 목적으로 귀결된다. 그 덕분에 이와타는 가벼운 깃털 하나로 침구 시장에 혁신을 일으켰고 잠에 대한 생각까지 바꿀 수 있었다. 고객 만족을 추구하는 이와타의 철학은 브랜드 이미지와 고객 충성도를 높이는 데 있어 그 어떤 고가의 화려한 광고보다 효과적이다.

사람의 몸에 닿기에 철저하게 고르는 재료

현재 생산되는 이와타의 덮는 이불은 모두 깃털 이불이다. 충전재로 쓰이는 깃털은 생산 현장을 직접 방문해 양육환경, 제조능력, 품질수준, 관리 시스템 등을 눈으로 확인한다. 이와타의 이불에 사용하는 거위 털은 손으로 선별한 헝가리산 거위 털로 매우 등급이 높은 소재다. 거위 털은 가장 고급스러운 재료로 흡습기능이 화학섬유의 열다섯 배를 넘는다. 오리털 또한 보온성과 통기성이 뛰어난 재료로 헝가리나 폴란드, 대만 등지에서 수입한다.

산지에서 엄선한 재료지만 들여온 이후에는 더 까다롭다. 스무 자루의 재료 가운데 일곱 개 자루에서 깃털을 채취한다. 이렇게 채취한 재료 샘플들은 '이와타 깃털 연구소'에서 2차 테스트를 거친 후에 최종 사용이 결정된다.

먼저 깃털에 증류수를 섞어 깃털 청정도를 확인하는 실험을 한다. 약 45분의 혼합 과정을 통해 깃털의 오염물질이 배출된다. 오염 수치가 높으면 이불을 쓸수록 냄새가 나 재료로 사용할 수 없다. 그다음으로는 거위 털과 오리털 모두를 대상으로 함량이나 성분의 진위 여부를 검사하는 감별 테스트를 한다. 혹시 표백제로 세척해 재사용한 털이 섞이지 않았는지 철저하게 검사한다.

오염되기 쉬운 동물의 깃털을 쓰는 만큼 엄격한 검사가 무엇보다 중요하다. 직물, 실, 지퍼 등 침구를 만드는 모든 재료들 역시 유럽 섬유 환경 인증 에코텍스 스탠더드Oeko-tex Tex Standard 100에서 유해물질 테스트를 거쳐 고객의 신뢰를 더한다.

수작업으로 완성하는 오래 쓰는 침구

침구 매장이 있는 교토에서 80여 킬로미터 떨어진 시가 현에는 20여 명의 직원들이 근무하는 이와타 생산 공장이 있다. 이곳에서 엄격한 공정을 거쳐 이와타의 침구가 탄생한다.

이불을 만들 때 충전재 못지않게 중요한 것이 직물이다. 직물을 재봉하는 작업은 꼼꼼한 검수를 위해 반드시 두 명이 함께 작업한다. 미세한 틈으로도 깃털이 빠져나올 수 있기 때문에 천에 흠이 있으면 안 된다. 한 명이 검수해서 흠이 있으면 그 부분에 테이프를 붙여놓는다. 그러면 다른 한 명은 그 부분이 들어가지 않도록 재단한다.

재단된 천은 1차로 박음질한 다음, 깃털을 채우는 작업을 한다. 깃털을 고르는 데도 기계보다 사람의 손길이 우선이다. 물론 깃털을 기계에 통과시키면 그 안의 공기와 섞이며 풀리게 되지만, 그전에 손으로 일일이 풀어줘야 이불의 완성도가 높아진다.

그다음, 깃털을 표시된 용량만큼 정확히 흡입한다. 1차로 이불에 깃털을 충전할 때는 깃털이 골고루 퍼지도록 해야 한다. 그러고 나면 2차로 이불 속 깃털을 평준화하는 작업을 한다. 역시 사람이 손으로 이불을 두드리면서 덮었을 때 몸이 닿는 가운데 부분에 털을 더 많이 모아준다. 그래야 이불을 오래 사용할 수 있기 때문에 평준화 작업은 깃털 이불을 만들 때 가장 중요한 과정이다.

또한 이런 섬세한 작업은 사람의 손으로만 가능하다. 고객이 고심 끝에 산 제품을 이왕이면 오래 쓸 수 있도록 하기 위해 이와타는 수작업을 고집한다. 얼핏 보기에는 단순해 보여도 아무나 할 수 있는 일이 아니다. 20년 동안 두드리는 일만을 통해 손의 감각을 얻은 직원들은 보기만 해도 어느

부분에 깃털이 덜 들어갔는지 안다. 작업량이 많은 날에는 하루 50장에서 100장의 이불을 두드리니 손바닥이 온통 빨개진다.

하지만 이제는 익숙해졌다고 말한다. 두드리는 소리는 재봉실에서도 멈추지 않는다. 박음질할 때 깃털이 박히지 않도록 하기 위해서다. 눈에는 보이지 않지만 손끝의 감각으로 가능한 작업이다. 재봉을 담당하는 직원 역시 25년째 이곳에서 일했고 이제 60세가 됐다.

이와타의 좋은 침구는 오랜 세월 동안 숙련된 직원들의 손끝에서 탄생한다. 수면 과학을 토대로 까다로운 기술력으로 완성시킨 이와타의 침구는 마음을 담은 과학이다.

깃털을 고르고 채울 때도
기계보다 사람의 손길이 우선이다.

새로운 제품을 위한 연구를 멈추지 않는 이와타

수면 연구를 게을리하지 않는 아리치카 사장과 직원들의 열정은 새로운 숙박 상품 개발로 이어졌다. 교토에 있는 한 호텔과 제휴해서 수면 프로그램을 마련한 것이다. 이 호텔은 세계적으로 이름난 체인 호텔로 이와타에서 수면에 관한 이야기를 듣고 이 숙박 상품을 만들어 판매하기 시작했다.

일본 전통 요법을 채용해 편안한 수면과 여행을 함께 즐길 수 있도록 한 상품으로 모든 침구를 이와타의 것으로 구비했다.

이와타의 침구가 구비된 호텔

이와타의 정갈한 침구는 몸과 마음을 잠시 쉬게 하는 여행에서 잠의 중요성을 깨닫기를 바라는 마음을 담고 있다. 새로운 제품 개발은 직원들과 고객들의 의견에 귀 기울이는 데서 시작된다. 그래서 아리치카 사장은 매장 직원들과 함께 제품 개선 회의를 연다. 현장에서 고객에게 직접 듣는 의견과 직원들의 아이디어를 함께 들을 수 있어 신제품 개발에 큰 도움이 된다.

아리치카 사장은 무슨 얘기든 잘 들어주고 이를 바탕으로 새로운 아이디어를 내놓는다. 최근에는 그런 아이디어를 바탕으로 이색 수면 상품들을 많이 만들어냈다. 이와타 매장에는 대략 스무 종류의 침구가 판매되고 있는데, 최근에는 이 새로운 수면 상품들이 인기를 끌고 있다.

제품들은 단기간에 만들어지지 않는다. 아이디어를 제품으로 실현하기까지는 수많은 시행착오를 거치고 연구를 거듭해야 한다. 그중 신고 자는 깃털 양말은 완성까지 유난히 오랜 시간이 걸렸다. 아이디어를 떠올리고 난 후에도 발의 입체적인 형태를 만드는 것이 어려웠다. 발에 압박감을 주지 않는 형태로 만드는 데 약 2년이 걸렸다. 완성 후 판매를 하면서도 손님들의 의견을 듣고 개선하기를 반복했다. 결국 지금의 형태가 되기까지 10년 정도가 걸렸다.

깃털 양말 외에도 겨울에 추위를 많이 타는 이들을 위해 개발한 수면 조끼, 여성들을 위한 수면용 복대까지 모두 작은 아이디어가 현실화된 제품들이다.

요즘에는 친환경 매트리스

신소재를 사용해 친환경 제품을 만든다.(상)
'에코태그' 환경인증 마크가 달린 이와타 매트리스(하)

개발에 주력하고 있다. 환경적인 이유 때문에 유럽에는 스프링 매트리스가 없어지는 추세라고 한다. 그래서 이와타는 모든 부분이 안전하게 소각되는 친환경 제품을 만들었다. 움직여도 튕기거나 흔들리지 않는 신소재 매트리스로 낙타털, 캐시미어, 야크 털, 말의 꼬리털이 매트리스의 주재료다. 흡습성, 탄력성 등 각 천연 소재의 기능성을 살린 구조로 스프링의 역할을 대신한다.

매트리스의 제조 과정은 철저하게 비밀리에 이뤄진다. 2008년 우수 디자인상까지 받은 이와타 매트리스는 기능성뿐 아니라 세련된 디자인과 환경까지 두루 고려한 제품이다. 매트리스에 달린 '에코태그'라는 환경인증 마크는 모든 소재에 유해물질이 없다는 증명서다. 속 재료부터 직물, 실까지 100퍼센트 천연 재료로 만들어진 침구는 건강한 수면의 또 다른 이름이다.

1. 재료는 깐깐하게 고른다

재료들은 이와타의 엄격한 검사를 거쳐야 사용 가능한데, 특히 충전재로 쓰이는 깃털은 생산 현장을 직접 방문해 눈으로 꼼꼼히 확인한다. 가져온 재료 샘플들은 깃털 청정도와 감별 테스트 등을 거쳐야 한다. 또한 직물, 실, 지퍼 등 침구를 만드는 모든 재료들은 유해물질 테스트를 받아 사용한다.

2. 단순한 침구가 아닌 편안한 수면을 판다

5대 사장은 20년 전부터 수면 과학을 공부해온 수면 전문가다. 이와타의 직원들 역시 단순히 제품 판매, 개발을 넘어 수면 전문가가 되어 고객들에게 정확한 지식과 신뢰감을 바탕으로 올바른 수면 방법을 안내한다. 고객들은 수면 체험실에서 여러 제품을 직접 사용해보고 설명을 듣고 제품을 구입한다.

3. 대를 이어 전해진 노하우

이와타는 좋은 깃털을 만드는 방법에 관한 기준이나 검사 방법이 없던 3대 사장 때부터 깃털 이불에 대한 연구를 시작했다. 4대 사장 때도 연구를 계속해 일본 최초로 깃털용 직물을 개발했다. 그 결과 지금은 품질 관리 및 품질 인증을 받았으며 깃털의 먼지 제거 기술을 포함해 50여 개의 특허를 획득했다.

4. 인간과 환경을 생각하는 신제품 개발

이와타는 침구뿐 아니라 양말, 조끼, 복대 등 수면에 도움을 주는 신제품을 만들어 좋은 반응을 얻고 있다. 또한 최근에는 친환경 매트리스 개발에 주력하고 있다. 제품뿐 아니라 호텔과 제휴해 몸과 마음이 하나 되는 수면 프로그램을 넣은 숙박 상품을 만들기도 했다. 다양한 상품을 끊임없이 개발해왔다.

INFORMATION

주 소　京都市中京区大阪材木町 701-2
홈페이지　www.iozon.co.jp
전 화　+81-75-241-2332

한국의 가게, 100년을 향하여

100년을 이어가는 가게의 영속 조건은 수없이 많다. 하지만 정작 100년을 이어가는 기업과 가게는 그리 많지 않은 것이 현실이다. 변화와 혁신이 옳다고 말하는 시대에 속도에 뒤지고 경쟁에 밀리는 가게들은 새 가게에 자리를 내줘야 했다. 게다가 은퇴한 장년층과 취업난에 처한 청년층이 창업전선에 뛰어들면서 가게의 숫자는 폭발적으로 늘고 있다. 그러나 그 전쟁터에서 살아남는 이들은 많지 않다. 같은 업종끼리 경쟁이 치열해지고 가게의 생명력은 더욱 짧아지고 있다. 비교적 창업이 쉬운 빵집과 치킨집은 몇 년 새 급격히 증가, 대기업 프랜차이즈 빵집들까지 골목마다 들어서면서 빵집은 포화상태다.

실제로 거리마다 빵집끼리 서로 마주보거나, 나란히 붙어서 손님을 뺏고 빼앗기는 현실에서 장수를 꿈꾸던 동네 빵집은 힘없이 주저앉을 때가 많다. 서로의 상권을 빼앗는 경쟁 속에서 과연, 백 년은커녕 십 년의 가게조차 기대할 수 있을까.

일본의 한 대학이 200년을 넘은 장수 가게를 조사한 결과에 따르면 해외에는 그 수가 적지 않고 일본은 3천 개가 넘지만 우리는 단 한 곳도 없다. 시대는 변하고 오래된 것들은 사라진다. 앞만 보고 달리는 사회에서 역사의 뒤편으로 밀려난 가게, 언제 문 닫을지 모르는 오래된 가게들이 있다. 역사의 가치를 알아주는 사람들을 위해, 한결 같은 맛과 정성으로 백 년의 희망을 꿈꾸는 가게들을 어떻게 하면 지킬 수 있을까?

한길만을 고집하면서 100년을 꿈꾸는 가게, 누구나 사랑하는 오래된 가게들에서 제작진은 우리가 꿈꾸는 백 년의 길을 만날 수 있었다. 가장 오래된 곳인 춘원당을 시작으로 조선시대 금박 기술의 맥을 잇는 금박연, 작은 방앗간에서 성장한 제희 미곡종합처리장, 장인의 숨결이 느껴지는 안성주물과 거창 유기, 맞춤 칼을 만드는 한밭대장간, 품질로 인정받은 신성금고, 송림 수제화, 신성금고제작소 등 감동과 자부심을 느끼게 한 장수 가게들이 있었다.

그중 시대적 위기와 변화 속에서도 지금껏 가업을 지키며 100년을 바라보는 가게가 있다. 우리나라 최초의 빵집이며 사람들이 줄을 서서 빵을 기다리는 진풍경을 볼 수 있는 곳, 이제는 군산의 자랑이 된 '이성당'이다. 전국 각지에서 찾아온 사람들이 하루 수천 명을 넘는다.

이성당은 60여 년의 세월에도 예전 그대로의 인심을 지키며 고객의 입맛에 맞는 빵을 만들기 위한 연구를 계속하고 있다. 머리 희끗한 어르신들이 옛날 그 맛을 보러 손자 손녀의 손을 잡고 찾아오는 가게. 군산 시민들에게 이성당은 추억의 상징이자 옛것에 대한 향수다. 지역의 역사가 된 이성당을 통해 한국의 가게에서도 100년의 미래를 그려볼 수 있었다.

변하지 않는 맛과 사람을 생각하는 마음뿐 아니라 하나의 가게가 100년을 이어가기 위해 가장 필요한 것은 가업승계다. 우리나라에서도 그 중요성을 인식하고 지원하려는 노력이 시작되고 있다.

중소기업중앙회에서 가업승계지원센터를 마련하고 중소기업이 가업승계를 성공적으로 수행하여 장수할 수 있도록 지원하기 시작했다.

세계 백년 가게를 통해 우리나라 백년 가게의 성장을 꿈꾼다. 격변기를 겪으며 백년 가게가 태동하기 시작한 대한민국은 이제 새로운 역사를 만

들어갈 것이다. 그 길에 세계 백년 가게의 성장 비밀이 커다란 자양분이
되기를 바란다. 우리에게도 백년 가게가 꿈은 아니다.

──── KBS 〈백년의 가게〉 제작진 ────

★ 책임 프로듀서　이학송

★ 미디어파크
제작팀장
김강희 · 김수경

연출
최동인 · 최정식 · 신동신
이의중 · 노승경 · 정성준
김현아 · 홍홍기

조연출
신성은 · 김정현

글(메인작가)
신영은 · 박정미

구성(자료조사)
박상희 · 이유선 · 정재원

백년의 가게 : 명가名家의 비결

1판 1쇄 발행 2013년 7월 26일
1판 4쇄 발행 2018년 7월 31일

지은이 KBS 백년의 가게 제작팀
펴낸이 김성구

단행본부 류현수 이은정 고혁
디자인 홍석훈 문인순
제 작 신태섭
마케팅 최윤호 송영호 유지혜
관 리 노신영

펴낸곳 (주)샘터사
등 록 2001년 10월 15일 제1-2923호
주 소 서울시 종로구 창경궁로35길 26 2층 (03076)
전 화 02-763-8965(단행본부) 02-763-8966(마케팅부)
팩 스 02-3672-1873 **이메일** book@isamtoh.com **홈페이지** www.isamtoh.com

© KBS 백년의 가게 제작팀, 2013. *Printed in Korea.*

이 책은 저작권법에 따라 보호를 받는 저작물이므로 무단 전재와 복제를 금지하며,
이 책의 내용의 전부 또는 일부를 이용하려면 반드시 저작권자와 ㈜샘터사의 서면 동의를 받아야 합니다.

이 책의 출판권은 (주)KBS미디어를 통해 KBS와 저작권 계약을 맺은 샘터사에 있습니다.

ISBN 978-89-464-1845-5 14320
ISBN 978-89-464-1846-2 14320 (세트)

이 도서의 국립중앙도서관 출판시도서목록(CIP)은 서지정보유통지원시스템 홈페이지(http://seoji.nl.go.kr)와
국가자료공동목록시스템(http://www.nl.go.kr/kolisnet)에서 이용하실 수 있습니다.(CIP제어번호: CIP2013011054)

값은 뒤표지에 있습니다. 잘못 만들어진 책은 구입처에서 교환해 드립니다.